大夏书系·语文之道

张正耀 著

让学习发生

一位
语文特级教师的
课堂观察

华东师范大学出版社
全国百佳图书出版单位

图书在版编目（CIP）数据

让学习发生：一位语文特级教师的课堂观察/张正耀著.—上海：华东师范大学出版社，2019
 ISBN 978-7-5675-9961-1

Ⅰ.①让… Ⅱ.①张… Ⅲ.①中学语文课-教学研究 Ⅳ.①G633.302

中国版本图书馆CIP数据核字（2020）第007508号

大夏书系·语文之道

让学习发生
——一位语文特级教师的课堂观察

著　者	张正耀
策划编辑	朱永通
责任编辑	张思扬
责任校对	殷艳红　杨　坤
封面设计	奇文云海·设计顾问
出版发行	华东师范大学出版社
社　　址	上海市中山北路3663号　邮编　200062
网　　址	www.ecnupress.com.cn
电　　话	021-60821666　行政传真　021-62572105
客服电话	021-62865537
邮购电话	021-62869887　地址　上海市中山北路3663号华东师范大学校内先锋路口
网　　店	http://hdsdcbs.tmall.com/
印刷者	北京季蜂印刷有限公司
开　本	700×1000　16开
插　页	1
印　张	16
字　数	236千字
版　次	2020年6月第一版
印　次	2021年3月第二次
印　数	6 101－9 100
书　号	ISBN 978-7-5675-9961-1
定　价	49.80元
出版人	王　焰

（如发现本版图书有印订质量问题，请寄回本社市场部调换或电话021-62865537联系）

目录
contents

序　让学习真的发生 / 001

贴地而行，飞天而舞
　　——《客至》教学课例评析 / 001

读出生命的气息
　　——《白雪歌送武判官归京》教学实录评析 / 018

将语言品味进行到底
　　——《声声慢》教学实录评析 / 033

弱水三千，可取数瓢饮
　　——《水龙吟·登建康赏心亭》教学实录评析 / 045

剥离思维的"空心化"教学
　　——《六国论》教学环节设计评析 / 058

不能含糊，不可误会
　　——《邹忌讽齐王纳谏》课堂问题设计评析 / 068

让学生读出文章的"好"来
　　——《我的母亲》教学实录评析 / 075

"好课"长什么样
　　——刘亮程《父亲》课例评析 / 092

严密思维　丰富体验
　　——刘鸿伏《父亲》教学片段评析 / 108

合体　合用　合一
　　——《回忆鲁迅先生（节选）》教学设计评析 / 115

引导学生深度理解
　　——《端午的鸭蛋》课例评析 / 126

让学生的思维沸腾起来
　　——《春酒》课例评析 / 138

要充分发挥文本的阅读价值
　　——《真实的塑料花》阅读欣赏课评析 / 149

写景散文教学的几个节点
　　——《秋天的音乐》教学实录评析 / 159

与文本贴合得再紧一些
　　——《绝地之音》教学之"文本研习"评析 / 177

要充分展开思维活动
　　——《湖殇》教学设计片段评析 / 185

"遵路"与"入境"
　　——《有些路，你并不清楚》课例评析 / 197

精读　细读　深读
　　——《台阶》教学设计评析 / 214

关键是要提高"学的活动"质量
　　——《骑桶者》教学设计评析 / 233

跋　教学，就是不断地成为 / 245

序　让学习真的发生

相对于以教师"讲授"为主的传统教学，现代教学更加强调学生的"学习"，这不只是教学方式的不同，更是"教"与"学"主体间关系的巨大改变。当然，传统教学中也有学生的"学"，但那只是为了"验证"教师"讲授"的正确，捍卫和强化教师的权威，所折射的是师生关系的不平等。现代教学定位可以归结的方面主要有："教学"是教师"教"学生自然、自由和自在地"学习"，只有在平等的氛围中才可能发生；"教学"是教师启发、引导学生开展学习，通过教师巧妙指引、相机点拨、及时帮助，学生才能深入地学习；"教学"中学生是学习的主体，学生的自我学习需要通过不断地阅读、品味、涵泳、揣摩、分析、比较、矫正、丰富、提升，才能形成属于自己的认识，拥有自我的学习体验。所以只有当学生的思想认识、情绪倾向、行为动作都能够聚焦到学习状态中的时候，学习行为才会真的发生。

一般而言，课堂学习是围绕具体学习文本或信息而进行的，故而真正的学习应与文本、信息有密切的关联，能够依据并紧扣文本、信息而展开，既不能"敲边鼓""打擦边球"，更不能含糊其辞、似是而非、旁逸斜出，否则思维方向就会发生偏移，学习效果就要大打折扣。学习过程和所学习文本、信息的紧密关联，与围绕深入、多元地理解文本信息以及拥有个性化解读而进行的转换、拓展、探究、延伸等并不冲突；所强调的乃是文本、信息学习意义与价值的充分体现，是对文本、信息的尊重，而不是另起炉灶，从头再来，更不是无根游说，随意发挥。

课堂上的任何一次活动，都应有学生积极主动的参与，要能引导和启发学生进行深入阅读和思考。这种参与绝不是南郭先生吹竽，不能让学生"混迹其中"、装模作样，而要充分调动学生的积极性与主动性。只有让学生主动参与到对知识的认识、探索、发现和重构活动中，才会有学习的发生。这种主动参与，来自宽松、平等的学习环境，来自能够激发学生参与学习的话题与任务，还来自教师面向全体学生，调动、启发、引导学生积极主动地投入。当然，有了参与只能说明学习已经"在发生"，但"发生得怎么样"还要看他们能够参与得怎么样，实际参与得怎么样，还可以参与得怎么样。

教学过程就是学习在"不断地发生着"，它是"教"与"学"相辅相成、相得益彰的过程，必须能够动静结合、张弛有度，从某种意义上说，教师的"教"只是使学生的"学"能够朝着正确的学习目标迈进的某种凭借、辅助、支持，而不是学习的全部；"教得好"只是"学得好"的某种条件，"学得好"才是课堂教学的真正目的，它需要教师引导学生深入阅读，让学生自己去沉潜与思考、揣摩与品味、感受与体验、探究与尝试。

能够"发生"的学习是有实际内容的，它可以在师生之间、生生之间、个体与自我之间有话可说、有事可做、有景可描、有情可抒，围绕学习重点，依据学习需要，开展有效学习活动。学习一旦平均使用力量、面面俱到，就不能彰显重点，聚焦难点。学习成效，来自思考的力度，只有不断变换学习思维，才可以使学习更有效果。它绝不是"小货郎卖东西——走到哪响到哪"，应该有学习的"主问题"，围绕"主问题"开展有阶段、有层次的阅读与思考，实践与探究。为了使对"主问题"的研讨得以顺利进行，还必须有一些"辅助性问题""铺垫性问题""阶梯性问题"来支撑，使课堂学习能够达到曲折性和前进性、回复性和上升性的统一。

"发生着"的学习不是对事物、现实、感性等"只是从客体的或直观的形式去理解"，而应该是"把它们当作人的感性活动，当作实践去理解"（马克思《关于费尔巴哈的提纲》）。所有的学习内容要让学生自己去具体感受、深入思考，而不是将一些"现成"的认识或结论直接传授给学生；那样的话，学生所获取的就不是自己阅读与注意的内容，更不是用自己的情感模式与知识形式结构相结合的结果。

学习"发生"的主要标志之一是思维的有效展开。一切学习活动只能起到启发、促进思维形成与发展甚至提升的作用，而不能造成对思维的阻抑、堵塞和误导。那些表面"热闹"，实则没有思维含量，缺少思考与探究行为发生的学习，只不过是建立在认知与能力的沙滩上，稍有风浪，便会消失得无影无踪。我们要想方设法地让学生的思维进入"深水区"，有一定"深度"的学习，才会有一定的思维含量，才能引领和激发学生积极主动地阅读、思考、探究，也才能避免思维的肤浅。让学生的思维得到充分活动，让思维过程得到完全呈现，使学生在深入而有价值的思考与探求中获取知识，提升能力，享受学习的快乐。

有深度的"学习"一定是具有"定制"和个性化特征的学习，它可以帮助学生个体达成学习目标。它意味着学习个体需要一对一的学习体验，但学习个体也能够参加团队学习活动，而使学习的成就最大化。有深度的"学习"也是"基于能力的学习"，他们掌握知识、运用或创造的程度以及水平，对进一步学习有直接的影响。除了智力因素之外，"有毅力和坚忍不拔的精神""自主性、对自身进步的归属感以及指引学习的后续能力"（迈克尔·霍恩、希瑟·斯特克《混合式学习》），也都是使学习得以如愿以偿发生并进行的重要因素。

能够"发生"的学习还总是"常中见新""新中有奇"，能够使人为之眼睛一亮，诱使学习顺畅进行，终至留下难忘印象。千篇一律、千部一腔、老调重弹，"至今已觉不新鲜"是学习"发生"的死敌。"让学习真的发生"，要求我们对"怎么开展学习""怎样的学习有效""怎样的学习最受学生欢迎"等问题予以重视、开展研究。内容新鲜、形式活泼的学习，改变的不仅仅是学习本身，而且可以使学习变得更加轻松愉快，变得富有趣味、充满灵性与挑战，可以更加丰富与快速提升阅读经验，使课堂学习永葆生机与活力。

　　学习是学生的精神旅行,过程中的那些场景、段落与过片,是旅途中一个个美丽而神奇的风景。只有真正进入"学习"状态,学生才能体会到其中奥妙无穷、美不胜收、妙不可言的场域与境地,进而拥有非同寻常的感受与体验、认识和经验。

张正耀

二〇一九年五月

于板桥故里楚水居

贴地而行，飞天而舞
——《客至》教学课例评析

课例回放

一、导入

最近网上流行这么一句话，这句话是高晓松母亲讲的：生活不只眼前的苟且，还有诗和远方。在潘老师看来，只要有一颗诗意的心灵和一双审美的眼睛，眼前的苟且何尝不是诗呢？安史之乱后的杜甫流寓他乡，辗转漂泊，穷困潦倒，就是在这样的"苟且"困境下，片刻的安居也能使他发现生活的诗意之美，成就千古名篇。今天我们就来学习他的另外一首诗《客至》。

明确学习重点，教师投影：

学习重点：
1. 学习鉴赏诗歌的动人之实。
2. 学会发现生活的诗意之美。

二、听读诗歌，整体感知

首先让我们一起来听读这首诗。教师明确听读的要求：

1. 学生听读，展开想象，还原画面。
2. 初步体会情感，感知作品风格。

学生听读。

师：听读这首诗以后，你感觉这首诗与习见的杜诗有何不同？

生：（齐答）以前的杜诗风格是"沉郁顿挫"。

生：诗语亲切，如话家常，闲适恬淡。

师明确：富有浓郁的生活气息，从刚才的配乐也可感受到。

教师投影：

清新自然，明快流畅，富有浓郁的生活气息。与杜诗常见的"沉郁顿挫"较为不同。

三、品读诗歌，理解诗意

师：下面再请同学们把这首诗自由诵读一遍，然后用简洁的话概括这首诗的主要内容。

学生自由诵读，理解诗意。

学生概括诗意。

生：这首诗的主要内容应该是：我家的南南北北都被水包围，只见鸥鸟每天来到我家附近。开满鲜花的小径从不曾因为来客打扫，蓬草做的门今天因为你第一次打开。因为集市比较远，我家的菜肴没有多种多样的美味，家里比较穷，酒杯里只有陈酒。如果你愿意和我邻居的老翁一起喝酒，我就隔着篱笆喊他一起喝几杯。

师：她是把这首诗的诗意解说了一下，我是要求大家概括。大家要用一句话概括。再请一个同学说说看。

生：先是描写了居处的景色，清丽疏淡，然后描写了有客来访的欣喜和诚恳待客的场景。

师：已经够简洁的了，有没有更简洁的？

生：有客来访诗人的草堂，诗人真诚而喜悦地招待了他。

师：刚才三位同学都讲了这首诗的诗意，有的同学是复述，有的同学是概括，都比较简洁，但是如果把同学们概述的内容，作为一篇文章或文章中的话，能不能放到文学史中呢？显然不能。那么杜甫的这首诗为什么可以放到文学史里面呢？这是因为这首诗有其内在的动人之实。下面就让我们来赏析这首诗的动人之实。

四、赏读诗歌，欣赏佳妙

教师投影，提示学生重点关注两个问题。

1. 诗歌哪些地方体现了浓郁的生活气息？
2. 诗歌有哪些动人之实（佳妙之处）？

学生先自主评点，同桌交流，然后全班交流。

生：我欣赏的是颔联，由室外的场景切换到杜甫的庭院，很有生活实感。尤其是第一句"花径不曾缘客扫"，第一表明客人不经常来，第二也表明杜甫不轻易待客，使后面一句"蓬门今始为君开"的酣畅欢快有着落点。"蓬门今始为君开"的"今始"更使得情谊超脱，前后映衬，更显得杜甫和友人的情谊深厚。

师：很好。这是她赏析的颔联。有没有赏析首联的？我们一下子到了第二联……

生：我觉得首联写得很好。一个"皆"把江水浩渺、春水茫茫的浩大的景象都写出来了。而在这样大的景象衬托之下，用群鸥点缀其中，大小景相衬托，很好地表现了一种清幽、有隐逸色彩的生活环境。而"日日来"也能让人体会到作者闲居时一种淡淡的寂寞心境。这也与下文客人来的喜出望外形成一种衬托。

师：形成一种照应。她分析得很好。同学们有没有注意到这里面有几个重要的意象？

生：（齐答）春水、群鸥。

师：这些意象，有着浓郁的生活气息。"舍南舍北皆春水"中有一个字也是意象，哪个字？

生：（齐答）舍。

师：茅舍，杜甫草堂嘛，是茅舍。茅舍、春水、群鸥，有着山居生活的气息，当然也有隐逸的意味。刚才这位同学分析得非常到位，群鸥是隐逸之士的一种象征。而且她还抓住了一个字——"皆",春风骀荡,春意盎然。

师:有没有赏析第三联的?

生:我选取的颈联和尾联。因为这两联描写的是朴素平淡的生活画面,但正是这种朴素平淡,让我们感受到杜甫的真诚待客,让我们体会到杜甫的随性、人情味以及原汁原味的生活气息。

师:我特别欣赏"原汁原味"这个词。你说说看,哪个地方特别能体现这个原汁原味?

生:无兼味、只旧醅、肯与、相对饮、隔篱。

师:很好,她说"无兼味","无兼味"是什么意思啊?就是家里穷,菜肴不是很多,酒也只能是陈酒,唐朝人以新酒为贵,杜甫家贫,只能用陈酒招待。

师:还有同学发现了其他的动人之实吗?

生:我发现最后三联都是以对话的方式呈现的,尤其是尾联,当面提问,感觉非常亲切,写出了那种酒意渐浓之后,兴致立刻来了,气氛特别欢快,也就是刚才同学说的那种如话家常。

师:喝酒喝到高兴的时候,这个片段描述得非常好。

生:尾联用细节描写和对话方式,表现的是一种纯真的人际关系,去除虚伪的自然之乐。

师:刚才同学们谈自己的赏析心得,非常好。我记得有位评论家说过这么一句话:诗之所以让我们感动,是因为感情找到了思想,思想又找到了语言,语言又找到了意象。诗歌是语言的艺术,也是意象的艺术。那么,除了刚才的春水、群鸥,这首诗中的哪些意象也体现了浓郁的生活气息?

生:(齐答)花径、蓬门、盘飧、旧醅、邻翁对饮、隔篱呼取。

师:说明同学们是善于发现的。这里面有一个地方,我想跟同学们探讨一下,就是尾联的"肯"字怎么理解。(投影"肯")这个字杜诗注解一直有争议,原来的版本解释为"恰好、恰逢",你们认为哪个更好?

生:我觉得还是理解为"肯不肯"比较好。

师:为什么?

生:"肯不肯"感觉是问询,是问客人。注释说对方是县令,而杜甫身居草堂又比较贫困，用"肯不肯"能表现出杜甫对对方的尊敬之情。

师：就是和县令商量：你肯不肯啊？如果你愿意的话，把邻居的张大爷也叫过来一起喝酒。

师：有没有不同意见的？

生：其实我也觉得是"肯不肯"的意思。"肯"如果表示"恰逢"，则表明杜甫陪客人饮酒，饮至兴头上才注意到邻翁恰好也在饮酒，突然唐突地来一句，某种程度上暗示杜甫与邻翁平日没有过多的交集，往来较少，到县令来做客了才想起请邻翁同饮，未免有作秀之嫌。

师：还有没有不同意见的？

生：我觉得他们说得都有道理，不过我认为"肯"是"恰逢"的意思也是可以的。解释为"恰逢"，说明酒喝得高兴，已经顾不到其他了，不会顾及对方是县令这样的身份，作出这样的举动，更能表现出诗人酒酣之时忘记尊卑礼节，呼唤邻翁对饮的率性、自然、亲切之感，气氛才能推向一个高潮。

师：我觉得她的回答很有道理，她跟古人是心有戚戚啊。

教师投影：

谭云："肯与"二字形容贵客豪宾，入妙（"肯与邻翁"二句下）。（《唐诗归》）

师：如果你这时候正好看到邻居在喝酒，就说，老张啊，我们一起来喝几杯吧。这个细节更有生活的气息。这个镜头是非常非常传神的。

师：我们来总结一下本诗的主要艺术特色。

学生回答，教师补充，小结。

首联：取像典型，"茅舍、春水、群鸥"，环境烘托

颔联：取像典型，"花径、蓬门"，对比夸饰

颈联：取像典型，"盘飧无兼味，家贫只旧醅"，诗家语（倒装）

尾联：细节传神，"邻翁对饮，隔篱呼取"

师：那么日常生活何以能成为美丽的诗篇呢？（投影解说）一方面需要

情感的投射，本身非常热爱生活；一方面需要艺术的提炼。这首诗歌对日常生活，是如何提炼的呢？

教师投影：

1. 取像典型。"春水、群鸥、花径、蓬门"，"盘飧、旧醅、邻家老翁、隔篱呼取"，富有浓郁的乡村生活气息。

2. 细节传神。撷取最具包孕的生活细节，以特写镜头的方式写出了诗人内心的喜悦以及对这种纯朴至性生活的发自内心的喜爱。

教师板书：深于取像，细节传神。

五、拓展阅读，深化理解

师：这两点归结起来，都是我们诗歌创作的一种艺术技巧，选取最具包孕的片刻。

教师投影《掷铁饼者》雕塑，简要赏析：选取的是最具张力的一刻，也是最具包孕的一刻。用莱辛的话和布莱克的诗对"最具包孕的片刻"进行解说，帮助学生理解这一手法。

投影出示：

莱辛在《拉奥孔》里谈到绘画："既然在永远变化的自然中，艺术家只能选用某一顷刻，特别是画家，还只能从某一角度来运用这一顷刻，……最能产生效果的只能是可以让想象自由活动的那一顷刻了。"他认为，作为空间艺术的绘画，只能表现最小限度的时间，即一刹那间的景物的一面观，画家应当挑选整个动作里最"富于包孕的片刻"。

一粒沙里见世界，一朵花里见天国。手掌里盛住无限，一刹那便是永恒。

——威廉·布莱克《天真的预言》

教师投影，以《诗经·静女》为例进行讲析，帮助学生进一步理解细节——最具包孕的片刻的内涵和艺术魅力。

诗经·静女

静女其姝，俟我于城隅。
<u>爱而不见，搔首踟蹰。</u>
静女其娈，贻我彤管。
彤管有炜，说怿女美。
自牧归荑，洵美且异。
匪女之为美，美人之贻。

主要讲析"爱而不见，搔首踟蹰"这一句的诗意。

师：这个女子很漂亮，在城墙角处等我。她跟我捉迷藏，搞得我抓耳挠腮。这个镜头写出了生活的一种趣味。像这样的诗句在我们古典诗歌中还是很多的。请同学结合"一本通"和初中背过的诗歌举出一些例子。

生：我以为，所谓的"诗中的生活细节"便是"生活的诗意细节"。文人骚客的生活，不是饮酒作乐，便是游山玩水。光是饮酒，像李白的《山中与幽人对酌》："两人对酌山花开，一杯一杯复一杯。我醉欲眠卿且去，明朝有意抱琴来。"然后是作乐，闻笛就写了很多，像高适的《塞上听吹笛》："雪净胡天牧马还，月明羌笛戍楼间。借问梅花何处落，风吹一夜满关山。"最后是一首"玩水"，刘攽的《雨后池上》："一雨池塘水面平，淡磨明镜照檐楹。东风忽起垂杨舞，更作荷心万点声。"

生："为君持酒劝斜阳，且向花间留晚照"，还有"秋阴不散霜飞晚，留得残荷听雨声"，都有细节之美。

师：同学们举的这些例子都是生活中具有包孕的片刻，都是生活中的细节之美。

教师投影，再举例。

采菊东篱下，悠然见南山。（陶渊明《饮酒·其五》）
暧暧远人村，依依墟里烟。
狗吠深巷中，鸡鸣桑树颠。（陶渊明《归园田居·其一》）
晨兴理荒秽，带月荷锄归。
道狭草木长，夕露沾我衣。（陶渊明《归园田居·其三》）

夏日南亭怀辛大
孟浩然

山光忽西落,池月渐东上。
散发乘夕凉,开轩卧闲敞。
荷风送香气,竹露滴清响。
欲取鸣琴弹,恨无知音赏。
感此怀故人,中宵劳梦想。

山居秋暝
王维

空山新雨后,天气晚来秋。
明月松间照,清泉石上流。
竹喧归浣女,莲动下渔舟。
随意春芳歇,王孙自可留。

师:不仅古典诗歌中有,现代诗中也有这样的经典。如徐志摩《沙扬娜拉》:

最是那一低头的温柔

像一朵水莲花不胜凉风的娇羞

道一声珍重

道一声珍重

那一声珍重里有蜜甜的忧愁

——沙扬娜拉

师:把日本女性的娇羞、温柔,生动传神地写了出来。

六、读写转化,写作迁移

教师投影两首诗歌。

所　见

袁枚

牧童骑黄牛，歌声振林樾。

意欲捕鸣蝉，忽然闭口立。

菩萨蛮

牡丹含露真珠颗，美人折向庭前过。含笑问檀郎，花强妾貌强？

檀郎故相恼，须道花枝好。一向发娇嗔，碎挼花打人。

师：我们不仅要能背诵、赏析，还要能进行具体的评析。就这两首诗歌中的最具包孕的片刻，写50字左右的赏析性文字或提纲，可以选择其中一首，也可以两首都写。

学生写赏析性文字，然后交流。

生：我赏析的是第一首。我最喜欢的是最后一句"忽然闭口立"，通过牧童可爱的动作，表现出浓郁的生活气息，一开始是放声歌唱，后欲歌又止，突然站住了，这种转折是他童真童趣的体现，他有一颗对什么都认真、好奇的赤子之心。作者通过这个动作表达了他对乡村闲适生活的喜爱和对童真童趣的赞美。

生：我赏析的是第二首。赏花自与美人比较，而檀郎不夸人美，知其意而言花美，没有半点谄媚讨好之嫌，尽是生活的"动人之实"。以碎花打人，更显得生动与活泼，读来自是会心一笑。

生：我欣赏的是第一首袁枚的《所见》。一开始，我从第一句中读出牧童的贪玩、活泼、机警、灵敏，牧童本在歌唱，想要捕蝉了，就"忽然闭口立"，显出孩童的天真机敏，转念一想，他的歌声振动林樾，能注意到蝉鸣，除了孩童天性贪玩外，很有可能他是在没有看到蝉时就已惦记了好久呢。寥寥数语，抓取了生活中最具包孕的片段，写出了牧童的狡黠。

师："狡黠"这个词可能有点欠妥当，当然这个词在这个地方接近于"聪明"。

生：我最欣赏《菩萨蛮》上阕的最后一句"含笑问檀郎，花强妾貌强"。截取了生活中妻子问丈夫是自己好看还是花好看，让我联想到李清照与赵明诚，这句与李清照给赵明诚写的"云鬓斜簪，徒要教郎比并看"有异曲同工之妙，将妻子的娇羞、丈夫的宠爱表现出来，夫妻生活怎一个甜字了得！

师："怎一个甜字了得！"化用得非常好！

生：语言和神态描写表现出女子的娇羞之态，美人的美不同于《诗经》中庄姜的端庄大气之美，也不同于《洛神赋》中女神高高在上的美，而是一种生活化的风情与美感。

生：第一首中，原本牧童"振林樾"的歌声忽然消失，是不是反而惊了蝉呢？这种"聪明"反而反映了牧童的天真与稚拙。

生：我赏析的是袁枚的《所见》，题目名为"所见"，故全诗选取了几个富有包孕的景象切片来描写，"歌声振林樾"到"忽然闭口立"是动静之间的切换，简洁自然地勾勒出牧童的天真烂漫、可爱无邪，寥寥几笔，朴质无华，却正合诗人自然性灵之意趣，生命的美好形态、人性的至臻至纯，可谓形神兼备，跃然纸上。

师：非常好！能联想作者的性灵说，表现出自然意趣。其实，我们可以用一个词概括，一个当下很时髦的词，哪一个？

生：（齐答）萌。

师：这个小男孩和我们学过的《溪居即事》中的小男孩一样，都很"萌"。可以用哪一个词形容《菩萨蛮》这首词中的女子呢？

生：（齐答）蛮，刁蛮、野蛮。

师：我的野蛮女友。

教师投影一段赏析性文字：

喜欢这样的"美人儿"，调皮娇嗔，有一点张狂，有一点嚣张，但都不过分。她会偶尔制造一些小风波，调节一下气氛。在这样的女性的身边，再拘谨、再清高的男性，也会变得有情趣，也会活得轻松自在一些。含露又含笑，写花亦写人，碎揉花打人，细节真传神。这样的"美人"真不错，可是进攻性不要太强哦！檀郎也不错，"逗"出了生活的真趣。

师：（总结）写的都是生活的细节，生活中的一刹那，但这一刹那间都有丰富的情感，生活的内蕴。所以博尔赫斯说，诗不在别处，就在街头的拐角处等着我们。

师：（布置作业）诗酒趁年华，请拿起手中的笔，记下生活中每一个有意味的瞬间。以"瞬间"为题，写一篇随笔。

（江苏省姜堰中学　潘双林）

课例评析

鉴赏能力是阅读理解的最高层级，而学生的文学鉴赏水平普遍不高，其中最为突出的是对古代诗歌的鉴赏，通过学生在解答有关古代诗歌鉴赏题往往无从下手、得分率普遍很低的情况，不难了解这样的现实。正因为学生对古代诗歌阅读、理解感到最为困难，所以，相对于其他类型的课来说，古代诗歌鉴赏课是最不容易上好的。如何才能上出一节有意思、有情趣、能深入、能提升的课，能够做到既深受学生欢迎，又能给学生带来真正有价值、有意义的东西？这是我们需要考虑的现实问题。用怎样的阅读视野，用什么样的教学方式，选择哪一种教学角度，设计什么类型的学习活动等等，这都是对教师教学水平、教学艺术的考量。我们欣喜地看到，潘双林老师不愧是闻名遐迩的名师，他的这节课，非常注重学生思维的自由驰骋，通过充分的学习活动，培养学生鉴赏古代诗歌的浓厚兴趣，丰富学生的情感世界，使学生养成健康高尚的审美情趣，提高文学修养。这堂课设计新颖，引导巧妙，思维活跃，简约高效，达到了预设的教学效果。

一、目标设计，发掘思维

我们的许多语文课，教师往往喜欢对教学文本进行全方位、多角度的研磨，从正字正音、作者介绍、时代背景、行文脉络、人物形象、题旨中心、写作意图、表达技巧等方方面面，试图面面俱到，完整把握。围绕这些内容，教师所设计的"教学目标"往往兼顾所谓的"三维"，力求大而全，结果是全而细、细而多、多而碎、碎而杂。殊不知，这样做就把一个个文质兼美的文本大卸八块、磨成粉末，让我们的学生和水一起喝下去，其用心良苦大抵如此。但我们的学生为什么还是会出现没有食欲、囫囵吞枣、消化不良、营养不良的状况呢？究其原因，是因为我们把问题复杂化、繁琐化了。经典之所以能成为经典，就在于它整体上的出色，细节上的突出，我们需要做的是在关注"整体"的基础上又聚焦"细节"，如果我们不清楚什么是"整体"，什么是"细节"，而不分巨细、面面俱到地分解或肢解，那就会破坏艺术作品的审美价值。我们所能做的，就是引导学生能聚焦自己的目光去发现它的美，欣赏它的美，并以此举一反三，形成能力，创造出美的形象、画面与境界。

潘老师是一个很有教学智慧的老师，他有自己敏锐而独到的眼光，善于发掘和揭示教学价值与意义，他站在学生的视角，大胆取舍，化繁为简，为本课设计了"学习鉴赏诗歌的动人之实"与"学会发现生活的诗意之美"这两个非常简明的教学目标，它们一个指向诗歌中典型的生活场景的具体把握，一个指向具有丰富情感内蕴生活细节的形象感知，而这两种艺术提炼的方法，都可以归结到诗歌创作的一种法则：选取最具包孕的片刻。它们一实一虚，一静一动；一方面注重认识、理解、欣赏，一方面注重开拓、丰富、延展；一方面着眼于课堂学习本身，一方面着眼于学习能力的迁移。这样的设计既根植于文本的阅读理解，又拓展出新的思维方向。围绕这两个目标，他加强了诵读涵泳，让学生在诵读涵泳中感受作品的意境和形象，获得情感的体验、心灵的共鸣和精神的陶冶。他在引导学生整体感知的基础上，学习从创意和构思、意境和想象、语言技巧等方面对诗歌进行赏析，感悟作品的艺术魅力，获得丰富的审美感受。他还结合自己的阅读认识，引导学生学会用历史眼光和现代观念审视作品，就诗歌的"深于取像，细节传神"的艺术特色作出富有创意和个性的评述。在这样的课堂上，学生的思维被激活了，他们的联想、想象等思维能力得到了发展。正如苏霍姆林斯基所说的："好比是一块整理得很好的土地，只要把知识的种子撒上去，就会发芽，成长，收获。"

二、阅读理解，发引思维

叶圣陶先生认为，欣赏一篇文章的第一步是对整篇文章的透彻了解，"没有一点含糊，没有一点误会"；第二步是"体会作者意念发展的途径及其辛苦经营的功力。体会而有所得，那踌躇满志，与作者完成一篇作品的时候不相上下；这就是欣赏，这就是有了欣赏的能力"。但我们目前却有不少语文课，教师舍不得花多少时间给学生阅读、理解和思考，不给学生整体感知和仔细体会的机会。他们更多的是关注自己所预设的各种问题，而那些"课堂提问"不是大而无当、漫无目的，就是零乱琐碎、不成序列，有的甚至游离于文本学习之外。教师的提问结束了，课堂学习的任务好像就完成了，这是许多语文课堂教学效率低下的一个重要原因。这样的课堂，学生的思维得不到很好的引导和有效的培养。而潘老师的课却不是这样。

在对《客至》这首诗进行阅读理解的过程中，潘老师设计了"听读诗歌，整体感知""品读诗歌，理解诗意""赏读诗歌，欣赏佳妙"三个学习环节，这三个环节环环相扣，步步精彩。我们欣喜地看到在潘老师循循善诱之下，学生读得充分，品得到位，赏得深入。他们的思维火花不断闪现，他们对诗歌理解的深度、广度与厚度令人叹服，这也从中折射出潘老师平时是非常重视引发学生思考，激发学生思维的。

潘老师引导学生阅读理解诗歌，有这样三点值得我们注意：

一是他对文本深入研读的能力很强、水平很高。教师要想为学生解读文本，他就必须做到对文本烂熟于心，必须能够精细研读、探入文本的内部，把握文本所显示出来的生命脉搏，与文本生命、作者生命一起律动。他如果不能与文本形成心灵的交汇、精神的融合，那就不可能有课堂上的心领神会、激情飞扬。

二是他有非常高超的引导和促进学生思维的教学艺术。潘老师通过多种途径帮助学生阅读和鉴赏，如加强诗歌的诵读，让学生在诵读中感受和体验作品的意境和形象，得到精神陶冶和审美愉悦；他采用多媒体教学辅助手段，帮助学生感受和理解作品。为了使学生的思考更有意义，他还通过其他一些实践活动，引发学生注意从不同角度和层面进行个性化解读，发现作品的丰富意蕴，不断获得新的阅读体验。并能充分尊重学生的阅读发现，以此激发学生的想象力和创造潜能，努力提高他们的审美能力。他注意让学生学习一些常见的诗歌鉴赏方法，这其中有着重分析字词表达效果的方法，有着重分析诗句情感哲理所在的方法，也有分析词句修辞表达效果的方法等等，学生借此可以举一反三，融会贯通。

三是他对学生阅读体验与感受的高度尊重。语文学习能力的核心是思维能力，思维能力主要体现在对文本的自我体会之中，可以说没有学生的自我体会，就没有阅读教学，就没有什么鉴赏能力的培养。潘老师指导学生用内省的方法，让学生根据自己的经验，而推及对诗歌的认识；他随时引导学生用分析的方法，解剖诗歌的词句，并求其综合：这就使得学生的阅读体会绝不是不明就里、信口乱说。这样的教学，使学生既能深入其中，又可出乎其外，极大地调动了学生阅读、思考的积极性与主动性。学生一旦具有了强烈的自主意识，浓厚的鉴赏兴趣也就会被激发起来。

三、拓展延伸，发散思维

叶圣陶先生曾经说过："文学这东西，尤其是诗歌，不但要分析地研究，还得要综合地感受。所谓感受，就是读者的心与诗人的心起了共鸣，仿佛诗人说的正是读者自己的话，诗人宣泄的正是读者自己的情感似的。阅读诗歌的最大受用在此。"台湾著名散文作家张晓风认为读者阅读散文时希望读到以下内容：（1）希望读到好的文笔，好的修辞。（2）希望读到对人生的观察和体悟。（3）希望隐隐如对作者，想知道的是作者的生活、见识和心境。（4）希望收获到"感性的感动"，也希望读到"知性的深度"。她的这番话道出了读者阅读散文的几个愿望，第一个愿望是读"语言"，第二个愿望是读"生活"，第三个愿望是读"自己"。这样的阅读愿望同样适用于古代诗歌。表面上看，我们从诗歌中读到的是"语言"，其实我们所读到的是诗人所描述的生活及其所表达的某种生活理想，而诗人笔下的生活情景必然会引发读者的联想和想象，使读者产生情感上的共鸣，进而审视自己的生活，收获到"感性的感动"的同时，也能到达"知性的深度"，乃至形成对生活的新的认识，只有这样，才能算是"感受"。

相对于高二的学生来说，《客至》这首诗的阅读理解难度并不大，一些词句的基本意思及其妙处，学生能够掌握。相对于杜甫这样一个较为特殊的作者来说，我们当然也能够"挖掘"出隐藏于文字背面的一些东西，但由于学生所处的时空场与杜甫所处的以及他所构建的时空场有很大的认知距离，要让学生运用自己已有的情、意去完全体会与把握杜甫所抒发的情、意，也确实有一定的难度。这就需要我们对诗歌内容和表达特色进行一定的阅读"选择"，以更加符合学生的阅读愿望，而选择怎样的内容作为教学的内容，是对教师教学智慧的考验。事实证明，潘老师是能经得住这样的考验的。

通过对文本的深入研读，潘老师选取了"最具包孕的片刻"作为教学的重要内容，这是高于学生已有的语文经验的，但又可以在老师的引导下"跳一跳，摘到果子"。他首先注重充分调动学生已有的知识经验，帮助学生建构起新的知识，把学生的思维引向更为广阔的视野，并能做到收放自如，以内化为能力和素养为最终目的。为此他进行了大量的拓展，这是本课的最大亮点，是最具有思维含量的活动。这样的拓展延伸，不仅仅是为了教学内容的丰富，更是为了思维的发散，使学生的思维不局限于"一隅"，而将之投射到更为宽广和更加深刻的空间中，以形成"头脑风暴"。为此，潘老师分别引入了经典雕塑作品《掷铁饼者》、莱辛在《拉奥孔》中的评价、布莱克的诗，对新的知识进行讲解，让学生形成一定的理性认识。为了帮助理解、消化和吸收这一新的知识，他又大量列举了古代和现代的一些典型诗例，唤醒学生已有的知识储备，帮助学生理解，让学生在读到诗歌"语言"的同时，读到了诗歌中的"生活"。这些经典的例子，涉及古今中外，横跨不同艺术，但潘老师旁征博引、信手拈来，充分显示了他深厚的文化艺术素养和非常成熟的教学技艺。

非常可贵的是，潘老师并没有因此而无限展开，而是巧妙地收束到帮助学生丰富生活经验，能够发现生活中的诗意之美上，归结到杜甫诗歌通过描写生活中的种种细节之美，传达出浓郁的生活气息和人情味，表明自己的生活态度上，进而让学生了解杜甫诗歌主题的多元性和创作风格的多样性，使学生读到了"诗人"，也从中读到了"自己"。

四、注重运用，发展思维

叶圣陶先生认为："阅读和写作两项是生活上必要的知能；知要真知，能要真能，那方法决不是死记硬塞，决不是模仿迎合。就读的方面说，若不参考，分析，比较，演绎，归纳，涵泳，体味，哪里会'真知'读？哪里会'真能'读？就作的方面说，若不在读的工夫之外再加上整饬思想语言和获得表达技能的训练，哪里会'真知'作？哪里会'真能'作？"洪宗礼先生也认为："语文基础知识和语文基本技能，犹如语文教育大厦的基石，教学中必须夯得扎扎实实。"这样的训练"应当融入语文教学的全过程和各个环节"。他们的论述，很明白地告诉我们，要培养和提高学生的阅读与写作能力，我们不能就文本读文本，就语言教语言，就方法讲方法，而要从所学文本拓展、延伸开去，运用参考、分析、比较、演绎、归纳、涵泳、体味等种种方法，通过对"整饬思想语言和获得表达技能的训练"，而使学生获得"真知"，形成"真能"。语文是实践性极强的一门课程，我们应该着重培养学生的语文实践能力，"练成读作之熟练技能为要"（叶圣陶语）。但在实际教学中，有的教师往往对文本的研习比较偏重，而对课堂训练则比较忽视，甚至有的课堂自始至终都没有一次训练活动。一些教师尽管在课堂上也安排了训练的内容与环节，但由于缺乏严谨的思考与精心的设计，不是失之于大而无当，就是偏于泛语文化内容，严重地存在着"去技能化的倾向，缺少有效的能力训练"。潘老师的这堂课对如何进行有效训练给我们作了一个很好的示范。

本课中，潘老师专门安排了"读写转化，写作迁移"这一环节，让学生能够运用所学到的知识，实现读写转化迁移，力图把知识转化为能力，把情感、态度和方法转化为素养，把已形成的思维向另一个更为重要的领域发展与转化。这是潘老师在对学生语文实践能力培养上的一种自觉。他非常清醒地认识到："语言文字的学习，出发点在'知'，而终极点在'行'；到能够'行'的地步，才算具有这种生活的能力。"他深知要使学生已经初步形成的认识能力得到提高并向运用能力方面发展，重要的方式与主要途径就是形式多样、内容丰富的语言文字训练，只有在语言文字训练中，才能切实培养学生的综合、应用、探究能力，发展他们的思考力和创造力。

潘老师深谙其道，做得非常巧妙，他首先让学生对袁枚的《所见》和无名氏的《菩萨蛮》进行评析，并要求学生就其中最具包孕的片刻，写50字左右的赏析性文字或提纲，这就使写的方向很明确、很具体，学生能够运用所学知识解决现实的问题。从课堂交流看，学生的欣赏水平是非常高的，都能抓住诗歌中所描述的"生活中最具包孕的片刻",且有自己的个性化理解。为了提升学生的认识水平,潘老师还亲自操觚,写了一段鉴赏文字为学生示范,并提醒学生,两首诗歌中"写的都是生活的细节,生活中的一刹那,但这一刹那间都有丰富的情感,生活的内蕴。所以博尔赫斯说,诗不在别处,就在街头的拐角处等着我们"。这使学生的认识得以深化和升华。为了巩固这样的学习成果,他还进一步布置了作业,让学生"诗酒趁年华",用自己手中的笔,记下生活中每一个有意味的瞬间。潘老师的教学实践证明了怀特海所说的"通往智慧的唯一途径是在知识面前享有绝对的自由;但是通往知识的唯一途径是在获取有条理的事实方面的训练"的无比正确性。

潘老师的这节课,再一次证明了,古代诗歌的教学与其他文本教学一样,需要教师通过精巧的教学设计,让学生的思维自由活动,既能够贴地而行,又可以飞天而舞,让学生自己去感受诗人优美的言辞、丰富的思想、饱满的情感。在阅读欣赏中,能够以语言为媒介,形成良好的语感;能够拥有一颗善感的心灵、一双善于发现的慧眼,进而获取独特体验,积淀文学素养,提升审美情趣。

读出生命的气息
——《白雪歌送武判官归京》教学实录评析

课例回放

教学目标

1. 能正确、流利、有感情地朗读诗歌。
2. 理解诗意，品味语言，体会诗情。

教学重点、难点

品味语言，体会诗情。

教学过程

一、情境设置——导入

课前展示一幅以《白雪歌送武判官归京》为内容的书法作品，配乐——古筝曲《且吟春踪》。

师：同学们，你们都知道郑板桥是诗、书、画"三绝奇才"，现在展示在我们面前的也有三绝：有诗，有书，可是画在哪儿呢？画在诗中，我相信今天这节课上，同学们脑海里一定会浮现出一幅幅生动的图画来。下面，我们一起走进岑参的《白雪歌送武判官归京》。

二、初读感知——入情

师：课前老师已经布置同学们预习课文，要求能够正确、流利地朗读诗歌，大家完成了吗？看来大家都胸有成竹啊，可是我还想增加一点朗读的难度。（出示投影，文字竖向排列，学生惊讶）这样读起来稍微有点费力了吧？这是一首七言诗，句子的朗读节奏是2、2、2、1或者2、2、1、2，来，自己试着读一读。

学生自由朗读。

师：好，我们一起齐声朗诵一遍。

学生齐声朗诵。

师：同学们，古人读诗，跟你们的读法不一样哦！有诗为证——（出示投影）这里的"吟"指的就是古人读书的一种方式——吟诵。老师想办法为同学们找到了一位专家模仿古人吟诵这首诗的音频，大家想不想听听？那接下来我们就一起来认真地听一听，不过，老师有一个要求，那就是同学们听完之后必须说出自己的感受，提醒大家还要特别留意老师标红的字。

播放吟诵录音。

师生交流。

生：听起来像是在唱歌。

师：是的，吟诵被称为中华读书歌（板书：歌），古人吟诵有自己的曲调，所以就像在唱歌一样。另外，这首诗的题目里也有一个"歌"字，这是古诗的一种体裁，称为"歌行体"，歌行体本来就是可以用来传唱的。

生：标红的字，读起来非常短促，让人听了感觉不太舒服。

师：是的，这些红色的字，在古诗文里，叫"入声字"。入声字的发音特点是短促，有发音一半却要硬生生吞回去的感觉，令人感到不太舒服，所以往往表达一种不轻松、较复杂的心情。同学们，这首诗使用了不少入声字，想必是诗人有意而为之，从吟诵中，你们听出了诗人怎样的感情呢？

生：对友人的依依不舍之情……

师：同学们，能不能从诗中找到表达这种不舍之情的诗句呢？请看投影：

请自由组合，三四人一个小组，积极讨论：你能从哪些诗句中体会到诗人的情感?

思路指津:

1. 请画出所找诗句,用简洁生动的语言描绘画面,感受其意境。

2. 尝试通过有感情地朗读加以分析。

学生自学,教师巡视;师生交流。

(1) 北风卷地白草折,胡天八月即飞雪。

翻译:北风席卷大地把白草吹折,胡地天气八月就纷扬落雪。

描绘画面:茫茫边塞,强劲的北风呼啸而来,将白草拦腰折断。飞沙走石,铺天盖地。时值农历八月,南方正是丹桂飘香、皓月增辉的时候,而这里却下起了鹅毛般的大雪,雪花飘飘洒洒、纷纷扬扬,落在山峦上,落在大漠中……整个大漠变成了银装素裹的世界。

赏析:

①开篇奇突,未及白雪而先传风声,所谓"笔所未到气已吞"——全是飞雪之精神。

②"卷"写出了北风奔驰怒吼的气势和威力,可见北风的威猛、迅猛。"折"是"卷"的结果,风能折草,可见风力之大;这两个字分别从正面和侧面写出了风势之猛。

③农历八月,南方正值金秋,而西北边塞已经满天飞雪。一个"即"字惟妙惟肖地写出由南方来的人少见多怪的惊奇口吻。"飞"照应"卷"字,勾画出漫天风雪的景象。

(2) 忽如一夜春风来,千树万树梨花开。

翻译:忽然间宛如一夜春风吹来,好像是千树万树梨花盛开。

描绘画面:友人即将登上归京之途,挂在枝头的积雪,在诗人的眼中变成一夜盛开的梨花,和美丽的春天一起到来,边地的景色非常奇丽。"即""忽如"等词形象、准确地表现了早晨起来突然看到雪景时的神情。经过一夜,大地银装素裹,焕然一新。

赏析:

①这句诗用比喻的修辞,把雪比喻成梨花,用"春风"使梨花盛开来比喻"北风"使雪花飞舞,极为新颖贴切。

②一个"忽"字，写出了雪下得大，下得猛，转眼之间天地间就白茫茫一片，生动传神地写出了诗人的惊喜之情。

③"千树万树梨花开"的壮美意境，颇富有浪漫色彩。南方人见过梨花盛开的景象，那雪白的花不仅是一朵一朵，而且是一团一团，花团锦簇，压枝欲低，与雪压冬林的景象极为神似。

④春风吹来梨花开，竟至"千树万树"，重叠的修辞表现出景象的繁荣壮丽。

⑤诗人将春景比冬景，尤其将南方春景比北国冬景，几使人忘记奇寒而内心感到喜悦与温暖，着想、造境俱称奇绝。

(3) 散入珠帘湿罗幕，狐裘不暖锦衾薄。

翻译：雪花散入珠帘打湿了罗幕，狐裘穿不暖，锦被也嫌单薄。

描绘画面：那片片飞"花"飘飘而来，穿帘入户，沾在幕帏上慢慢消融；倘是南方，穿"狐裘"必然发热，而此地"狐裘不暖"，连裹着软和的"锦衾"也只觉单薄。

赏析：这里通过写"狐裘不暖"和"锦衾薄"来体现天气的严寒，从而也能透露出诗人此时心情的沉重，为下文写送别埋下伏笔。

(4) 将军角弓不得控，都护铁衣冷难着。

翻译：将军都护手冻得拉不开弓，铁甲冰冷得让人难以穿着。

描绘画面：塞外苦寒，北风一吹，大雪纷飞。天气寒冷到将军都拉不开弓，将士的铠甲都冷到难以穿着。

赏析：二句兼将军都护言之，互文见义。

平时是"一身能擘两雕弧"的边将，居然拉不开弓；平素是"将军金甲夜不脱"，而此时是"都护铁衣冷难着"。通过人和人的感受，写白雪的威力，手法具体真切，不流于抽象概念。

(5) 瀚海阑干百丈冰，愁云惨淡万里凝。

翻译：沙漠结冰百丈纵横有裂纹，万里长空凝聚着惨淡愁云。

描绘画面：浩瀚的沙海，冰雪遍地，纵横百丈；雪压冬云，万里长空，愁云凝聚。

赏析："愁""惨淡""凝"都能表现诗人此时的愁绪。

(6) 中军置酒饮归客，胡琴琵琶与羌笛。

翻译：主帅帐中摆酒为归客饯行，胡琴琵琶羌笛合奏来助兴。

描绘画面：在主帅的中军摆开筵席，倾其所有搬来各种乐器，且歌且舞，开怀畅饮，这宴会一直持续到暮色降临。

赏析：这些是边地之乐器，对于送者能触动乡愁，于送别之外别有一番滋味。

（7）纷纷暮雪下辕门，风掣红旗冻不翻。

翻译：傍晚辕门前大雪落个不停，红旗冻僵了，风也无法牵引。

描绘画面：送客送出军门，时已黄昏，又见大雪纷飞。这时看见一个奇异景象：尽管风刮得挺猛，辕门上的红旗却一动也不动——它已被冰雪冻结了。

赏析：

师：(引导) 同学们，这真是一幅奇异的图画啊，画面上都有些什么？你是我的眼，我做你的手，来，你们说，我来画。

学生口述，教师画简笔画：雪、辕门、风（教师补充：雪花纷飞，自然有风）、红旗。

①黄昏时分，大雪纷飞，辕门上的红旗一动不动。——天气严寒，雪花乱飞。不动的红旗，衬得整个画面更加生动，宛如浮雕。

②颜色：冷色基调上的一星暖色，色彩对比鲜明，反衬得整个境界更洁白、更寒冷。

（8）轮台东门送君去，去时雪满天山路。

翻译：轮台东门外欢送你回京去，你去时大雪盖满了天山路。

描绘画面：大雪纷纷，一行人从辕门骑马出来，走到山边空旷处，大家停马说了一会儿话，然后拱手相别。

赏析：送君千里终须一别，尽管分手在即，诗人依依不舍，且免不了为友人的行程担忧：大雪封山，路可怎么走啊？

（9）山回路转不见君，雪地上空留马行处。

翻译：山路迂回曲折已看不见你，雪地上只留下一行马蹄印迹。

描绘画面：离开的人策马转过山腰，消失在茫茫大雪中。雪地上朋友离去的马蹄印，一直延伸到山路的尽头。而送行的人，依旧站在原地，向朋友离去的方向久久凝望。

赏析：

师：作者是怎样来表达这种依依不舍的情感的呢？你能尝试着有感情地朗读一下吗？

学生朗读。

师：读得不错，不过感情的处理还可以更细腻一些。老师为大家剪辑了一段吟诵和朗诵的音频，请你们比较一下，在这三个词的语速处理上，吟诵有什么明显的不同？（出示投影：它们在语速的处理上有何区别？）

交流："山回""空留""处"，吟诵语速很慢，拉长了音。

师：拉长了音来读，有什么好处呢？（生答不出）这样，我们也一起来吟一吟，诵一诵，感受一下。因为是歌，所以合拍，请大家把手伸出来，轻轻地打着节拍。（又播放一遍录音，让学生跟着学习。学生再吟一次。）

明确：

①"山回"二字拉长了音，更能显示出山路的迂回曲折。友人已经离开了诗人的视线，诗人还在原地深情地凝望，此情此景，更为动人。

②"空留"和"处"拉长了音，显得非常悠远。

师：同学们，想象一下，诗人伫立在雪地里，凝望着雪地上一行长长的马蹄印，伸向远方，不见了友人的背影。曲终人散，寂然无声，可是，诗人的内心难道也是寂然无声的吗？（生：不是）那么诗人心中都在想些什么呢？（出示投影：路转峰回，友人消失在雪地里，诗人还在深情地目送。诗人此时在想些什么？）

交流：有对友人的不舍，有对友人长途跋涉的担忧，还有对自己归期未卜的隐隐惆怅……

师：（总结）对呀！看似空，情却满！来，让我们齐声朗读一遍！

哪句诗跟"雪上空留马行处"这一句意境相似？（李白《送孟浩然之广陵》中的"孤帆远影碧空尽，唯见长江天际流"）二者同一境界，意境悠远，耐人寻味。

三、精读细品——悟情

师：同学们，雪中送别，依依不舍，可见情深；雪中送别，也让我们欣赏到北方美丽的雪景。诗中有一句传诵千古的咏雪名句（板书：雪），是哪句？（生回答）对，就是"忽如一夜春风来，千树万树梨花开"。（出示投影）请大家思考：这一句为什么会成为千古名句呢？

学生思考，教师巡视。

师生交流（提示：注意修辞、手法或富有表现力的词）。

（1）比喻——诗人以"春风"使梨花盛开，比拟"北风"使雪花飞舞，极为新颖贴切。

师：它们之间有什么相似性？

①都是白色。（板书：白）

②梨花盛开的样子非常繁茂，和雪压冬林的景象极为神似，极富浪漫色彩。诗人是南方人，见过梨花的繁盛，故有此一比。

（2）"忽如"二字甚妙，不仅写出了"胡天"变幻无常，大雪来得急骤，而且，再次传出了诗人惊喜好奇的神情。（板书：新奇）

（3）"千树万树"意境壮美，重叠的修辞表现出景象的繁荣壮丽。（板书：壮丽）

（4）"开"指盛开，盛大开放，一下子开放，可见雪之大、猛、快。

师：（点拨）同学们，老师现在改一个字，大家看看效果好不好。（出示投影：忽如一夜春风吹，千树万树梨花开。）

生：不可以，这样就不押韵了。

教师明确押韵的作用：朗朗上口。

师：同学们，你们知道吗，古人写诗的时候，特别注意押韵。不仅仅是因为押韵能使诗歌读起来朗朗上口，还因为它能更好地表情达意。不信，你们看——（出示投影）

例1：天苍苍，野茫茫，风吹草低见牛羊。

例2：抽刀断水水更流，举杯销愁愁更愁。

师：例1押的是"ang"韵，读的时候口腔张大，拉长音，会让人觉得心胸开阔，眼前仿佛看见了一望无际的大草原；例2押的是"iu、ou"韵，读的时候嘴巴嘟起，口形较小，似乎让人感受到一种浓浓的愁绪。

师：根据以上示例，你觉得押 ai 韵往往表达的是怎样的情感？想象你的眼前一派春光，拉长韵读，可以感受到一种欢畅的情感，令人心情非常愉悦。事实上，从"来"字的意义看，它的确表达的也是一种惊喜的情感，如"盼望着，盼望着，东风来了，春天的脚步近了"。

师：诗人将南方春景比北国冬景，使人忘记严寒而感到喜悦与温暖，正是因为诗人心中有春天，所以眼前万物皆春景哪！谁能尝试读出诗人的惊喜之情来呢？（点名朗读）两位同学读得都欠一点点火候。这样吧，老师教大家一个方法，咱们在这句话前面增加一个叹词，表示惊叹的词有哪些？（啊，呀……）

要求学生齐读，齐读时，老师说"呀"，然后全体学生齐读"忽如一夜春风来，千树万树梨花开"。

师：同学们，若非心中有豪情，岂能笔下有壮景哪！回头细看，我们还能发现诗中不少地方都有这种豪壮的情感、开阔的意境，同学们能举例说说吗？（出示投影：你还能从哪些诗句中感受到豪放的情感、开阔的意境？）

同桌之间讨论交流。

师：同学们，再回首看看，难道我们之前分析过的那些诗句，里面仅有依依不舍之情吗？

（1）北风卷地白草折，胡天八月即飞雪。

赏析：开篇未及白雪，先传风声，所谓"笔所未到气已吞"——全是飞雪之精神。

（2）散入珠帘湿罗幕，狐裘不暖锦衾薄。

赏析：从学案上面补充注释可以发现，这里的"珠帘""罗幕""锦衾"都是美化了的说法，"一切景语皆情语"，若非诗人心中乐观豪迈、情绪昂扬，又怎么会将寒苦的边塞生活描绘得如此华美？雪花能够顽皮地钻进珠帘，打湿罗幕，也足见诗人心中的惊奇。

（3）将军角弓不得控，都护铁衣冷难着。

赏析：若非拉弓，又怎知角弓难开？若非穿甲，又怎觉铁衣难着？大雪纷飞的早晨，将士们还是像往常一样斗志昂扬、操练不止。

（4）瀚海阑干百丈冰，愁云惨淡万里凝。

赏析：

①"百丈""万里"是真的吗？——这两句对仗工整，以夸张的笔墨，气势磅礴地勾勒出瑰奇壮丽的沙塞雪景。

②前后两句观察角度有什么区别？——前一句写大戈壁上一片冰雪世界，纵横百丈，这是地上的景象；后一句写惨淡的愁云密布天空，凝聚万里，这是天上的景象。天之宽、地之广，视野如此开阔，心境如此博大。

朗读指导："百丈""万里"要拉长音重读，以体现天地之广阔、天气之严寒。"惨淡"二字读得低沉一些，以突出环境的恶劣，烘托诗人沉重的心情。（教师范读）

（5）中军置酒饮归客，胡琴琵琶与羌笛。（出示投影）

赏析：

师：（引导）同学们，老师觉得这一句也能看出诗人豪壮的情感，你认为呢？

师：同学们，"工欲善其事，必先利其器"，了解诗歌创作的时代背景，能够让我们走近作者，走近时代，跨越时空，跟作者产生情感上的共鸣。

出示投影：

背景：唐天宝年间，国家繁荣昌盛。由于西北边疆一带战事频繁，岑参怀着建功立业的志向，两度出塞。这首诗就是他第二次出塞，在轮台幕府中送友人回京时所作。当时他充任安西北庭节度判官，送别的友人为前任判官。

师：同学们，诗人是送武判官去哪儿？（生：归京）对了，归京啊！可不是贬到边远地区啊！（板书：武判官归京）他功成名就，回京复命，这是喜事啊！诗人初到边塞，立志建功，这是壮举啊！饮酒作别，音乐助兴，怎么可能凄凄惨惨戚戚？！老师觉得更多的应该是豪迈。

（6）纷纷暮雪下辕门，风掣红旗冻不翻。

赏析：（回看简笔画）横线是一望无际的雪原，竖线是高高矗立的旗杆——线条如此简洁，意境如此阔大！红旗在风中坚强挺立，也象征了戍边将士英勇不屈、不畏艰险的气概，写出了作者心中奔涌的豪情。

师：（点评）眼中有红旗，心中有春天！

(7) 轮台东门送君去，去时雪满天山路。

赏析："雪满天山路"的大手笔，让我们感受到了这种开阔的意境。

(8) 山回路转不见君，雪上空留马行处。

赏析："空留"其实并非空无一物，这是一幅以广阔的天地、茫茫的白雪为背景的图画，一行窄窄的马蹄印迹延伸向远方，恰恰体现了宇宙的壮美。

师：（总结）同学们，在奇冷的天气里送别友人，本是伤心之事，然而诗人却没有"夕阳西下，断肠人在天涯"般的肝肠寸断，也没有"剪不断，理还乱"般的愁苦悲恨。我们读到的更多的是一种惜别中的豪迈！

四、深情朗读——传情

师：同学们，今天我们一起走近了《白雪歌送武判官归京》，走近了岑参。汉字有形，汉声有情。我们不妨也来学一回古人，跟着吟诵专家陈琴一起，采取这种中国式读书法，吟一吟，诵一诵，相信大家会有不一样的感觉。

播放吟诵音频，鼓励学生一起吟诵。

师：嗯，挺有感觉的。同学们，咱们仿古，是为了古为今用。我相信采取咱们现代人的读书方式——朗诵，大家的心一定会跟岑参合二为一！

分角色配乐朗诵：为了更好地传达出诗人的情感，老师请同学们分工合作。（强调学生必须看着投影诵读，每一句的第一个字到位后开始读。）

"北风……飞雪"一句全体齐读，"忽如……锦衾薄"四句由女生读，"将军……冷难着"由一个男生读，"瀚海……万里凝"一句全体齐读，"中军……羌笛"由一个女生读，"纷纷……马行处"由老师读。

师：（总结）同学们，雪中送别，情深景美，诗中有画，堪称一绝！

附板书设计：

白雪歌

送

武判官　归京

新奇　壮丽

（江苏省兴化市板桥初级中学　顾菁华）

课例评析

《义务教育语文课程标准(2011版)》明确指出：阅读教学要重视朗读和默读，特别是要加强对阅读方法的指导，对古代诗文应要求学生能够诵读，以利于积累、体验、培养语感。江苏省兴化市板桥初级中学的顾菁华老师着眼于丰富语言积累，培养语感，发展思维，加强朗读指导，引导学生读出了生命的气息，为我们呈现了一节古代诗歌教学示范课。

一、读出情感

人们常说"诗歌是情感的艺术"，情感是诗歌的核心和灵魂，欣赏者只有紧紧抓住诗人所表达的情感，准确把握诗人情感抒发的语言特点，才能说是"读懂"了诗歌，"读懂"了诗人。所以，诗歌阅读的首要任务是通过反复而又有变化的朗读（诵读），让学生体味出诗歌的情感。

对诗歌教学的这一特点，顾老师可谓深谙其道，她非常明白"诗歌是生命意识的最高点，具有最伟大的生命力和对生命的最敏锐的感觉"（艾略特语），所以她对声音在情感传递上的意义是非常重视的。她充分发挥自己的教学优势，让"读"这一基本的也是常态的语文学习方式贯穿了课堂学习的始终。通过精要而恰当的诵读指导，循循善诱，一步一步地引领学生"入情""悟情""传情"，让学生进入到岑参所营造的情感世界中。

课上有学生的个别朗读，有集体朗诵，有教师范读，有听名家不同的朗读录音；有全诗的朗读，有片段的品读，也有个别句子甚至词语的反复美读；有自我体会式的试读，有在老师引导与启发下的再读，有师生合作的分角色朗读。特别是师生合作分角色诵读，非常有创意，老师声情并茂，学生倾情投入，将课堂气氛推向了高潮。读的名目虽然繁多，但所有这些"读"对学生而言都不是负担而是充分享受；不是简单重复的机械劳动，而是不断体味、丰富体验、深入理解的过程演绎。这一切都源于顾老师的提示与点拨、指导与评价："你能从哪些诗句中体会到诗人的情感？""是什么样的一种情感？""这样的情感怎样才能读出来？""哪个词语要重读？为什么呢？""这一句的最后一个字声音为什么要延长？""请用轻重缓急的语音、语调和节奏把诗中所蕴含的感情读出来"，这正是"激昂处还他个激昂，委婉处还他个委婉"（叶圣陶语）。读出语音，读出语气，读出语调，读出节奏，读出语势，就是读出了情感，也就读出了生命的气息。

有人说文字是声音的漏斗，它留下了白纸上的黑字，把表达情感的声音给漏掉了。但有了出声的读，有了感情投入的读，有了自我体验的读，它就把无声的语言还原而变为有声语言，弥补了无声的书面语言所无法表达出来的语气、语调、语势、语感，在抑扬顿挫、轻重缓急中，使语言增加了活力，有了跳跃着的生命。

顾老师在引导学生反复、细致朗读诗歌的过程中，让学生读出了艺术化了的生活情景，读出了情感生命的存在状况，更读出了自我思想、精神与灵魂生命的成长形态，从而使学生触摸生命的肌体，呼吸生命的气息，品尝生命的滋味，体悟生命的魂魄，进而逐步形成生命的意识。

二、读出意蕴

古代诗歌教学需要完成的一个任务是"注重情感体验"，并通过"丰富语言的积累，培养语感"，语感培养的方式与途径虽然有很多，但最为基本的一条还是"读"，通过反复的、出声或不出声的读，读出诗歌的特有韵味与情趣。在对语言持续不断地积累中，把记忆基因贯注到学生的脑海里，延长和拓展联想与想象的时空，使学生获得独特的学习体验。

在体会诗歌的韵味时，顾老师让学生思考的，也是贯穿课堂始终的问题其实有这样几个：

诗人的内心有着怎样的一种思想感情？
诗人选择了怎样的画面来表现这种感情？
诗人这两者是怎样自然巧妙地结合在一起的？

这就不是仅仅停留于对"情感基调"的浅层次认识和把握上，而是深入到诗歌的内部，借助于诗歌的语言，全面地将相关内容串联起来。当学生回答说"我从'山回路转不见君，雪上空留马行处'读出了诗人的情感"时，她立即追问："读出了什么情感？""'山回路转'是什么感觉？""'空留'是一种什么样的状态?""对此诗人想到了什么？还可能想到了什么？"不断地追问，使学生对语言的品味逐渐广阔起来、丰富起来、丰厚起来、深刻起来。

这样的例子可谓俯拾皆是。以欣赏"忽如一夜春风来，千树万树梨花开"这一写雪景的千古名句为例，顾老师没有简单地告知学生这一句"好在何处""妙在哪里""美在什么"，而是引发学生去不停地品咂、揣摩、体会："这一句为什么会成为千古名句呢""为什么把雪景比喻为梨花呢？""'忽'字写出了雪的什么特点？""'一''千'和'万'又描画出了什么景象？"更妙的是顾老师还运用了替换比较的方式，将"忽如一夜春风来"的"来"改为"吹"，让学生体会效果，最终让学生明白：这其中有对"胡天八月即飞雪"之景的"突如其来"的欣喜之情，犹如朱自清在《春》的开头写的那样："盼望着，盼望着，东风来了，春天的脚步近了"，还写出了雪的无处不在，塞满了整个的宇宙空间；更从诗歌形式——押韵的角度让学生明白"来"与"开"的朗朗上口，富有美感。为了巩固这样的认识，使学生能够形成鲜明的印象，她又及时补充了所学过的诗句："天苍苍，野茫茫，风吹草低见牛羊""抽刀断水水更流，举杯销愁愁更愁"，既读出了诗歌的独特韵味，又非常自然贴切地传授了相关知识，给学生留下了极为深刻的印象。

优秀的诗歌总是这样，它往往熔铸了诗人深邃的思想、独特的个性、美学的追求和艺术才能等多方面内容。"一粒沙里见世界，半瓣花上说人情"，在一位优秀老师的带领下，学生通过阅读和欣赏诗歌的语言，往往能得到多方面的情感、思想的启迪。这就必然涉及语感培养的又一个非常重要的方面——独特的情感体验。有了它，学生就会受到情味的熏陶，丰富自己的精神世界；有了它，他们就能领悟诗歌内涵，从中获得人生的有益启示；有了它，学生就能对作品的思想感情倾向作出自己的评价，对作品中感人的情境和形象说出自己的体验。

当学生说"忽如一夜春风来，千树万树梨花开"是"以乐景衬哀情"时，顾老师并没有立即轻易地否定，她对学生这一可贵的阅读体验给予了一定的肯定与尊重，留待最后才顺畅地解决。她巧妙地通过相关背景知识，把"送""武判官"与"归京"等语言信息联系在一起，让学生明白"武判官归京"属于"功成名就，回京复命"，所以不是"悲哀之事"而是"喜事"，诗人接任"判官"一职与他的人生目标很接近,也与唐朝初期文人"立志建功"、报效国家的理想相一致,属于人生的"壮举"。所以,读这样的诗句就要读出它的壮阔与美丽、豪迈与奔放。这一教学细节的处理,体现了顾老师的匠心,她引导学生将"读"引向了深入,不仅得其文辞,更得其意蕴。学生主动积极的思维和情感活动,加深了对诗句的理解和体验,并能有所感悟和思考,从而受到了情感熏陶,获得了思想启迪,享受了审美乐趣。

三、读出意境

诗歌是非常注重意境营造的,而意境又主要是通过画面来构成的,岑参的这首诗画面感极为强烈,意境非常优美,顾老师自然不会轻易放过。且不说她对"忽如一夜春风来,千树万树梨花开"所展现出来的新奇、壮丽、开阔的意境与豪放情感的理解与把握,处理得非常到位;即如"山回路转不见君,雪上空留马行处"所描画的景象,对学生所形成的视觉上的极大冲击,顾老师也充分调动学生的想象和联想,让他们从字里行间读出背后的丰富内容。

她先引导学生对诗句所描写的景象进行想象和再造,从而实现对语言的思维化建构:"离开的人策马转过山腰,消失在茫茫大雪中。雪地上朋友离去的马蹄印,一直延伸到山路的尽头。而送行的人,依旧站在原地,向朋友离去的方向久久凝望。"接着通过反复朗读,通过对延长音的处理,让学生体会其中依依不舍的情感;再启发学生"想象一下,诗人伫立在雪地里,凝望着雪地上一行长长的马蹄印,伸向远方,不见了友人的背影。曲终人散,寂然无声,可是,诗人的内心难道也是寂然无声的吗?""路转峰回,友人消失在雪地里,诗人还在深情地目送。诗人此时在想些什么?"学生想到了:有对友人的不舍,有对友人长途跋涉的担忧,还有对自己归期未卜的隐隐惆怅……顾老师又不失时机地进行了补充:"类似的情景我们在其他诗歌中也曾读过,如李白《送孟浩然之广陵》一诗中的'孤帆远影碧空尽,唯见长江天际流'",这样的随时温故,扩大了学生的认知视野,强烈地拨动了学生的心弦,丰富和提升了他们的形象思维。

再以"北风卷地白草折,胡天八月即飞雪"的欣赏为例,她和学生一起想象完成了这样的画面:"茫茫边塞,强劲的北风呼啸而来,将白草拦腰折断。飞沙走石，铺天盖地。时值农历八月，南方正是丹桂飘香、皓月增辉的时候，而这里却下起了鹅毛般的大雪，雪花飘飘洒洒、纷纷扬扬，落在山峦上，落在大漠中……整个大漠变成了银装素裹的世界。"接着就抓住"卷""折""即"和"飞"，让学生品味出了飞雪之精神、北风奔驰怒吼的气势和威力以及漫天风雪的雄阔景象。

同样，她在引导学生欣赏"纷纷暮雪下辕门，风掣红旗冻不翻"这一句时，没有停留在对画面的简单认识上，而是紧紧扣住"雪""辕门""红旗""不翻"等词语，让学生读出了其中的"空旷辽阔"之景和"豪放"之情。不仅如此，她对学生说："你是我的眼，我做你的手，来，你们说，我来画。"在学生的口述下，她很快在黑板上画出了一幅简笔画：雪、辕门、风、红旗，直观形象地展现了一幅"风雪红旗图"。在顾老师的启发和引导下，学生对诗句有了更加清晰、深入的理解："天气严寒，雪花乱飞。不动的红旗，衬得整个画面更加生动，宛如浮雕。""冷色基调上的一星暖色，色彩对比鲜明，反衬得整个境界更洁白、更寒冷。"一杆红旗高高矗立于一望无际的雪原之上，"线条如此简洁，意境如此阔大！红旗在风中坚强挺立，也象征了戍边将士英勇不屈、不畏艰险的气概，写出了作者心中奔涌的豪情"，这样的体会与感悟也就水到渠成。

正如朱光潜先生所说的那样：诗人"在文字上的推敲，骨子里实在是在思想情感上推敲"。有什么样的语言，就有什么样的思维；要培养和发展学生什么样的思维，就必须紧紧抓住语言。概括起来说，顾老师引导学生品味、揣摩、体悟了这样的语言：生动形象的语言，如把雪花比喻为"梨花"；丰富充分的语言，如写"送君"场景，不但写"雪满天山路"，而且写"山回路转"，写久望、远望"不见君"，渲染雪上马行的踪迹。学生在凝练优美、富有情感的语言环境中，走向诗歌深处，触摸诗人的心灵，体验诗歌的意境，感悟诗人的情感世界和诗歌的艺术世界。学生通过阅读发现、丰富联想、想象建构，深刻领悟了优美语言的神韵，提高和增强了感知美、鉴赏美的能力。学生真正地走进了诗歌，走进了诗人，走进了艺术和精神的生命。

在学习过程中，一个个摇头晃脑诵读诗歌的学生，神情专注，情感投入，成为课堂上一道最美的风景。

将语言品味进行到底
——《声声慢》教学实录评析

课例回放

师：在中国的词坛上，有一位被称为"乱世中的美神"的女词人，她既拥有年轻时的幸福快乐，也亲历了中年以后北宋灭亡、丈夫去世的伤痛。这就是宋代词人李清照。今天我们一起来学习她的《声声慢》（板书课题）。

师：我们知道，感情（板书）是诗歌的灵魂，要想读好一首词，首先要把握好词的基调。请一位同学朗读这首词，注意把握好这首词的感情基调。

一学生朗读。

师：读得怎么样？请一位同学来评价一下。

生：字音读得很标准，而且表达了一种哀伤低沉的情感，读得很有感情。

师：你能不能用词作中的一个词来概括一下这首词的感情？

生："愁"。（师板书）

师：这位同学很好地把握住了词的感情基调。同学们自由朗读一下这首词。

学生自由诵读后，男生朗读。

师：把握感情基调能更好地读出一首词的味道。诗歌是语言的艺术，因此，要想进一步体会这首词，还必须注意它在语言上的特点。同学们，它有哪些引起你们特别注意的地方？

生：第一句最有特点。这一句连用七个叠字，一下子把人带到了愁的意境中。

师：这位同学感觉很敏锐，一下子抓住了这首词的最大特点。那么叠字（板书）对表达愁情有什么效果呢？

生：首先，读起来有音乐的美感；其次，为后边作铺垫，突出一个愁字。

师：为后边作"铺垫"？或许我们可以换一个说法。

生：奠定感情基调。

师：说得非常好。创设音乐的美感，奠定感情基调，就有必要连用七个叠字吗？

生：李清照晚年生活凄凉，她经历了北宋灭亡、朝廷南迁、丈夫去世，国仇家恨聚集到一起，内心非常愁苦。在这里连用七个叠字，就把她内心愁苦的情感表达出来了。

师：这七个叠字有没有层次的区别？"寻寻"是在寻什么？

生：寻找她亡去的夫君，寻找过去幸福的夫妻生活的回忆。但是什么都寻不到了，只剩下"冷冷清清"。"凄凄惨惨戚戚"写出了她内心的愁绪、她当时的状态。

师：概括一下就是："寻"的是她的亡夫，她过去的美好时光；寻的结果是"冷冷清清"，都已不再有了；心里的感受是"凄凄惨惨戚戚"。这几句谁来再为我们朗读一遍？（一男生朗读）通过同学的朗读，我们体会到了李清照凄苦的内心。还有没有别的语句在朗读时需要注意的？

生：这首词后半部分在朗读时要特别注意把握好语气。有三个问句："如今有谁堪摘""独自怎生得黑""怎一个愁字了得"。我感觉三个问句强化了感情，抒发了作者内心的愁。

师：除了下阕有这样三个问句，上阕还有没有带"怎"字的？

生："三杯两盏淡酒，怎敌他、晚来风急？"

师：这一首词中，有四处问句，该如何理解？

生：这几个反问句强化了抒情的效果，一句比一句递进，让读者回味无穷。

师：分析得太好了。这四个问句，"有对晚风的憎恶，有对菊花的怜惜，有对日长难熬的怨恨，最后都归结到一腔无休无止的忧愁。用这种疑问的语气抒情，能曲折尽人意，有回肠荡气、哀婉动人的艺术效果。比那直抒胸臆的写法，似更深婉凄楚些"（徐培均语）。这些问句该如何读呢？请同学自由朗读体会。

学生自由朗读后，一位女生朗读。

师：读得很好啊。这首词在语言方面除了叠字、问句，还有一些虚词，在层层推进的时候也能起到强化抒情的作用，比如"梧桐更兼细雨"，你会读这个"更"字吗？

生：梧桐就是一个象征愁绪的意象，再加上细雨，就使得这种愁苦之情更深重了。

师：把握得很好。诗歌不仅是语言的艺术，还是形象的艺术。作为诗词的独特形象，意象就是诗歌的生命。要想更好地读懂这首词，还应抓住意象（板书）。那么，请问这首词描写了哪些意象？

学生分组讨论，交流发言。

生：雁。雁有一种习性——北雁南飞，李清照也是从北方来到南方避难，看到大雁，会有一种碰到故人的感觉；另外，她还在一首词中写道"雁字回时，月满西楼"，《声声慢》中再次写到雁，有一种想起丈夫的惆怅。

师：说得多好啊。读《声声慢》让我们想起了她的另一首写到"雁"的词——《一剪梅》（词内容略，学生集体朗读）。

师：《一剪梅》是作者前期作品还是后期作品？

生：前期的。

师：你是怎么看出来的呢？

生：语言比较清新轻快，愁也是一种"闲愁"，是一种相思。她后期作品的愁都是比较深重的。

师：你把这首词的情感性质给指出来了。"一种相思，两处闲愁"，这种闲愁，不过是"君住长江头，我住长江尾"的相思罢了。与其说是一种愁情，还不如说是一种甜蜜。这两首词都写到了"雁"，感情性质怎么就不一样了呢？

生：古代有鸿雁传书的说法，《一剪梅》里的"雁"是她和丈夫之间家信的代称。

师：《声声慢》中的"雁"代表了什么情感？

生：这首词中的"雁"好像还是那只雁，只是寄信的人已经不在了，给人悲凉的感觉。情犹在，人已逝。

师："雁"是传递音信的象征，人不在了，还能盼到远方的音信吗？"雁"又是回归的象征，雁又南下了，"我"还能回到故地吗？除了"雁"这个意象，你们认为还有哪个意象也写得非常好？

生："黄花"。首先，它渲染了一种凄凉的意境；同时也是李清照的自比，她曾说过"人比黄花瘦"，把自己比作黄花。这里的黄花经历了风霜，就像她晚年，经历了丈夫去世、国家灭亡，以前的幸福都变成了悲伤，曾经非常美丽，现在却"憔悴损"，没有人愿意摘取。

师：请一位同学评价一下她的赏析。

生：我赞同她的说法。这里的黄花已经憔悴了，枯萎了，就像李清照的年华已经流逝，容颜已经憔悴，满地堆积的黄花让人联想到她的孤苦无依、她的悲凉。

师：我们从黄花这个意象中感觉到了人的憔悴。还有没有同学对其他意象有感觉的？

生："酒"。词人说"三杯两盏淡酒，怎敌他，晚来风急？"她想喝醉，也许是因为酒淡，也许是因为愁太浓了，什么样的酒都不能排解她心中的愁苦，使她忘记家破人亡的愁情。她想借酒浇愁，却不能把愁斩断。

生：这里的酒不一定是淡的，但是她内心是非常愁苦的，一个人在满腹心事的时候，就会"食不遑味"，酒的味自然就感觉不出来了。

师：是因为愁太重，那酒就显得不足以敌风，也不足以驱除她心中的凉意了。我们同学把握得多到位啊。

师：这么多意象组合到一起，就形成了凄美的画面。诗言志，歌永言。诗词是诗人内心的显现，通过读这首词，你能走进诗人的内心世界吗？我们再集体朗读，同时假想你就是李清照，你会有怎样的感觉。

学生集体朗读。教师范读最后一句："这次第，怎一个愁字了得！""愁"重读，"了得"拖音放慢。

师：请一位同学朗读这首词，其他同学试着用第一人称的形式把这首词的意境描述出来。

一女生朗读，两位同学表述。

师：谁来为我们概括一下，李清照在这首词中抒发的愁情包含了几重含义？

学生发言，教师总结板书：诗心——国破、家亡、夫死、愁。

师：《声声慢》凄美感人，请同学们在课后品《武陵春》，进一步认识李清照词的凄婉之美。

（江苏省新海高级中学　张团思）

课例评析

诗歌是语言的艺术，在很大程度上我们阅读诗歌，就是阅读语言，品味语言。通过语言，我们可以理解诗歌内容，可以感知诗歌形象，可以揣摩诗歌情感，可以体会创作技巧，可以熏陶审美情趣，可以发现和建构新的意义。故而，明确、正确、准确地理解诗歌中一些字词的意思、句子的含义、诗作的思想情感、语言的表达技巧以及表述自己的阅读认识与评价就显得尤为重要，唯此，才能真正体现"经典的魅力"。以这样的认识来观察张团思老师的《声声慢》教学实录，我们不难发现，在对语言的品味方面有些地方是需要引起注意和重新认识的。

一、关于"感情"与"感情基调"

上课伊始，师生之间有这样的对话：

师：我们知道，感情（板书）是诗歌的灵魂，要想读好一首词，首先要把握好词的基调。请一位同学朗读这首词，注意把握好这首词的感情基调。

……

师：读得怎么样？请一位同学来评价一下。

生：字音读得很标准，而且表达了一种哀伤低沉的情感，读得很有感情。

师：你能不能用词作中的一个词来概括一下这首词的感情？

生："愁"。（师板书）

师：这位同学很好地把握住了词的感情基调……

说"哀伤的情感"是可以的，但"低沉"却不属于情感的某种类型，而是发声的音高与音强的问题，对学生表述的错误，张老师却没能敏锐地发现并进行必要的纠正。他一方面要求学生概括词作的"感情"（"情感"），但另一方面又要学生把握词作的"感情基调"，殊不知，"感情"与"感情基调"是不同的两个概念，二者断不可混为一谈。感情是指诗人所要表达的思想感情，而感情基调是指其思想感情属于哪一种类型。如李白的《蜀道难》，其感情是对祖国壮丽雄险山川的热爱，其感情基调则是激越雄放的；杜甫的《登高》，其感情是对漂泊无依、老病孤愁的伤感，而其感情基调则是沉郁悲凉的。结合全词，《声声慢》的情感是对亡国、孀居、沦落苦痛的悲愁，而其感情基调则是凄苦的。清代陆鎏认为该词"顿挫凄绝"（《问花楼词话·叠字》），现代词学研究专家沈祖棻认为全词所写的是"死别之愁、永恒之愁、个人遭遇与家国兴亡交织在一处之愁"，吴熊和、萧瑞峰认为它"融合了亡国之痛、孀居之悲、沦落之苦"（《唐宋词精选》）。可见词作所抒发的是凄苦悲愁，是孤凄、悲怆、痛楚、抑郁之情。他把全词的"感情"和"感情基调"用一个笼统的"愁"字来概括，既不具体，也不准确。

从认识规律来看，词作的感情把握应该在对全词的充分阅读、理解、揣摩与感悟的基础上进行，将其放置在课堂的开始阶段，容易发生理解的偏差、感受的肤浅、体会的游离。好的是他在课堂总结阶段，又对词作所抒发的"愁情"作了归纳，可惜的是归纳得不太到位，也很不充分。教师的板书是：

诗心——国破、家亡、夫死、愁

首先这四个词语不能并列，前三者是"愁"的内容或缘由，而"愁"只是一种心理情绪或状态。其次，对"愁"的内容或缘由没有进行具体的赏读，缺乏必要的拓展与延伸。正像一般所认识的那样，该词作于词人国破家亡、流落异地之时，诉说了词人国破家亡之恨、离乡背井之哀，既死丈夫又无儿女、晚年块然独处、辛苦艰难的悲哀处境，孤愁无助、生意萧条的无限痛楚抑郁之情，寄托了极其深沉的家国之思，深深地打上了时代的烙印。再次，词人为何说"这次第，怎一个愁字了得"？仅由教师范读一遍，实在是无法曲尽其妙的。词人通篇都写了自己的愁情，从环境到心情，从天气到淡酒，从秋风到过雁，从黄花到梧桐、细雨，可谓字字含愁，层层有愁，"肠断心碎，满纸呜咽"（刘乃昌《宋词三百首新编》），"一字一泪，都是咬着牙根咽下"（梁启超所作批语，见梁令娴《艺蘅馆词选》乙卷）。但前面却不着一个"愁"字，到此才"卒章显志"，画龙点睛，以"愁"归结。词人写愁，多半极言其多其广其大其重，所谓"愁江恨海"，如"离恨恰似春草，更行更远还生"（李煜《清平乐》），"问君能有几多愁，恰似一江春水向东流"（李煜《虞美人》），"便做春江都是泪，流不尽，许多愁"（秦观《江城子》），"试问闲愁都几许？一川烟草，满城风絮，梅子黄时雨"（贺铸《青玉案》），"近来愁似天来大，谁解相怜？谁解相怜？又把愁来做个天"（辛弃疾《丑奴儿》），即如李清照自己也写过"只恐双溪舴艋舟，载不动，许多愁"（《武陵春》）。但在此，她却化多为少，总万为一，言"愁"不足以概括个人处境，将无边无际的愁情推向高峰，言其深重的精神压力之下愁情之重，实在无法估量。更妙的是又不说明在"愁"字之外还有什么心绪与情愫，即戛然而止，虽是"欲说还休"，实际上却已倾泻无遗，淋漓尽致，可谓"余音袅袅"，从而产生了撼人心扉的冲击力量。

当然，如果从探究的角度，我们还可引入一些新的研究成果让学生去个性化阅读和创造性解读，如有人认为该词是李清照于丈夫赵明诚在出任莱州知州前后所写的，属于其中年时期的代表作，所表达的应为寻觅和等待良人而不见其踪影，亦即"被疏无嗣"的苦衷，而非国破、家亡、夫死之后孤苦凄凉的情怀（余淑荣《李清照〈声声慢·寻寻觅觅〉新探》），在赏析、质疑中发现经典的意义，构建新的读解图式，形成审美的能力。

二、关于"叠字"的使用

在对"叠字"使用的认识与评价上，张团思老师有许多不够准确和明确之处。

一是学生说"连用七个叠字",应该表述为"连用七组叠字"或"连用十四个叠字",而教师同样重复了学生的错误。

二是把"叠字"的运用视为这首词的"最大特点",这只重复了古人的某些观点,而没有考虑今人的评价。吴小如先生明确指出:"前人评此词,多以开端三句用一连串叠字为其特色。但只注意这一层,不免失之皮相。"(《唐宋词鉴赏辞典(唐·五代·北宋)》)

三是虽然老师和学生对叠字的使用有一些展开的内容,比如较为概略地涉及了其包孕的感情内蕴及其递进层次,但对其总体认识却归为"创设音乐的美感,奠定感情基调",显然,如果我们把对"叠字"作用的认识局限于"创设音乐的美感",那还只是属于技巧的问题,没有充分认识到"叠字"的丰富意蕴。正如沈祖棻所言:"任何文艺技巧,如果不能够为其所要表达的内容服务,即使不能说全无意义,其意义也终归是有限的。"叠字的使用"有层次、有深浅,能够恰如其分地、成功地表达词人所要表达的难达之情"(沈祖棻《宋词赏析》),形象刻画了女词人独特的精神状态、环境感受和心境意绪,使全篇笼罩着一种愁惨而凄厉的氛围,而不仅仅起"奠定感情基调"的作用。

四是对"寻寻"一词的理解,师生都认为她寻的是她的亡夫,她过去的美好时光,这未免过于坐实。其实,"'寻寻觅觅',包括寻思失坠的记忆,追念如烟的往事"(《唐宋词精选》),但也有可能是某种心爱的东西,其范围既广泛又模糊,它们似乎是遗失了,又似乎本来就没有。这是她内心世界十分空虚与寂寞的表现,这种心情有点近似"人间别久不成悲"(姜夔《鹧鸪天》)。心情空虚,无可寄托,无法排遣,恍然若失,恍惚迷离,坐卧不宁,寝食难安,正可谓"肠一日而九回,居则忽忽若有所亡,出则不知所如往"(司马迁《报任安书》)。竭力寻找某种东西来寄托和安慰自己的精神,但结果却一无所获,更加使她感到现实景况的孤苦。这样就"把她由于敌人的侵略、政权的崩溃、流离的经历、索漠的生涯而不得不担承的、感受的、经过长期消磨而仍然留在心底的悲哀,充分地显示出来了"(吴小如语),从而形象表现出在遭受巨大打击之后神情恍惚、意志崩溃、茕独凄惶的抒情主人公形象。遗憾的是，对此，教师在课上没有能够引导学生透彻地理解，形象地把握。

三、关于词中的几个意象

1. 雁

学生认为，词人写到雁，"有一种想起丈夫的惆怅"，教师肯定了这种说法。并进一步说："'雁'是传递音信的象征，人不在了，还能盼到远方的音信吗？'雁'又是回归的象征，雁又南下了，'我'还能回到故地吗？"一般情况下，师生能这样理解"雁"的意象，应该可以了。问题在于，教师只是引导学生就"雁"来谈"雁"，虽然通过"温故"的方式作了一些拓展（如联系《一剪梅》中"雁"的意象），但对其在特定的语言环境中的独特意义还缺乏具体的把握与深入的体会。

"雁过也，正伤心，却是旧时相识。"用的是倒装句式，正常语序应该是："正伤心，雁过也，却是旧时相识。"用今天的话说就是："正在伤心时，却抬头看见雁飞过去，原来雁是我过去见过的。"在怅然若失、愁绪难消的情景中，突然传来凄厉难闻的声声雁叫。时值秋天，大雁南飞，词人自己避难南下，两者似乎"旧时相识"，自有"同是天涯沦落人，相逢何必曾相识"（白居易《琵琶行》）之慨，此为第一层意思。生活常识告诉我们，此时词人所见之"雁"是不可能为"旧时相识"的，但流离失所的词人却说"相识"，正是借此寄托自己的怀乡之情，与"乡心正无限，一雁度南楼"（赵嘏《寒塘》）有异曲同工之妙，此为第二层意思。古代有雁足传书的传说，雁曾经给词人带过信，也曾经帮词人捎过信，给过词人许多幸福与美好的记忆："云中谁寄锦书来？雁字回时，月满西楼"（李清照《一剪梅》）。现在丈夫已故，亲戚离分，朋友云散，雁飞过来再也无信可带也无信可捎，"征鸿过尽，万千心事难寄"（李清照《念奴娇》），不能再给词人以甜蜜与希望了，这就使得词人更加"伤心"，乃至绝望，词人怀旧悼亡之情溢于言表，此为第三层意思。由此可见，这一群突然映入词人眼帘的大雁，"给冷清孤寂的词人带来的只能是更加黯然的心境，那'旧时相识'带给她的是旧时的信息，而岁月已经无情远去，抛下她一人在孤寂中打发冷清时日！因此，大雁让词人品到的是一种更加灰暗的心境"(《普通高中课程标准实验教科书·语文必修四·教学参考书》),此为第四层意思。

2. 黄花

师生这样解读"黄花":

生:……渲染了一种凄凉的意境;同时也是李清照的自比,她曾说过"人比黄花瘦",把自己比作黄花。这里的黄花经历了风霜,就像她晚年,经历了丈夫去世、国家灭亡,以前的幸福都变成了悲伤,曾经非常美丽,现在却"憔悴损",没有人愿意摘取。

……

生:……黄花已经憔悴了,枯萎了,就像李清照的年华已经流逝,容颜已经憔悴,满地堆积的黄花让人联想到她的孤苦无依、她的悲凉。

师:我们从黄花这个意象中感觉到了人的憔悴……

此处师生的对话中,涉及了对"满地黄花堆积"与"憔悴损"两个语句的理解。虽然学生没有对"满地黄花堆积"作具体理解,但由其联想到词人的"孤苦无依、悲凉",可见是当作"残英铺地"来理解的,殊不知,菊花是枯萎于枝头的,不会"落英缤纷",所以"满地黄花堆积"应是"菊花盛开"。关于是什么"憔悴损",学生说是"黄花",而老师则认为是"人"。在这一点上,课本与所配套的教学参考书也是不一致的。课本中的注释是"枯萎凋谢",明显指的"黄花";而教学参考书中则又明确说指的是"词人自己而不是菊花凋零"。可惜,学生这些明显的错误认识(包括课本与"教参"的矛盾之处),教师都没有及时发现并作必要的纠正。关于这几句,我们可以参看吴小如先生的论述:

园中开满了菊花,秋意正浓。这里"满地黄花堆积"是指菊花盛开,而非残英满地。"憔悴损"是指自己因忧伤而憔悴瘦损,也不是指菊花枯萎凋谢。正由于自己无心看花,虽值菊堆满地,却不想去摘它赏它,这才是"如今有谁堪摘"的确解。然而人不摘花,花当自萎;及花已损,则欲摘已不堪摘了。这里既写出了自己无心摘花的郁闷,又透露了惜花将谢的情怀,笔

意比唐人杜秋娘所唱的"有花堪折直须折，莫待无花空折枝"要深远多了。（吴小如《古典诗词札丛》）

3."梧桐"与"细雨"

教师在引导学生对虚词作用进行认识的时候，重点让学生体会"梧桐更兼细雨"中"更"字的使用效果，这诚然是对的，但却忽略了更有情感意蕴的"梧桐"与"细雨"这两个重要意象。当学生说"梧桐就是一个象征愁绪的意象，再加上细雨，就使得这种愁苦之情更深重了"之后，教师只用"把握得很好"的评价一语带过，而没有随机跟进，把学生的思维引向深入。

在中国古典诗歌中，梧桐与秋雨常常是凋零、苍寒、凄凉、伤心、断肠的象征。"人烟寒橘柚，秋色老梧桐"（李白《秋登宣城谢朓北楼》），通过梧桐来表现秋光渐老的阵阵寒意；"春风桃李花开日，秋雨梧桐叶落时"（白居易《长恨歌》），形象刻画出物是人非的黯然神伤；"睡起秋声无觅处，满阶梧叶月明中"（刘翰《立秋》），直接写出了秋天与梧桐的紧密关系；"梧桐树，三更雨，不道离情正苦；一叶叶，一声声，空阶滴到明"（温庭筠《更漏子》），"无言独上西楼，月如钩。寂寞梧桐深院锁清秋"（李煜《相见欢》），状离情、描悲恨，极尽铺陈渲染之能事，都表现了与此相同的意境。寒秋中的梧桐叶在晚风中萧萧飒飒，让人顿生悲凉与凄怆，再加上细雨一点一点地打在梧桐上，滴答有声，一直到黄昏都没停止，此时的词人，本已忧伤之极，但却又在她的眼前呈现出这一幕不堪目睹、不忍卒听的景象，可谓"梧桐又结雨中愁"，就更加使得她感到无尽的悲凉了。不仅如此，词人又运用叠字，诉诸听觉，以声衬情，写出了在极其寂寞甚至死寂的环境中"守着窗儿"，才能听到的一种微弱而又凄凉的声音；"点点滴滴"四字，活现了细雨的连绵不断，愁苦的络绎不绝。这雨点虽然打在梧桐叶上，可在敏锐善感、心情凄苦的词人听来却又像打在自己的心上，一滴滴，一声声，没完没了，无尽无止，是那么强烈，它敲击着、震颤着词人破碎的心扉，使她忧郁惆怅、哀惋凄厉至极。

只有准确把握了词中的意象，我们才能感悟词作所营造的意境，更为明确地感受抒情主人公的形象，领悟词作的丰富内涵，体会其艺术表现力。

当然，对于一篇经典作品，在语言品味方面，我们"可教"给学生的似乎还有许多：为了表达忧郁的情怀，加重凄切悲苦的情调，写尽自己的凄苦悲愁，词作纯用了赋体的描写艺术，精心选择了贯穿浓重感情色彩的诸多意象，以通俗平易、朴素清新而富有表现力的语言谱入了新的内容，巧妙运用了入声韵、双声字、舌音和齿音字等等。教学时，我们可以全面铺开，可以重点突破；可以以点带面，可以点面结合。但不管选择的"点"是什么，有多少，我们都应该紧紧抓住诗歌阅读的原点与归宿——语言，将品味语言坚决进行到底，从而实现"理解作品的思想内涵，探索作品的丰富意蕴，领悟作品的艺术魅力"(《普通高中语文课程标准（实验）》)的教学目标。

弱水三千，可取数瓢饮
——《水龙吟·登建康赏心亭》教学实录评析

课例回放

上课伊始，由梁衡的《把栏杆拍遍》导入。

师：还记得题目"把栏杆拍遍"出自辛弃疾的哪一首词作吗？

生：《水龙吟·登建康赏心亭》。

师：今天我们就来具体学习这首词，一起走进词人灵魂深处，去倾听他的内心独白。

师：我们先看大家的预习情况。（出示课件，略。）

师：其中有几个词我们需要辨别和理解一下，比如"许汜"的"汜"怎么读？

生：读"sì"。许汜是《三国志·陈登传》中的人物。

师：（板书"汜"）"汜"在读和写的时候，要与《烛之武退秦师》"秦军汜南"的"汜（fàn）"相区别。其他还有吗？

生：倩（qiàn），是"请"的意思。但我不理解为何要唤取"红巾翠袖"为他擦拭眼泪？

师：这涉及古代的一些文化习惯。在一些游宴娱乐的场合，常有歌伎在旁唱歌。据南宋岳珂在《桯史·稼轩论词》中说"稼轩以词名，每燕必命侍妓歌其所作"，可见这是他展示诗歌才华而经常采用的方式；此外，中国传统美学中有"英雄配美人"之说，苏轼《念奴娇·赤壁怀古》中就有——

生："遥想公瑾当年，小乔初嫁了，雄姿英发。"

师：对，两首词中都有以美人烘托英雄之意，但作用是否相同呢？

生：不同，《念奴娇》是以美人小乔衬托周郎谈笑破敌的英雄气概；《水龙吟》中辛弃疾并无美人来为己揾泪，也无人分担自己的忧愁与苦痛，抒发的应是没有知音的悲叹和哀伤。

师：借用词中的话说就是"无人会，登临意"。这也与他"道男儿到死心如铁，看试手，补天裂"（《贺新郎》）中所体现的飞扬豪情和气冲斗牛的勇毅与自信有着很大的不同。

师：看来大家预习得很充分。不仅对字词分析得好，而且质疑得好。下面我们来朗读全词，并请思考词中主要运用了哪一种表达技巧。

学生自由朗读，思考。

生：用典。下阕中提到了许多古人、古事，这些都是借此抒发自己的英雄之志。有点类似《永遇乐·京口北固亭怀古》，充分体现了辛词喜欢用典的特点。

师：（出示课件）用典，亦称用事，凡诗文中引用过去的有关人、地、事、物等史实，或语言文字，以为比喻，而增加词句的含蓄与典雅者，即称"用典"。

教师板书：寄情于典故。

师：请同学们尝试用四字短语概括本词中出现的典故，并找出表明作者情感态度的词语。（PPT 展示表格，并要求学生思考、交流，先完成前三栏内容。）

人　物	事　件	态度（关键词）	作者情志
张翰	思乡归隐	休说	不＿＿＿弃官归隐
许汜	求田问舍	羞见	不＿＿＿追求私利
刘备	嘲讽许汜	羞见	胸怀天下＿＿＿英雄
桓温	感叹流年	可惜	报国无门＿＿＿年华

师：梳理了词中典故之后，大家能不能在"作者情志"一栏填上你认为最恰当的字或词，并说明理由？

生：不"屑"弃官归隐，不"屑"追求私利，表明作者对张翰弃官归乡和许汜求利自顾的鄙视和不屑。

师：作者对张翰和许汜的态度完全一样吗？

生：不完全一样，对许汜的做法是完全批判，"怕应羞见，刘郎才气"中的"羞"字体现了对这种生活的鄙视，此处填"屑"比较恰当；而对张翰"思乡归隐"应有一点认同，因为中国文人都有一点归隐情怀。再说上阕作者自称"江南游子"，也流露出思乡之情。

生：张翰处填"能"好，尽管词人也向往陶渊明式的悠闲生活，但处于特定时代，他必须放弃个人利益而报效国家。就像林则徐一样："苟利国家生死以，岂因祸福避趋之。"这里用"能"可以体现主客观两方面原因。

师：那第三处填什么呢？

生："赞美"，辛弃疾在《永遇乐·京口北固亭怀古》中曾同样赞美过心怀天下、收复失地的英雄孙权、刘裕。

师生齐诵："千古江山，英雄无觅，孙仲谋处。""想当年，金戈铁马，气吞万里如虎。"

生：我认为填"追慕"更好，作者不仅赞美他们，同时还希望像他们一样建功立业。

师：确实如此，看来同学们已慢慢读懂辛弃疾了。那么第四处呢？

生：我认为用"感伤"比较恰当，光阴飞逝，时间就在风雨忧愁、国势飘摇中流逝，而自己的济民救国之志尚难遂愿，好不痛惜！

生：我认为填"慨叹"恰当，因为"树犹如此"后用了感叹号，全句更多一点壮志难酬的愤慨。

师：东晋桓温在发出"木犹如此，人何以堪"的感慨之后，"攀枝执条，泫然流泪"，此时的辛弃疾虽没有做出类似的动作，但他的内心同样充满了"慨叹"。

师：在对字词的推敲中，我们进一步感受了作者的赤子之心及悲愤之情。据史料记载金陵赏心亭建于宋代，是一处绝佳胜景。但作者带着悲愤之情登临赏心亭时，映入他眼帘的还会是如画的美景吗？下面我们就从"情"与"景"的关系入手，共同感受作者笔下的景象。

生:"献愁供恨,玉簪螺髻"中感情最明显。词人不说心情不好,而说峰峦为自己"献愁供恨",仿佛峰峦本身就是愁和恨的化身。

师:这是一种"移情"手法,把自己的感情移到了本身不具有感情的远山上,使客观景物带上了主观感情色彩。就像杜甫《春望》中的……

生:"感时花溅泪,恨别鸟惊心。"

师:也像欧阳修《蝶恋花》中的……

生:"泪眼问花花不语,乱红飞过秋千去。"

师:还像秦观《踏莎行》中"可堪……"

生:"可堪孤馆闭春寒,杜鹃声里斜阳暮。"

教师板书:移情于景物。学生阅读、讨论、交流。

师:(PPT展示)这是南宋军事形势地图,从图中可以看出宋金以淮水为界。赏心亭位于交界处的建康,设想作者纵目远眺:北望是江淮前线,效力无由;再远即中原旧疆,收复无日。南望则山河虽好,无奈仅存半壁;朝廷主和,壮士不得其位。以上种种,是恨之深者,愁之大者。

生:"自古逢秋悲寂寥","秋"这个意象本身就带有悲的气氛。开头两句用了两个"秋"字。并用"秋无际"来加深"千里清秋"之意,使得整个背景显得越发空寂苍凉,最容易触发词人的悲怆情绪。

生:"落日"本是自然景物,辛弃疾用"落日"二字,含有比喻南宋国势衰颓的意思,也表达了作者的愁苦心情。

生:"断鸿"是失群的孤雁,可以比喻辛弃疾飘零的身世和孤寂的心情。

师:由此可见上阕所写的是怎样一幅景象?

生:作者用秋天里楚天、流水、远山、落日、断鸿等典型景物,营造出一种苍茫悲凉的意境,从而烘托出孤独的游子形象。

师:如果你是一位画家,可以抓住哪些细节为辛弃疾画像?

生:"把吴钩看了(lē),栏干拍遍",词人用唐人李贺《南园》诗意"男儿何不带吴钩,收取关山五十州",暗含收复北方失地之意。

师:此处"了"应怎么读?

生:应读"liǎo",《念奴娇·赤壁怀古》中的"小乔初嫁了"和《望岳》中的"岱宗夫如何,齐鲁青未了"中的"了"都读"liǎo"。

师：除了从常见读音来推断，我们能不能从作者情感角度再作一些思考？

生："吴钩"本是陪作者征战沙场、杀敌立功的锐利武器，此刻却无"用武之地"，读"lē"着重的是一种结果，表示"看完了"，看不出时间长短，显得很随意；而读"liǎo"则显现了某种过程，有动作时间的长度在里面，我们可以想见辛弃疾此刻一遍遍抚看宝刀的怜惜、悲愤之情。

师：分析得好，请你试着把作者的情感读出来。

该生朗读，不仅将"了"重读，还将其音延长，带有京剧味，引得同学跟读。

师：把"栏干拍遍"怎么理解？

生：词人站在赏心亭上，凭栏静立，怀想世事，嘘唏独语，心中激愤无法排解，只好用手一遍遍地拍打着栏干。

师：宋人说"秦淮绝致，尽在轩栏"，但词人没有感受到景色的美好，却以这样的动作来让胸中积郁一泄为快，这真是"读书误我几十年，几回醉把栏杆拍"。我们来模仿一下他的动作，体会词人的情感。

学生模仿动作。

师：除了动作，还有其他细节吗？

生："英雄泪"，还应该为流着热泪的英雄画像。

师：对，刚强自信的作者欲进不能，欲退不忍，最终只能潸然泪下。

PPT展示梁衡《把栏杆拍遍》中对此场景的描述与评价。

教师板书：融情于细节。

师：现代著名诗人艾青曾经写到"为什么我的眼里常含泪水？因为我对这土地爱得深沉"。我在备课的过程中，也曾经为这位失意英雄不屈的壮志、苦苦的坚守而流泪。词人虽然在写他的孤独和悲哀，写他的痛苦和眼泪，但我们仍能看到他以英雄自许、绝不甘沉没的心灵。

下面就让我们带着对英雄辛弃疾的理解、同情和敬佩，一起朗读并尝试着背诵全词。

（江苏省兴化市第一中学　丁磊）

课例评析

课堂教学中，有的教师在学习资源的使用与开发上还明显存在着许多不足。其中最突出的表现，一是对已有资源缺少必要而充分的利用，"就文本教文本"的现象还比较普遍，结果是枯燥而干瘪地去解读文本，致使文本的阅读价值得不到尽可能大的发挥，课堂学习的内容处于单一、狭窄的状态；二是不能创造性或合理开发一些学习资源，不加筛选与鉴别地、机械地照搬一些资料，冲淡甚至完全掩盖了对文本本身的阅读，致使学生在文本意义的发现与建构上发生了偏差。

教师理应充分发挥"教"的积极主动性，"创造性地使用教科书和其他有关资料"（《普通高中语文课程标准（实验）》），丰富学习的内容，创新学习的形式，满足学生的需求，激活学生的思维，使课堂学习活动始终处于教师的相机点拨与有效指导之下，更大可能地实现教学的价值。

"弱水三千，吾只取一瓢饮"的人生态度，有时候并不适用于我们的语文学习；要想让"三千弱水"均能"为我所用"，既不现实，也无必要。课堂教学中，我们完全可以采取"取数瓢饮"的方式，不仅让有关资料"为我所用"，而且能够"化为我用"，做到科学而有创意地使用教学资料。

这节课的教学设计独特，效果显著。

一是重点突出。丁老师没有停留在对词作内容、情感、技巧等方面的简单告知，而是抓住诗歌的本质特征，带领学生通过对作品中"精炼语言"的品味来把握诗歌的情感。让学生在感受诗歌魅力的同时，真正喜爱诗歌，读懂诗歌。比如他刻意设置了"让学生用一个字或词概括作者情感"的环节，来调动学生积极主动的思考、比较，从而提高学生的诗歌鉴赏能力以及语言概括能力。

二是富于启迪。诗歌本是以意象为血肉，以意境为精神，以思想内容为情致，教师引领学生站在远处欣赏，尽管能使他们赞叹不已，但终究无法让他们得到境界的升华。教学中，丁老师除了引领学生体会诗歌意象、感知诗歌意境、领悟诗歌的思想情感以外，还充分发挥了诗歌对学生人生的启迪作用。如注重对辛弃疾一生不屈壮志的把握，对他四十多年苦苦坚守精神的感知与渲染等，让学生身临其境，深受感染。

三是关注体验。语文课堂要想活起来，学生的主动参与少不了。丁老师注意调动学生参与的热情，通过创设丰富的教学情境，让学生"动手"去探查，"放眼"去观察，"运脑"去思考，"开口"去质疑，"用心"去感知。让学生在大量的语言实践中掌握、运用语言，鼓励学生对词作进行自我解读与理解，尊重学生的个人感受和独特见解。

四是联带自然。诗歌教学离不开与原有知识的联系，丁老师在引领学生欣赏词作中特别注意知识的前后"联带"，这是本节课最为精彩之处：

（1）温故知新。

丁老师的课堂导入语，不仅简明扼要，而且巧妙地勾连了"已学"与"将学"内容的关系，让学生明白：要想完全理解"栏干拍遍"的内涵，就得阅读辛弃疾的全词。这使学生对文本阅读价值的"发现"成为可能。"温故知新"的方法，在课堂上得到了较为频繁的使用。比如，他提醒学生注意"氾"和"汜"的区别，注意"了"的不同读音，注意体会"倩"字的意义，注意揣摩"拍"的动作，在一般教师不加注意的地方，运用比较的方式，不但有机地进行了相关知识的教学，而且引导学生注意对某个字词的理解关涉到对抒情主人公情感的领会，关乎到对词作主体情感的把握，甚至关联到对词人的生活遭际、悲剧命运的触摸。这种"以熟带生"的方式，不仅帮助学生理解了词作，还达到了以篇带类（一首诗带出一类诗）、以篇带人（一首诗带出一个乃至一类诗人），甚而以篇带法（一首诗带出某一鉴赏方法）的效果。

（2）丰富内容。

本课中，有一个用四字短语概括词中出现的典故，并找出能表明作者情感态度的词语的精彩片段。丁老师循循善诱，引导学生结合词作加以比较、分析与概括，尊重学生的阅读体验。同时，这段对话，所涉及的历史人物除了词作中所提到的张翰、许汜、刘备、桓温以外，还有机补充了陶渊明、林则徐、孙权、刘裕；所涉及的作品有辛弃疾的《永遇乐·京口北固亭怀古》、林则徐的《赴戍登程口占示家人》（"苟利国家生死以，岂因祸福避趋之"）、《世说新语·言语》（包括庾信的《枯树赋》）；所牵涉到的历史文化内容和思想情感极为丰富：有忧国忧民，有建功报国，有怀才不遇，有壮志难酬，有感时伤逝，有弃官归隐，有寄情山水……很明显，丁老师极大地激发了学生的想象力和创造潜能，突出了学生在诗歌鉴赏中的主体地位，充分尊重了学生的独特体验。学生在交流、争辩、矫正认识或评价的过程中，不仅了解了诗歌语言的精练和典雅，也理解了诗歌语言表达的生动和含蓄，更在体会诗歌语言的表现力和感染力的同时，理解了抒情艺术及其基本特点，准确地摸出了词作的情味，领悟到辛弃疾愁苦的灵魂。

（3）适度深入。

辛弃疾词作善于"用典"，这是教学中的一个重点与难点，处理不好，就可能陷于枯燥的知识介绍之中。丁老师的高明之处在于，他虽然讲了"用典"的定义，扩大了学习的内容，但却没有纠缠于概念本身，而是直接点出辛弃疾"用典"的实质，并迅速转入到对词作中所用典故与作者的态度、情志之间关系的探讨之中。本节课上，老师没有介绍一些多余知识来淹没对作品的阅读。他只是在学生理解"献愁供恨，玉簪螺髻"这一句时，展示了一幅"南宋军事形势地图"并作了精要的解说。这样的补充，不仅使学习的内涵变得丰厚与深入，而且营造出思维飞动的氛围；不仅使词作更易理解，而且学生的阅读视野也进入了更加广阔的境界。

尽管本节课优点较多，但在资料的使用上还需作进一步的改进——

一是收集资料的工作应有学生的参与。从研究课的目的与意义来看，丁老师确实做了大量的案头工作，但如果是一节"常态课"，我们还能如此深入、细致地去查阅、筛选、分析吗？备这样的一节课，需要教师作出怎样的努力？而这一过程如果没有学生的参与，弄不好就可能会是教师个人"知识渊博"的才能展示。丁老师如果能够在课前及课后布置学生按照一定的主题或目标去收集一些资料，并在课上呈现出来，师生共同分享，教学效果就会更好。

二是资料的收集与运用要有方法的指导。教学资料来源广泛，内容庞杂，鱼目混珠，我们怎么才能辨别其中的真伪，使资料更加准确地"为我所用"？精选、重组、优化这些资料，就显得特别重要了。特别是学生的知识背景不足，认识水平有限，他们会不会在接触一些资料的时候，犯囫囵吞枣、食而不化、鹦鹉学舌、人云亦云、照本宣科的毛病？怎样结合学生的实际，教会他们一些基本的阅读方法？比如，丁老师可以从几个方面（但要简要一点）来呈现一些资料（比如前人对辛弃疾的不同评价），教学生一些分析的方法，这样有助于学生对词作及词人进行更具体而深入的了解。

三是资料的运用还应更加充分而深入。钱钟书说："精当地引入资料，就是要为解密提供钥匙，好比从飞沙、麦浪、波纹里看出了风的姿态。"所谓"精当"，除了上述的质量要求之外，还是对其数量的要求，也是对其引入时机的要求，更是对其引入效果的要求。资料的出现频率要控制，时机要准确，否则就有可能对文本的有效解读有所冲击。引入资料的目的是更好地培养学生的理解能力与分析能力，丁老师其实可以在教学的某个环节，借助于某一（类）资料，将对词作的阅读与欣赏进行得更加充分一些，真正"走进文本"；让学生的思维过程得到更加具体的呈现，"走入"学生的内心，而不是一带而过、浮光掠影。从而在有关教学资料使用的适合、适时、适量、适用方面作出更加有意义的探索。

如何解决上述问题，使教学内容拓展发挥更大、更好的作用呢？为此我们要进一步明确下列三种意识——

一、主体意识

既然课堂学习的主人是学生，课堂学习的目的是为了学生语文素养的形成，那么我们的一切教学活动就应该完全围绕学生展开，认真组织学生积极参与，密切关注学生学习体验，着眼培养学生思维品质，切实提高学生发现问题、分析问题与解决问题的能力。有关学习资料的使用，其目的应该是为了帮助学生进一步理解文本，让学生从中发现文本的阅读价值，领会文本的阅读意义。

这首先需要我们充分尊重学生的主体地位，让学生参与到对资料的收集、整理与分析的过程之中。学生只有拥有了大量感性的材料，才能对所学文本及其相关因素（如作者的生平与创作，作品的内容与艺术特征，时代背景等）有具体的了解，对所要学的文本也才会有完整的认识。在课堂学习中，他们才会有"恍然大悟""原来如此"的感觉。如上所述，除了一些

"温故知新"式的内容,丁老师在课上所引用的许多资料都是自己搜集的,而没有学生的具体参与,这也正是语文教学乃至其他学科教学所欠缺的。这是学生将来搞研究、做方案、编计划等必备的基本能力,需要教师对学生加以训练与指导。西方学术界强调研究的科学性和系统性,特别重视资料的全面客观和方法的规范,人家从小学时代就有了这样的训练,以适应培养创新型人才的需要。

其次是要对学生进行必要的指导,包括查阅与检索资料的具体方法的指导、发现与认识问题的眼力与见识的培养。我们要完全遵循鲁迅先生所提出的"拿来主义"的基本原则,不使学生"身在宝山不识宝",也不使他们以为"捡到筐里都是菜"。教会他们对材料辨别、分析的基本策略,在充分"占有"的前提下,有选择,能辨别,真正使资料"为我所用"。以课堂结尾部分对辛弃疾的情感特征进行总结为例,就完全可以引入辛词研究专家邓广铭先生的一段论述,以使学生对词作的理解得以深入与扩展,思想认识和情感体验得到升华:"辛稼轩是当时民族斗争战线上的一员战士,是一个始终很奋勇地参加这一火热斗争的人,而平生又'以气节自负,以功业自许',以这样的一个人而却藉歌词作为'陶写之具',他的歌词必是和那一时代的现实本质有着密切的联系。……辛稼轩对于侵占了中原和华北的女真统治者具有强烈的仇恨感,具有要复仇雪耻的强烈愿望,因而,充盈于他的各个时期和各种形式的作品之内的,是一种跃然纸上的壮健奋发的积极进取精神。他以报仇雪耻、整顿乾坤的事业自勉,也经常以此策励他的朋辈。"(邓广铭《稼轩词编年笺注》)同时再适时出示一两首当时表现"策励朋辈"的作品,让学生进行比较。进而让学生明白:就文本表达的内容和所抒发的情感来看,每一个相关的资料都是有意义的,它绝非"就文本学文本"所能达到的效果;这样的阅读是必要的,也是可能的。通过多种活动形式,让学生去自由阅读,自我发现,自觉探究,拓宽他们的阅读视野,培养他们的眼光和见识。

二、文本意识

古代诗歌阅读的过程,应该成为建构诗歌意义的过程。而要让学生构建

"诗歌意义",教师就必须引导学生在把握诗歌形象、感知诗歌意象、品味诗歌语言、理解诗歌主旨以及了解艺术手法等多方面去欣赏诗歌。但也正因为如此,不少教师在课堂教学中,有时过于追求让学生去"全面""完整"地建构诗歌意义,而对诗歌中较为突出的意义或学生理解的难点把握指导得不够具体,致使部分学习内容较为单薄,不够丰厚,是为"贪多嚼不烂"。比如"情"为诗歌之魂,古人说"诗文不外情事景,而三者情为本"(魏际瑞《伯子论文》),"咏古咏物,隐然只是咏怀,盖其中有我在也"(刘熙载《艺概》)。明白了此点,我们就必须在文本内容的适度拓展上着力,不能就事说事,就景说景,就情谈情。丁老师注意到了词作"情景交融""移情于物"的特点,但在一些辅助资料的运用上还不够充分,如课堂起始环节,可能担心学生会对词作的学习有所影响,而没有对梁衡的《把栏杆拍遍》作较为具体的回顾,从中理出辛弃疾词作的情感类型,进而顺理成章地引入到他的这种"内心独白"所具有的丰富性、情感表达所具有的独特性上。再如对辛弃疾的坎坷身世、尴尬处境、悲壮情怀以及其所处辞庙南渡、山河破碎时代等背景知识也都缺乏必要的交代,对词作抒情艺术的展开,乃至同类词人同类作品抒情艺术的概略把握也略显不足。而这些,对帮助学生建构文本意义都有较大的作用。

  刘熙载说:"词之好处,有在句中者,有在句之前后际者。"(《艺概》)我们在设计一些教学片段时,就要充分地抓住这样的"好处",从而达到言简意丰、以一总万、耐人寻味的效果。比如丁老师虽然关注到了词作的开篇两句,但引领学生品味欣赏却有点蜻蜓点水,一带而过。在此可以引入吴熊和、萧瑞峰两位先生的评价:"起调揭响入云,笔力遒劲,不但境界阔大,气象雄伟,而且反映出作者视野之宽与胸次之高。眼底江山与心头抱负,融合无间。"(吴熊和、萧瑞峰《唐宋词精选》)这一宏大的背景,奠定了词作的情感基调,也显示了词作非同凡响的艺术特质。这样的开头与"子在川上曰"、陈子昂的"念天地之悠悠"和苏轼的"大江东去,浪淘尽,千古风流人物"等有异曲同工之妙,不可轻轻放过。词作的结尾也是如此,同样可以将吴熊和、萧瑞峰的话作为解读的钥匙:"结拍说英雄失志之余,欲倩美人慰藉,英雄泪与红巾翠袖,并非绝缘。豪气温情,一时并集。侠骨柔肠,刚柔互济。这正是词最需要的当行本色。"再比如要描画抒情主人公"把吴钩看了，栏干拍遍"这一形象，就必须抓住这"颊上三毫，眉间一点"(《伯子论文》)，可以引入词学研究大家唐圭章先生的评论："'把吴钩'三句，写情事尤不堪，沈恨塞胸，一吐之于纸上，仲宣之赋无此慷慨也。"(《唐宋词简释》)以此使学生在反复比较赏读中，更加深入地探索"了""拍"等词所包孕的丰富意蕴。还有丁老师对"落日楼头"等三句也没能充分展开，只是让学生简单地描绘了一下画面，缺乏对其所描绘的景象进行整体与局部的把握。其实仍然可以引入这样的一些论述："'落日'三句，写境极悲凉，与屯田之'霜风凄紧，关河冷落，残照当楼'同为佳境。"(《唐宋词简释》)"'落日'三句，诗中有画。落日、断鸿与楼头游子置于寥廓江天的广漠背景，立体感强，突出了无边的孤独与寂寞之感，语调上如闻呜喑之声。"(《唐宋词精选》)研究大家的这些评论文字，非常准确而又精练，可以帮助学生准确把握一个"以气节自负，以功业自许"的"一世之豪"的词人形象，让学生明白这是英雄失路的悲叹，这是壮士闲置的愤懑，从而领悟词作的艺术魅力，明白艺术创作中的"人精神聚于一端，乃能独至"(《伯子论文》)的原理。这才会使学生对文本的研习得以深入。

对一些资料我们还要反复运用，只不过这样的"反复"，不是一般意义上的"重复"，而是对原有认知的巧妙"添加"或"嫁接"，也是对已有认识的丰富，让学生的思维更有含量，也更有品质。比如，梁衡的《把栏杆拍遍》，就可以让学生反复阅读、对照，让文本相互印证，不仅与词人所表达的主观情感丝丝入扣，而且与豪放词的"无意不可入，无事不可言"(《艺概》)的艺术特质完全吻合。学生不再是仅仅"读懂"了词作所表达出来的理想与现实的激烈冲突(也不仅仅"读懂"了梁衡的散文)，而且会体认到词人的生命和心灵，感悟到辛词在悲壮的基调下所营造的艺术境界。这不但能使学生对文本学习价值的"发现"成为可能，而且能够适当放大文本阅读应有的效应。

三、资源意识

清人魏际瑞说："由规矩者，熟于规矩，能生变化；不由规矩者，巧力精到，亦生变化。既有变化，自合规矩。"（《伯子论文》）教师是课程资源的利用者，也是课程资源的开发者，而有关资料正是非常重要而有用的学习资源。对于纷繁芜杂的各种资料，我们要讲究"规矩中的变化，变化中的规矩"，能出神入化地运用此法者，方能使语文课堂摇曳生姿，步步深入。比如，对辛弃疾词作艺术中善于"用典"的特点，刘熙载曾作高度评价："稼轩词龙腾虎掷，任古书中理语、廋语，一经运用，便得风流。"（《艺概》）但与此相反，也有不少人对此却不以为然，认为他是"掉书袋"。对此，我们虽然不必对学生作过多的介绍，但适当补充，可使学生对辛词的特点形成较为辩证的认识，并可进一步提醒学生：凡是美的事物，都是位置摆放恰当的，反之则不美。而辛词的用典，则是恰当运用的典范，正如叶嘉莹先生所说："并不仅是由于有心以之为托喻"，而且是由于"他对于眼前之景物及心中之古典本来就有一种丰富的联想及强烈的感发"（邓广铭《稼轩词编年笺注》）。再如，既然"教材无非是个例子"（叶圣陶语），那么在让学生揣摩"把吴钩看了"之"了"的读音时，就不但可以联系苏轼的"小乔初嫁了"之"了"来帮助理解，还可以结合《红楼梦》中《好了歌》的"了"，以及固定语汇"不甚了了""了无生机"等中的"了"等进行比较性理解，在辨其音、明其义、体其情中举一反三，以丰富学习的内容。

　　课堂学习中，教师要"引导学生在阅读文学作品时努力做到知人论世"，"了解与作品相关的作家经历、时代背景、创作动机以及作品的社会影响等，加深对作家作品的理解"（《普通高中语文课程标准（实验）》）。有了对相关学习资源的了解甚至挖掘，学生的思维就能得以打开并得到拓展，这样的状态，就不是"就文本教文本"所能达到的。与此同时，在处理"规矩"与"变化"的关系上，我们还要深得魏际瑞所说的"善改者不如善删，善取者不如善舍"的精髓，不落窠臼，不照搬一般的"程式"，更不能不加选择过多、过滥地使用一些课程资源，进行无谓与无效的拓展。在大胆取舍，巧妙整合，合理、有效地运用这些丰富的学习资源时，不能冲淡对文本本身的学习进而消解文本的阅读价值。这背后，是教师的阅读视野、文本眼光、教学胆略、设计智慧乃至运思模式的综合体现。

剥离思维的"空心化"教学

——《六国论》教学环节设计评析

课堂教学中，围绕教学目标，依据教学内容，我们要有时序的安排、单元的设置、板块的架构、主题的构想。时序、单元、板块、主题都具体表现为课堂的教学环节设计与措置。特别是环节的措置（主要表现为教学活动的组织安排），与课堂教学的效果直接相关。我们衡量一节课或者某一个教学环节安排与措置是否恰当与有效，关键是看教师对时序、单元、板块、主题等的措置是否符合学生的认知规律，是否紧密贴合学生的思维发展要求。进一步说，就是是否能够在基本实现文本教学意义的基础上，让学生展开积极、主动的思维活动，让他们的思维过程得到充分的展现，思维成果得到完全的呈现，原有学习经验得到丰富与提升。如果不能，那么学生的思维就会被剥离于教学环节或活动之外，课堂教学就会呈现一种"空心化"形态。在一次全国性的教学观摩活动中，一位青年教师执教的苏洵《六国论》一课，在教学环节的设计上存在着许多不足，致使教学效果打了折扣。

环节之一：导入

师：关于秦与六国的是是非非，历史上很多人都加以论述，分别表达了自己的看法，光是所谓的"一门三词客"的三苏就写了三篇六国论，什么意思？父子三人同题作文都写了各自的《六国论》，今天我们要学习的是苏洵的《六国论》。

师："六国论"就是"论六国"，论六国的什么呢？论六国灭亡的原因。

从苏洵的文章内容看，他所论述的不是"秦与六国的是是非非"，也不是秦与六国孰是孰非，而是这位教师说的"六国灭亡的原因"，表述上的不明确、不严谨带来的只会是认识上的含糊。教师说"历史上很多人都加以论述"，那要有充分的根据，最起码要能介绍几篇，而不是笼统的说辞，否则给学生的就是非常模糊的印象。这一导入所暴露出来的问题是，没有明确的指向，也没有具体的内容，是一个严重"空心化"的导入。而一个成功的导入，应该具有这样的作用：能够激发学生的学习兴趣，引发学习动机，调动学习热情；能够使学生温故知新，迅速构建起新旧知识之间的联系；能够为将要学习的内容作好铺垫，为他们的进一步学习支好扶梯、搭建桥梁；能够明确新的学习方向，建立新的学习目标。这一导入语，看上去直接引导学生关注了所要学习的文本，但其实没能围绕学生的认知结构精心设计，也就是没能把握到学生对"六国灭亡，秦始皇统一六国"这一重大史实的认知情况，也没能了解到学生对"一门三词客"的三苏各自写了一篇《六国论》的认识情况，更没有告诉学生将要引领他们开展怎样的学习。所以，它不是建立在对学生已有的认知结构具有某种了解的基础之上，也不能够帮助并促进学生的认知结构发生一定程度的变化。因为它"并不构成经验。这样的活动只是分散的、有离心作用的、消耗性的活动"（杜威《民主主义与教育》）。

从皮亚杰的观点看，导入语与课堂上的其他学习内容一样，应该是能够同化到学生认知结构中的材料，否则对于学生的学习就没有任何意义（赫根汉、奥尔森《学习理论导论》）。故此，我们可以设计这样的导入语：

同学们，战国七雄之一的秦国在长期坚持励精图治、改革内政、加强军事、强化外交之后，终于在秦王嬴政的统领之下，于公元前221年统一了六国。六国被统一虽然是大势所趋，但其中也一定有各种复杂的原因。对此，历史上一些著名作家，如我们所熟知的"三苏"父子，就写过有关文章进行论述，他们的角度不同，观点各异。今天我们要学习的就是"三苏"之一的父亲苏洵写的《六国论》，看看他是怎么论述六国灭亡这个历史话题的。

这样的导入，建立在学生已有的历史知识基础上，能够引起学生的学习兴趣。同时给学生提供了稍具挑战性的学习经验——对六国灭亡原因的历史认知，理解与把握苏洵的《六国论》，以激发学生的求知欲望。可以预想，这样的导语有的放矢,能够起到定向、指引、定位的作用,给学生提供的是有效的教学。

环节之二:整体感知

师:请大家听读课文,圈点疑难字词,留意字音、字形和文言断句。

教师背诵全文。

师:请将不理解之处以小组为单位质疑交流。

学生提问,交流。

师:请将学习小组还有疑惑的问题在全班交流。

学生提问,交流。

师:下面我们来进行一个课堂检测,请解释加点的实词。"暴霜露,斩荆棘"。

生:暴露。

师:"后秦击赵者再,李牧连却之"。

生:第二次,击退。

师:"再"应该解释为"两次"。

师:"不能独完"。

生:抵挡。

师:应该是"保全"的意思。

这个环节有四个任务,应该说都非常具体,也应该能够做得很实在的,但由于教师所关注的不是内容的具体与细化,而是一种简单的"走程序",把学习内容硬生生地从程序中剥离了开来,致使学习目标得不到落实。值得我们讨论的有三点:

第一,让学生"圈点疑难字词"较为容易做到,但如何才能做到"留意字音、字形和文言断句"却有难度,它的前提是教师的朗读(教师全文背诵,很不简单,应该点赞)应该是非常准确的,特别是断句,学生往往出错。教师应该把其中容易断错的句子指出来(也可让学生去找),让学生在课文上用"/"标出,然后多读几遍,以加深印象,助于对句意的理解。遗憾的是,教师在背诵课文时,有好几处却断错了,如把"盖/失强援"断成

"盖失/强援",把"终/继五国迁灭"断成"终继/五国迁灭",把"苟/以天下之大"断成"苟以/天下之大",把"是/又在六国下矣"断成"是又/在六国下矣"等等,当然,如果是教师故意出错,以引起学生的注意,则另当别论。这些都是很好的教学契机,教师完全可以让学生多读几遍,体会、揣摩句意词义。

第二,用检测的方法来了解学生对课文中一些字词的掌握情况,这是通常的做法。但这样的检测,要注意两点:一是与学生的实际学习状况相一致,所检测的应该是学生以前没有接触到的,是学生未尝有的学习经验,所以尽量要能做到全覆盖;二是与所预设的教学目标相一致,也就是与教师预设的文本学习需要相一致,要对文本学习有帮助。课堂上教师共检测了四个实词:暴、再、却、完,除此之外的实词,学生都已掌握了吗?除了一些实词,还有虚词,学生理解得怎么样?再与"学习目标"中所列出来的"兵、率、完、暴、厌、判、速、再、却、洎、故事"11个词语相对照,这一检测的"面"其实是很窄的,没有办法达成"学习目标"。

课堂检测当然可以由教师直接出示题目来进行,但这样的方式预设性太强,且教师问学生答,形式也比较单一,使课堂缺乏活泼的生成活动。教师既然已经在范读课文时就已要求学生注意不理解的字词,且又让学生在小组内进行了质疑与交流,那为什么不让更多的学生在全班进行交流呢?学生提出的问题,才是学生自己的问题,他们才会有更大的兴趣与欲望去探讨问题。

第三,即以这四个实词而论,教师的处理方法也显得较为简单。如"暴",课本下注释为"暴露",但学生还是容易将音读错。对此应该稍微拓展一下,让学生联系成语"一曝十寒","暴"同"曝",是"晒"的意思,人的身体在太阳下晒,当然是一种"暴露"了。同样的道理,学生把"完"解释为"抵挡",教师应该让学生回顾一下以"完"为词素的词语,如"完备""完全"等,结合语境应该解释为"保全"。如此温故知新,是积累文言实词的好方法。当学生把"后秦击赵者再"中的"再"理解为"第二次"时,教师不应该简单地告知,而要让学生联系后面一句话"李牧连却之"中的"连"来解释,既然是"连续",那么"再"就不能解释为"第二次",而只能是"两次"。这是根据前后文对应的原理，对词语进行理解，是学习文言词语的一种很有效的方法。这两个方法教师都没有运用，也就谈不上向学生传授了。

以上三点如果都能做实了，学生文言文学习的基础也就能够打得扎实一些了。关于这一点，我们是有很多教训的。也许是由于赛课的需要，展示的只能是一课时，而教师想的是，怎样在45分钟之内把一篇平时需要两节课乃至三节课才能学完的课文上完。这些基础性的东西，也就只好跟它说"对不起"了。

环节之三：研习文本

师：第1自然段作者阐述的观点是什么？是从哪两个方面阐述的？

学生齐读第1自然段，个别回答。

师：本文的中心论点——"六国破灭，非兵不利，战不善，弊在赂秦"。分论点——"赂秦而力亏"和"不赂者以赂者丧"。

师：哪一段是论证赂秦的危害？

学生齐读第2自然段，个别回答。

师：第2自然段以"割城"为例，论证"赂秦"之弊，紧承第一个分论点"赂秦而力亏"写韩、赵、魏三国把祖先艰难得到的土地轻易拱手送给秦国，而"奉之弥繁，侵之愈急""故不战而强弱胜负已判矣"，从而论证"弊在赂秦"的分论点。（注：赂秦的应是"韩、楚、魏"三国，教师口误。）

师：请用一个成语概括这种情况。

生：抱薪救火。

师：应该是饮鸩止渴。

师：没有赂秦的是哪三个国家？齐、燕、赵灭亡的原因是什么？

学生齐读第3自然段，个别回答。

师：齐、燕、赵灭亡的原因分别是与嬴而不助五国、以荆卿为计和牧以谗诛、惜其用武而不终。文中写齐、燕、赵三国"义不赂秦"但"盖失强援，不能独完"，从而论证"弊在赂秦"的中心论点。以史实论证和假设论证相结合，虚实结合，使论证就非常完备。

师：本文的题目是《六国论》，通过刚才我们的梳理，其实到此为止，作者已完成了《六国论》的写作意图，作者为什么还要写4、5自然段呢？

按理说，"研习文本"是一堂课中的重头戏，所需时间最多，所费精力最大，但从课堂实施来看，这位教师做得很干脆、轻松、洒脱、大度，因为许多需要慢慢"研习"才能掌握的内容都被他"像蛛丝一样轻轻地抹去"了。

这个环节里，教师设计了四个问题，前三个是让学生研习的，最后一个是过渡到下一个环节的。从学习的发生来说，由于前三个问题并没有得到真正的"研习"，甚至很多学生都不需要参与这样的学习，教师就把问题"解决"了。教师在抛出问题之后，对其处理的步骤和方法有三个：一是先让全体学生齐读一遍，二是找一两个学生回答所提出的问题，三是教师直接出示所谓的"答案"。所以，课堂学习的进展非常快，一切都按教师的预设进行，即使学生有不同的回答，也不去加以关注甚至展开。比如有学生读"今日割五城，明日割十城""奉之弥繁，侵之愈急""故不战而强弱胜负已判矣"这几句时，教师让学生用一个成语来概括，结果学生说的是课文中的"抱薪救火"，而教师说的是"饮鸩止渴"，这两个成语到底哪一个更加准确？很明显，学生的也就是苏洵的更加准确，因为苏洵所批评的是"赂秦"三国解决问题的方法有偏差，他们的出发点是为了避免祸患，并不知道这一处理问题方式、行为的严重后果，所以用"抱薪救火"好；而"饮鸩止渴"者知道所饮的是毒酒，可为了眼前的利益，也就顾不上其有毒了，所以问题越来越严重，是一种自我作践、自暴自弃的行为。这样的问题辨别清楚了，学生才会理解作者所论赂秦三国对付秦国方法的不可取："赂秦而力亏，破灭之道也。"

教师的讲解中，牵涉到许多议论文写作的名词术语：中心论点、分论点、史实论证、假设论证等，这些知识既没有让学生回顾，也没有引导学生去深入思考，更没有让学生运用已有的知识去理解、分析课文，都是教师自说自话，直接灌输，学生怎么会有具体的认识、深刻的印象？至于教师说，作者论证了"赂秦者"与"不赂者"两种情况之后，就对"弊在赂秦"的中心论点进行了完整的论证，就"完成了《六国论》的写作意图"（这是一个病句，"完成……意图"属于动宾搭配不当），这纯属是对文本内容的误会。因为作者对历史现象提出自己的看法，得出某种历史认识，不是写作的"意图"，而是某种"结论"。正如这位教师在后面的环节中所提到的，苏洵生活在有严重外患的北宋王朝，北宋王朝疲于应付，在怎样处理外患的问题上，"和"与"战"的矛盾始终存在。出于当时的情势，北宋对契丹、西夏先后采取了议和的政策，并为此岁贡了许多的银、绢，他可能是就国策抒发感慨。作为一篇史论，作者的写作意图是总结历史教训，借题发挥，以古讽今，反对屈辱求和的外交路线，主张坚决抗敌，而这个内容到文章的后半段才会涉及，所以此处并没有交代写作的意图。

环节之四：问题探究

师：请同学们读第4自然段，思考这样几个问题：

1. 苏洵所假设的三个条件如果成立，那不是与前面矛盾吗？
2. 苏洵认为六国避免灭亡的可行性办法是什么？
3. 北宋与六国有什么相似的地方？

学生齐读第4自然段，个别回答前两个问题。

教师出示时代背景：

北宋建国往后一百年间，与西夏、契丹作战60余次，败多胜少，到苏洵所处的时代，北宋每年要向契丹纳银20万两；向西夏纳银10万两，绢10万匹，茶3万斤。这样"陪邻"的结果，助长了契丹、西夏的气焰，加重了人民负担，极大地损伤了国力，带来了无穷的祸患。苏洵正是针对这样的现实撰写了《六国论》。苏洵的这篇文章也为我们带来一点写作上的启发：任何文章的写作都要有一定的写作目的，有的放矢才能掷地有声。

师：（总结）作者以此来借古讽今。

契丹族所建立的封建王朝是辽，其存在的时间为916—1125年，西夏王朝则存在于1038—1227年，所以先有契丹，后有西夏。从北宋与周边国家的关系看，也应该先是与契丹族所建立的辽国，后来才是与党项族所建立的西夏发生关系，"与西夏、契丹"应该表述为"与契丹、西夏"才准确。说"与西夏、契丹作战60余次，败多胜少"也不完全正确，史实是互有胜败，如结束至唐以来百余年动乱局面的一场重要战役澶渊之战（1004年），北宋完胜，使宋辽之间维持了120年的和平局面。苏洵生于1009年，卒于1066年，横跨宋真宗、仁宗、英宗三朝，笼而统之地说"苏洵所处的时代"，容易让学生误解为在北宋王朝这三代皇帝当政时，每年都要"向契丹纳银20万两；向西夏纳银10万两，绢10万匹，茶3万斤"，这混淆了不同年代的史实。据"教参"介绍，"宋真宗景德元年（1004），朝廷答应每年给契丹白银10万两、绢20万匹。宋仁宗庆历二年（1042），契丹要求割地，结果每年又增加白银10万两、绢10万匹。庆历三年（1043），宋朝同意每年给西夏白银10万两、绢10万匹、茶叶3万斤"。也就是说，从1004年到1042年，北宋王朝向契丹纳银、绢的数量是有变化的，从1004年的白银10万两、绢20万匹，到1042年增加到白银20万两、绢30万匹共50万岁贡。教师没有注意到这之间的变化情况，甚至也没有很好地利用"教参"，就向学生介绍了错误的知识。

至于教师说"这样'陪邻'的结果，助长了契丹、西夏的气焰，加重了人民负担，极大地损伤了国力，带来了无穷的祸患"，这种高度概括并且带有一定情绪的表述，并不是历史的真实，只不过沿用了一些不太客观的说法而已。事实上，从1004年宋与辽订立和议之后，结束了宋辽之间长达四十余年的战争，形成了"生育繁息，牛羊被野，戴白之人，不识干戈"（北宋宰相富弼语）的局面，此后宋辽边境长期处于相对和平的状态一百多年。同时，宋朝也节省了巨额战争开支，岁币30万的支出才是当时用兵费用3000万的百分之一，避免了重兵长年戍边所造成的过量徭役和赋税压力，以极少的代价换取了战争所难以获取的效果，宋与辽的社会经济也都得到了发展。

从这个角度看，一定要说苏洵的观点就是直接影射与抨击北宋对契丹、西夏的和议政策，并没有直接而充分的依据。因为毕竟六国与北宋所处的情势有本质的区别，北宋对契丹、西夏的外交政策所带来的正面影响，他当然也很清楚。所以不应该坐实理解，如果像现在这样深挖"写作意图"，倒反而削弱了苏洵此文深广的历史意义。再说，六国灭亡的根本原因也不仅仅是"赂秦"，苏洵的观点也有偏颇之处。其实，作者的"写作意图"是很难揣度的,刘熙载有云:"作者本不求知,读者非身当其境,亦何容强臆耶!"(《艺概》)在没有作者自述、他人从旁佐证等充分依据的情况下,我们又怎么能简单地对其"写作意图"下断语呢?

教师直接灌输现成的观点,带来的必然是学生思维的停滞,除了"接受"与"同意",学生不需要有自己的阅读认识与体验;而不加辨别、不加分析的陈腐知识,则会给学生造成思维的僵化,甚至会使学生的思维如鲨鱼停止了游动而窒息。

环节之五:回顾总结

师:本课作者先提出总的论点:六国破灭,非兵不利,战不善,弊在赂秦。从两个方面去加以阐述,论证了为什么赂秦而力亏和为什么不赂者以赂者丧,从而使"弊在赂秦"的中心论点更加完备,然后作者为六国开出了方子。其实就是为北宋开出了方子。我们发现早在北宋的苏洵写作思路也是按层进式作文模式"是什么—为什么—怎么办"去展开的,因此这样的写作思路的确值得我们去借鉴。

作为课堂教学的最后一个环节,回顾总结一般有这样几个任务:一是引领学生一起对课堂学习内容进行归纳、总结和提升;二是对学生在课堂中的学习表现进行评价,激发学生的学习热情;三是对学习成果进行转化、创新,或实践巩固、学以致用。其内容应该包括:对学习内容的概括,对学习知识与方法的提炼,对学习程序的回顾,对教学目标达成情况的判断,对学生课堂表现的评价,对学生的后续学习、问题探究等具有启发性的引领,对学生继续学习、深入思考的预期等等。当然,这些内容要根据具体的教学情况作一定的整合和必要的取舍。该教师的"回顾总结",涉及对学习内容的概括和对学习知识和方法的提炼,这本无可厚非,问题是如此大而化之、粗线条的概括与提炼,会不会给学生留下什么印象?能不能给学生以一定的启发与引导?"文本研习"过程虽然不够具体与深入,但学生总归能对文本内容有基本的了解,所以让学生自己来概括主要内容或梳理作者的论证思路,肯定要比教师自己讲效果好。他们概括得也许没有教师这么简洁、明了,但对他们形成认识、转化经验却有极大的作用。

作为一篇综合运用判断、推理、归纳、演绎之法的逻辑性极强的议论文，教师仅仅用"是什么—为什么—怎么办"这种现成的套话一带而过，怎么能够体现出该文严肃的态度、严谨的思维、严密的论证、严整的结构、严谕的语言等诸多写作特点呢？教师空洞、抽象的表述既无法充分体现文本的学习意义，对学生的阅读、理解与写作运用也不会有具体的帮助。

　　这个课例启示我们，文章忌俗滥，教学也忌俗滥，教学中的任何一个环节都不能只是按照一个"套路"、一种"模式"去设计与实施，它应该对学生有效学习有意义，对学生思维发展有作用，对体现文本教学价值有帮助，否则就成了"走过场"。而一旦教师不能引导学生读通文本，透彻理解内容，深入思考问题，开展有效活动，那课堂教学就会"空心化"，必然会因缺乏具体而实在的学习内容、能够实际发生的学习行为、助于实践的学习经验、产生实效的思维发展而丧失教学的作用。还是南宋著名思想家陆九渊说得好："读书切戒在慌忙，涵泳工夫兴味长。未晓不妨权放过，切身须要急思量。"我们不能让学生在匆忙中读书，要启发和引导学生下功夫琢磨和体味，从而体会到文本深厚绵长的滋味。至于学生阅读中的一些疑难之处，暂时放下未尝不可；但特别需要注意的是学生感兴趣的内容，能够激发学生思考的内容，学生有认识、有体会的内容，绝不应该轻易放过，而要"精耕细作"，"慢慢走，欣赏啊！"（朱光潜语）毕竟，学生阅读欣赏能力的培养、思维能力的形成与提高是要用实力、出实招、求实效的，而不能有任何的"空心"。

不能含糊，不可误会
——《邹忌讽齐王纳谏》课堂问题设计评析

在一次大型的语文教学研讨活动中，一位青年教师执教了《邹忌讽齐王纳谏》一课。这位教师运用问题教学法，组织与引导学生与文本对话，使教学活动得以自然展开，体现了他较为先进的教学思想，呈现了他对教材、教法深入研究并巧妙施教的能力与水平，显示了他对学生认知水平与状态、学习需求、学习方法了然于胸的自信。但该教师所设计的问题，却正如叶圣陶先生曾经批评的："提得太深了，学生无力应付；提得太多了，学生又无暇兼顾"（《叶圣陶语文教育论集》），致使教学效果打了大大的折扣。

先请看这节课上教师依次所提的主要问题：

1. 课文是怎样介绍邹忌和徐公容貌的？你认为谁更美丽？开篇为什么要交代邹忌和徐公的美？

2. 妻、妾、客对于"我与徐公孰美"的问题，各自给了怎样的答复？谁的答复最浓情？谁的答复较亲近？谁的答复最平淡？

3. 你认为邹忌和齐王有相似和不同的地方吗？

4. 你认为在政令颁布前后的齐王一样吗？

5. 邹忌的劝谏对齐国的发展有助推作用吗？

6. 你认为齐王纳谏的决心大吗？

7. 文章三个自然段是否有内在的联系？

8. 你认为邹忌为什么能够劝谏成功？

上列 8 个问题中，涉及文本内容的有问题 1 的第 2 问及问题 2、3、4、

5、6，属于文本结构的有问题1的第3问和问题7，属于文本写作技巧的有问题1的第1问和问题8。不难看出，这么多问题没有一个"中心问题"，问题之间互不统领与关联，没有一个谨严的逻辑顺序；内容琐碎、零乱、难易不一，出示单调、机械、比较随意，体现不出课堂提问"如攻坚木，先其易者后其节目，及其久也，相悦以解"（《礼记·学记》）的基本要求；表述不够清晰、准确、严谨，对文本的词、句、段、篇等意义含糊、误会之处较多。

从另一方面看，一节课要学生研讨、回答8个大问题（还不包括一些小的问题），平均5分钟一个，这是典型的"满堂问"。答问这些问题，课堂学习时间不允许，势必要严重挤占阅读、思考的时间；学生的认识、理解、分析、综合、欣赏能力达不到，必然会影响文本理解的深入、阅读能力的培养；对经典之作"大卸八块"，进行支离破碎的解构，又使得文本的整体性遭到严重的破坏。课堂上，教师牵而不引，完全根据所预设的问题牢牢控制学生的阅读与思考，整堂课学生没有完整地读一次课文；学生疲于应付，所回答的都是一些结论性认识，有的直接用"没有"或"有"简单回答，如此浮光掠影、蜻蜓点水、浅尝辄止的答问，对每一个问题都没能具体与深入、细化与透彻。这样的问题设计"使语文学习过程中的情趣、情味损失殆尽，更不用说学生有深刻的思考、饶有兴味的赏析、生动激情的论析和奋笔疾书的写作了"（余映潮《追求提问设计的高层境界》）。

第1个问题是一种"连环问"，教师试图通过三个环环相扣的问题，要求学生循着连环成组的问题，进行连锁性思维，作逐步深入的思考。但"连环问"本身应该是非常明确、恰当的，要问得清楚，问得及时，问得妥贴，要使学生的思维能够或由表及里，或由浅入深，或由近及远，或由此及彼。"课文怎样介绍"所指向的是文章的写法，是对作者叙说某一事情的思路、结构、写作方法等的体认和理解。它是对已有知识内容的一种迁移性运用，必须建立在原有知识的背景之下。在没有任何铺垫式"温故"的情况下，教师一下子要求学生回答如此"高难度"的问题，脱离了学生的学习实际。不仅如此，"怎样介绍"更是引领学生对阅读理解文本的一种深入，必须以对文本的具体感知为前提，就一个文本而言，"你要接受它，信从它，欣赏它，感受它，辨正它，批评它，首先必须了解它，否则什么都会落空"(《叶圣陶语文教育论集》)。在学生没有通读课文，没有对文中的字、词、句以及文意作基本了解的情况下，就要求学生回答行文的章法，显得非常突兀，完全违背了学生的认知规律。课上教师要求学生回答并得以明确的只是邹忌和徐公的容貌"怎么样"，所理解的是文本的内容，根本没有涉及"怎样介绍"所关联的文本形式问题，那为什么不直接问"邹忌和徐公的容貌怎么样"呢？

"你认为谁更美丽？"听上去这是一个非常尊重学生阅读感受与体验的问题，需要学生的"个性化阅读"，要有自我的认识和理解，其实不然。因为教师的意图只是要学生说出"徐公比邹忌美丽"，学生从"忌不自信""孰视之，自以为不如""窥镜而自视，又弗如远甚"这三句自然可以得知，可这只是邹忌的看法，而不能视为学生的认识。要讨论"谁更美丽"，只能从文本中找依据，抛开文本写作意图不谈，仅从句意、词义来看，邹忌"修八尺有余，形貌昳丽"(神采焕发，容貌美丽)显然要比徐公的"美丽"(好看，漂亮)来得具体，也"更美丽"，可是邹忌为什么却认为自己没有徐公"美"呢？这就直涉文本的体式特点，为后文的"讽"埋下伏笔，作了铺垫。可惜的是，教师没有认识到这一点，一个很有思维含量的问题，被简单化、庸常化处理。

叶圣陶先生认为，欣赏一篇文章的第一步是对整篇文章的透彻了解，"没有一点含糊，没有一点误会"；第二步才是"体会作者意念发展的途径及其辛苦经营的功力"。"开篇为什么要交代邹忌和徐公的美？"是一个"指向作者意念发展的途径"和"辛苦经营的功力"的大问题，涉及文本的写作意图与结构技巧，理应着眼全文才能理解，放在学习的开始阶段，显得很不恰当。

第2个问题的第1问，引导学生具体读文本，熟悉文本内容，这诚然有一定的作用，但将其作为一个大问题来研讨似无必要，因为它不需要什么思考就能回答出来。教师所做的应该是问学生："这三个人的回答一样吗？"引导学生反复读妻、妾、客的话，从看似相同的句意，读出不同的语气，读出不同的态度，读出不同的情味，揣摩人物的独特心理。至于第2问中"浓情""亲近""平淡"三个概念其义有交叉，有包含，有重复，将三者并列，理解上容易产生混乱，可以改为："你从中能体会到他们的情感态度吗？你是怎么体会到的？"以将对文本语言的品味落到实处，并可体现学生的阅读感受与体验。

第3至6这四个问题中，第4个问题应该放在第6个问题后面，是先有想法（"决心"）后有行动，这两个问题都属于一般认知，而不是个性化的发现与建构，不存在"认为""不认为"的问题（第3个问题也是如此），学生只要根据文本意思作出合理的推断就可以了。"你认为邹忌和齐王有相似和不同的地方吗？"这个问题指向的外延较大，应该缩小到文本中所提到的核心概念"蔽"字上来，可以改为："在邹忌看来，齐王与他在哪一点上有相同之处？他向齐王陈述的理由是什么？"这样才能使学生的思维得到聚焦、精力得以集中，不会散乱芜杂，乱敲边鼓。

对文意、句意的理解，不能离开具体的语言环境，所以从齐王对邹忌一番话的肯定（"善"）并立即"下令"来看，并不能看出他什么"决心"（《现代汉语词典》对"决心"的解释为：坚定不移的意志），而是齐王从中得到了启发，对如何有效防"蔽"的问题有了新的认识，并出台了"纳谏"的系列措施，这与他的"决心"大不大没有直接的关联（他是不是能够一直这样做还是疑问）。我们可以这样问学生："齐王听了邹忌的话后有什么反应？""'善'字背后暗含着什么？"（齐王虚心纳谏的态度，衬托出邹忌讽谏的说服力。）至于"政令颁布前后的齐王一样"与否，不是文本学习所要涉及的问题，且问题本身比较含糊、笼统，学生不清楚是他对邹忌的进谏态度不一样，还是他对"宫妇左右""朝廷之臣""四境之内"的态度不一样；是他对"蔽"的思想认识不一样，还是他的为政理念不一样；是他的治国政策不一样，还是他的具体措施不一样。可以改为："齐王出台了哪些具体措施来防止自己'受蒙蔽'？"这样就可以使问题得以明确、具体，"从文本中来，到文本中去"，便于学生阅读、思考、研讨。

毫无疑问，邹忌的劝谏本身会对齐王的言行有一些影响，对除弊纳谏、修明政治有借鉴意义，会对齐国的治理产生一定的作用。但问题是，"燕、赵、韩、魏闻之，皆朝于齐"，应该是来向齐国学习治理国家的经验，而不能简单认为是"臣服于齐国",因为齐威王励精图治,奠定齐国"战国七雄"之一的强大地位,不能仅仅归于他的接纳忠言,所以邹忌的劝谏还说不上"对齐国的发展产生助推作用"。更何况他的劝谏效果完全取决于齐王的态度与行动,没有齐王的善纳雅言,广开言路,邹忌讽谏的话说得再好,也不可能有"战胜于朝廷"的大好局面。教师极大地夸大邹忌劝谏的作用,离开了具体的历史语境和文本语境,与事实有违。

第7、8两个问题是较不错的问题,它们不仅可以带动对文本谋篇布局的认识,而且能够引导学生对文本的艺术特点"讽喻"有非常具体的理解。可惜的是"文章三个自然段是否有内在的联系"问得过于直白、稚拙、抽象,缺少一定的技巧与"温度",难以激发和调动学生的探究兴趣。可以改为:"邹忌要做一件什么事情?他做成了吗?他是怎样做的呢?"这样的问题亲切、自然,便于学生沉潜到文本中去,通过对邹忌的"问""视""思""讽"等语言的理解与品味,以揣摩他的动作、心理为抓手,理清文本思路,把握行文结构。

关于这篇文章的结构层次,吴小如先生有这样一段评析文字,我们可以运用到教学中:文章"从头至尾一直用三层排比的手法来写。妻、妾、客是三层;'私我''畏我''有求于我'是三层;'宫妇左右''朝廷之臣''四境之内'的百姓,又是三层。上、中、下赏,是三层;'令初下''数月之后''期年之后',又是三层。这些都是比较容易识别的。再看,邹忌自以为美于徐公这一事件的发展在时间上是三层:'朝''旦日''明日'是也。邹忌的思想转变过程也是三层:'熟视之,自以为不如'是第一层,'窥镜而自视,又弗如远甚'是第二层,然后到'暮寝而思之'是第三层,找出了矛盾的焦点。全部事态的发展也是三层:邹忌现身说法进行讽谏是第一层,齐威王'下令'广泛征求意见是第二层,最后使邻近的诸侯国都来入朝,'此所谓战胜于朝廷'是第三层"(《中华文学鉴赏宝库》)。通观全文,叙述、描写、说理每一环节都是三层,变化中有不变,不变中又有变,如迂回九曲,引人入胜,可谓"三叠九曲"。教师如果以邹忌"问美"三层为示范,用问题去启发学生以此类推,举一反三,就可对全篇精巧而言简意赅的结构特点有一个贯通的认识。

"你认为邹忌为什么能够劝谏成功"应该表述为"你认为邹忌劝谏为什么能够成功"才通畅。这本可成为一个"牵一发而动全身"的"中心问题",完全可以带动对全文的理解:邹忌用暗示、比喻的方法讽谏齐王,齐王纳谏。事实上,学生回答的质量很高,他们都知道这是用设喻的方法讲述道理,邹忌劝说齐王广开言路,不是正面讲道理,而是用一段具体的家庭琐事为譬喻来阐明"纳谏"的必要性和迫切性;齐王也是一个比较开明的君主,能够从谏如流。但教师没能充分尊重学生的学习成果,而是举了比干、屈原的例子,说明劝谏者的下场都很惨。这样的例子容易使学生误会,在古代劝谏好像都要冒杀头、流放的危险,那三国时的诸葛亮和唐朝的魏征也都是敢言直谏的人,他们为什么没有遭致悲惨的下场呢?教师把比干、屈原人生悲剧的原因归结于"不会说话",殊不知比干以死谏君的方式虽过于"极端",但却是因为与暴虐无度的商纣王政见不同而遭致屠戮;至于说"娴于辞令"的屈原"不会说话"则与史实完全不符,他"入则与王图议国事,以出号令;出则接遇宾客,应对诸侯"(《屈原列传》),没有超强的"说话"本领是做不到的,只不过他遇到的是昏庸无能、偏听偏信的楚怀王罢了。这更加说明君主的"善于纳谏"才是最重要的。何况比干、屈原所处的历史情境、所遇到的复杂情况与邹忌不可同日而语,不好相提并论,教师的举例没有经过深思熟虑,随意性较大。

围绕"你认为邹忌为什么能够劝谏成功"这一问题,教师还连续问学生"邹忌为什么能够劝谏成功?他有什么能耐?邹忌说理的方式好不好?",使得学生只关注了邹忌,而忽视了齐王;甚至在课堂小结阶段,教师追问学生"这节课我给大家带来了什么"时,在教师的"牵引"下,学生的回答都集中于"如何说理"上面。吴小如先生认为:"文章的主题思想是明确的,即要求统治者能听取不同意见,而一个人之所以能听取不同意见,又在于他有自知之明。这是文章的重点。"以此看这个问题的研讨过程与结果,显然没有能够完全体现文本的主题。

语文课堂中的"提问"要能够真正成为师生交流、对话、认识、理解、发现、建构文本的重要途径和主要手段,而不是单纯为了完成教师所预设的"教学任务"安放在课堂中的"支架",只是为了"提问"而提问,不解决真正的实际问题。教师所提的问题应该与学生的认知水平相适应，与学生阅读理解的需求相一致，与文本的原有意义和文本教学意义相吻合。问题表述正确，用语规范，提问恰当，引导学生作答巧妙，才能使教学活动得以自然、顺畅、有序展开，才能激发学生的阅读兴趣，引发学生的积极思考，检验学生的学习成果，提升学生的思维质量。

让学生读出文章的"好"来
——《我的母亲》教学实录评析

课例回放

教学目标

1. 引导学生自读散文,体会母亲对胡适的影响。
2. 引导学生掌握巧用对比衬托等刻画人物的方法。

教学重点

掌握自读散文的方法。

教学难点

通过质疑、探讨的方法,理解散文刻画人物的方法。

教学方法

预习自读法、质疑法、合作交流法。

教学过程

一、导入

师:英国首相丘吉尔曾说:"主宰国家命运的,不是浮在台面上的政治人物,而是摇篮边的那一双手。"请问这是谁的手?(生齐答:母亲的手)

对！母亲不仅赋予了我们生命，供给了我们衣食，还影响了我们的一生，甚至是国家的前途命运。今天，我们一起来学习胡适的《我的母亲》。

我要向大家介绍一下，这篇文章也收入在人教版八年级下册中，可见文字比较浅易，学生理解不成问题。作为高中生，完全可以自读。苏教版放在高二年级《现代散文选读》中，高中生再来读这篇散文，应读出什么不同的味道呢？我首先问问各位同学，你觉得欣赏一篇散文，可以从哪些角度来欣赏？

生：我觉得可以从人物形象方面，还可以从散文的语言方面，还有选材方面。

师：不错！前面的同学有补充吗？

生：我觉得可以从散文的思想情感方面来欣赏。

师：你补充这点很重要，因为散文就是表情达意的。我们同学已经提供了几个自读的角度，我想问问，自读过程中，你欣赏到这些角度了吗？

二、通过课前自读，了解文章内容，初步感知母亲形象

师：你在点头，来说说你是从什么角度鉴赏的？

生：我是从人物形象的角度来欣赏的。本文写了母亲的慈爱。从第一段中"我母亲也不准我和他们乱跑乱跳"，可以看出母亲对"我"的关心与慈爱。还有第五自然段。

师：我们一起跟着看。

生："每天天刚亮时，我母亲便把我喊醒，叫我披衣坐起。我从不知道她醒来坐了多久了。"母亲很早就起来，但直到天刚亮才把"我"叫起，想让"我"多睡会儿，这也是母亲对"我"的细心、体贴。

还有第六自然段，"但她从来不在别人面前骂我一句，打我一下"，这是母亲对"我"自尊心的爱护，也体现了她对"我"的慈爱。

师：你的体会很深刻，估计你母亲也是这么对待你的。你找的是母亲慈爱的一面，还有同学要补充母亲的形象吗？

生：我找的是母亲刚强的一面。第十二段，"我母亲待人最仁慈，最温和"，但五叔"有一天在烟馆里发牢骚，说我母亲家中有事总请某人帮忙，

大概总有什么好处给他。这句话传到了我母亲耳朵里，她气得大哭，请了几位本家来，把五叔喊来，她当面质问他，她给了某人什么好处。直到五叔当众认错赔罪，她才罢休"，可以看出当受到人格侮辱时，她表现得很刚强。

师：母亲刚气的一面显露出来了，不再是一味的慈爱、宽容。除了这两点外，母亲还有哪些特点？

生：我觉得母亲很严厉。

师：对谁严厉？

生：对胡适。比如说第七段，母亲听见"我"说了句轻薄的话，晚上人静后，她罚"我"跪下，重重地责罚了一顿。她气得坐着发抖，也不许"我"上床去睡。这可以看出母亲对"我"管教很严厉。

师：我想问一问，你父母在对待你的时候轻易用体罚吗？

生：一般不用。实在犯了很大的错误时才用。

师：究竟胡适说了一句什么话才让母亲如此生气？

生："娘（凉）什么！老子都不老子呀。"

师：母亲为什么那么气愤？

生：因为胡适的父亲在他小时候就去世了，并不值得拿出来说，不是多么得意的一件事情。

师：同时，体会一下"老子都不老子呀"，对父亲的去世，"我"有没有伤感之情？"娘（凉）什么！"言下之意，老子都不在了，还谈什么娘呢！这是对自己的父母毫不敬重，还拿之开玩笑，因此，母亲很生气。

师：你找的这处是表现母亲严厉的，很不错！好像在前文我们也能发现母亲严厉的一面。刚才同学找的是母亲对"我"惩罚最严厉的一次，之前犯了些小错误，母亲是怎样处理的？

生："犯的事小，她等到第二天早晨我眠醒时才教训我。"

师：如何理解"她等到第二天早晨我眠醒时才教训我"？

生：大概是保护我的自尊心吧！

师：你认为是出于保护孩子自尊心的考虑。犯错时，当面立即指出会激化矛盾。等第二天，孩子心态会怎样？

生：会冷静下来反省自己的言行。

师：看来母亲教育孩子非常善于抓住时机。虽然她并不一定懂古人所说的"吾日三省吾身"，但是让胡适学会反省自己的言行，这也是她教育孩子的重要内容。

师：同学们找的是母亲对"我"管束极为严厉的一面，这都是对"我"做人的要求。在学习上面呢？

生：她每天看"我"清醒了，和"我"说用功读书的重要性。到天大明时，催"我"去上早学，十天中有八九天"我"是第一个到学堂的，背了生书后，才回家吃早饭。

师：不让孩子养成睡懒觉的恶习，让孩子用功读书，母亲的殷切期盼可见一斑。母亲对"我"的学习和做人的教育可谓严格。不知道同学们是怎样认识教育问题的，假如今天你们的父母对你们如此严厉，你们乐于接受吗？

学生摇头。

师：同学们接受不了"虎妈"式的教育，那母亲为什么如此严厉呢？这是与她所处的特殊的家庭环境分不开的。（投影）

资料链接1：

胡适的父亲胡传（1841—1895），字铁花，号钝夫；多年在外为官，胡传一生曾三次娶妻。冯顺弟为第三任妻子，年幼时勤快贤惠，17岁嫁到胡家（胡传的前妻已死了十多年，儿女都已长大），婚后的第二年，胡传便把冯顺弟接到上海同住。第三年冬天，生下一个男孩，这便是小胡适。胡适出世后刚满90天，胡传被奏调往台湾供职。到1893年春天，冯顺弟便带着一家子，抱着小儿，去台湾投亲，在胡传做官的台南和台东，度过了将近两年的很快乐的团居生活。那时已年过53岁的胡传，在公务之暇，剪一些红纸方笺，用毛笔端端正正写上楷字，教年仅21岁的冯顺弟认字。他们两人又一起教刚过两岁的小儿。这老夫少妻稚子三口，享受到了人间最神圣的天伦之乐。

中日甲午战争爆发的第二年，胡适母子刚离开台湾，回到绩溪故乡不久，就传来了他父亲胡传病死在厦门的噩耗，胡适不满4岁。冯顺弟23岁守寡，终年46岁。

师：23年的寡居生活，漫长而痛苦，她居然熬过来了！是什么力量支撑着她呢？就因为有她亲生的一点骨血——她唯一的儿子胡适。她含辛茹苦，把全部希望寄托在儿子的渺茫不可知的将来……胡传给她的遗嘱上说"糜儿天资颇聪明，应该令他读书"。正是出于这点，母亲对胡适的教育格外严格。

我再补充一则材料，母亲对"我"的学习舍得投入。（投影）

资料链接2：

我们家乡的蒙馆学金太轻，每个学生每年只送两块银元。先生对于这一类学生，自然不肯耐心教书，每天只教他们念死书，背死书，从来不肯为他们"讲书"……我一个人不属于这"两元"的阶级，我母亲渴望我读书，故学金特别优厚，第一年就送了六块钱，以后每年增加，最后一年加到十二元。这样的学金，在家乡要算"打破纪录"的了。

——《胡适自传·四十自述》

师：胡适后来回忆说，他"一生最得力的是讲书"，正是他的母亲增加学金所得的大恩惠。可见，母亲很有长远目光吧！她的良苦用心你体会到了吗？

师：胡适母亲在这个家庭中的艰难同学们了解吗？母亲在这个家庭中还有哪些特殊身份？

生：后母、后婆、寡妇。

教师补充材料，投影：

资料链接3：

我母亲结婚后三天，我的大哥嗣稼也娶亲了。那时我的大姊已出嫁生了儿子，大姊比我母亲大七岁，大哥比她大两岁。二姊是从小抱给人家的。三姊比我母亲小三岁，二哥三哥（孪生兄弟）比她小四岁。这样一个家庭里忽然来了一个十七岁的后母，她的地位自然十分困难。

——胡适《我的自传》

师：在这样一个大家庭中，要维持生计，料理家庭，主持事务是多么艰难。母亲在家中没有说话的分量。按辈分，她比继子、媳妇要高；按年龄，还没有他们大；按职责，她挑的是最重的担子。如何当好这个家？她当家的法宝是什么？

生：是哭。

师：当家任何时候首先拿出的撒手锏就是哭？一哭二闹三上吊？

生：（笑）不是。首先是宽容、和气。

师：表现在哪儿？

生：大哥欠债很多，母亲逐一打发欠债人，大哥回来也"从不骂他一句"，"她脸上从不露出一点怒色"。

师：你抓住了关键词：两个"从不"。可看出母亲的大度、宽容。那这是不是一种纵容呢？你认为，假如母亲此时也表现出一种刚气，和大哥吵一架，能不能解决问题？

生：（迟疑）我觉得这时候应刚气一点。

师：你有没有注意到大哥是什么时候开始败家的？一个人的习惯养成了这么多年，让他再改变是多么困难的一件事。他父亲在世时应该对儿子有所管束，但也无济于事。那父亲去世后，弱小的母亲能管住吗？这时候，这个家庭中什么最重要？

生：当然是和为贵。

师：由此，可见母亲也是一个什么样的人？

生：（齐答）宽容的人！

师：宽容不仅对大哥，还对谁？

生：大嫂、二嫂。她们生气时骂孩子给别人听。母亲只装作听不见，她忍着，忍不住了，便到邻居家去。实在忍不住了，便哭一场。

师：为什么哭也是治家法宝？读一读，想一想。

生："这一天的天明时，她便不起床，轻轻地哭一场。……她先哭时，声音很低，渐渐哭出声来。"但是对待家庭内部矛盾，母亲能忍则忍，忍不住时轻轻地哭一场。她的哭声变化准确地传递着自己的感情变化：有对早逝丈夫的无尽思念和现实中没有坚实的臂膀依靠的无助，更蕴含着对挑起事端的媳妇的指责。

师：总结一下，母亲是一个什么样的形象？用四个词概括一下。

生：（齐答）慈爱、严厉、宽容、刚气。

三、品味语言，体会情感

师：我觉得，阅读散文，如果能欣赏其中的形象，这是我们达到的第一目标。除此之外，我们必须深入文本，透过散文的语言来体会其中蕴含的情感。比如刚才同学理解"哭"字就非常到位。同学们不妨寻找本文中母亲的几次哭，比较有什么不同。课前自读关注过吗？体会一下其中蕴含的情感。

生：共写了母亲三次哭。第一次在第五段，"她说到伤心处，往往掉下泪来"。这儿的泪是一个普通的单身母亲的辛酸之泪，也是希望之泪。

师：对，它是感情的自然流露——对复杂的生活困境的无奈，对亡夫的思念，对幼子的殷切期盼。不哭出声音，是母亲把百般的委屈都放在心里。这泪也是她教育儿子的一条软鞭子，她用亲情及生活的辛酸鞭策"我"用功读书，成就男儿本色。这处"泪"闪现的是母亲的良苦用心。

生：第二处刚才已鉴赏过。第三处是第十二段，五叔在人格上侮辱母亲时，虽然母亲平时很温和，但她的身份很特殊，她要抗争。

师：什么特殊身份？

生：寡妇。母亲气得大哭，请了几位本家来，叫五叔当众认错赔罪。这次哭是因为自己清白的名声被玷污。

师：这次是"大哭"，与前面"掉泪""轻轻地哭"截然不同。俗话说："寡妇门前是非多。"母亲必须还自己清白，捍卫自己的尊严，这表现了她的刚气。作为一名年轻的寡妇，如果任由流言传播，就玷污了自己宝贵的名声，也是对亡夫、对儿子的最大的侮辱，所以她一定要"大哭"，甚至于要大闹，当面大声质问，证明自己的清白。至此，那个一向少言寡语、忍气吞声的母亲这时好像变成了斗士一样，不为自己的清白名声拼出个结果，誓不罢休。这样耐人寻味的语言文章中还有很多处，我们不再一一鉴赏。

在这儿老师要说说散文的语言。那天讲义刚发下去，有位同学看了就嘀咕："这篇文章太肤浅了！"肤浅应是就这篇散文的语言来说的吧？请同学们鉴赏一下本文的语言风格，你们认为将"肤浅"换成哪一个词更合适？

生：我觉得用"明白朴实"更准确一点。

师：哦，是"明白晓畅、朴实无华"，是吧？说说你对这种风格的理解。

生：因为胡适处于新文化运动时期，当时推崇用白话文写作。写这种文章，也更有助于推行新文化运动。这种风格也很独特，不能单方面否定。

生：我认为这种风格也体现了胡适个人的品性。他是一个朴实的人，也是受母亲的影响。

师：说的真好！文风即人风。散文语言风格的不同，是由作家的美学追求、艺术个性不同造成的。不同作家有不同的语言风格特点，如冰心的柔美隽丽，朱自清的绵密醇厚，徐志摩的繁复浓丽，余光中的雅致古典。胡适的散文明白晓畅，尽量采取口语和俗语等，说的是平平常常的话，全无斧凿的痕迹；然而大巧若拙，细心的读者方能体会其语言锤炼的独特性与巧妙性。

四、质疑探究

师：散文除了鉴赏人物形象、语言，还可以鉴赏什么呢？胡适曾说"做学问要在不疑处有疑，待人要在有疑处不疑"，学习本文，你的疑问是什么？

生：文章题目叫"我的母亲"，然而文章前三段是写"我"的童年生活片段，这是什么用意？

师：这也是很多同学的疑问吧？这涉及散文的选材问题。散文有个特点：形散神聚。这三段究竟有没有围绕"神"来写呢？请同学们自由探讨一下。

生：这三段内容上写了童年生活的单调枯燥，这为正文写母亲对"我"管教的重要性作了铺垫。作者童年，除了看书之外，生活是贫乏的，是有缺憾的，正是在这一背景下，母亲给了我一点做人的训练和教诲。

师：衬托了母亲"教训"的弥足珍贵。

生：另一个原因是，这篇文章选自《四十自述》，应该要从自己开始写吧。

师：是的，作者写母亲的同时也是写自己人生成长道路上的一段经历，或者说，是把母亲作为人生道路上的第一位恩师来写的，所以开头写了较多自己童年的经历。还有疑问吗？

生：文章写我的母亲，应以"我"和母亲之间的事为主，但用了很多的笔墨写她与其他家人之间发生的事,这是为什么?

师:平时写作时你敢这么写吗?

该生摇头。

学生探讨、交流。

生:这些人物的言行和母亲形成了对比,用他们来反衬母亲的形象。母亲待人接物对自己起到了教育作用。

师:我们常说母亲是人生的第一位老师,这主要体现在母亲待人接物上。因此,可以说,写母亲如何与家人相处的情形,同样也是在写母亲是我的恩师,写她以身示范。通过别的人物衬托主要人物形象,这种写法对我们的写作也有借鉴意义。

同学们很具慧眼,疑问是就散文的选材和艺术手法而提的,的确我们在阅读散文时除关注散文写了什么之外,还要欣赏它是怎么写的。

我也有一个疑问:文章中作者反复强调母亲是"我"的慈母,也是"我"的严师,师者,传道授业解惑,她能不能在学习上帮"我"解决问题?(生齐答:不能)那母亲对我的影响究竟是哪方面的?

生:第四段中是"做人的训练"。

师:做人方面给我的影响是什么?哪一段中写到?

生:最后一段。

学生齐读最后一段。

师:"如果我学得了一丝一毫的好脾气,如果我学得了一点点待人接物的和气,如果我能宽恕人,体谅人——我都得感谢我的慈母。"他学得了吗?那为什么不把"如果"去掉?

生:他学到了,不把"如果"去掉,那是他谦虚。

师:我们感受到的是胡适谦谦君子的风度。请同学们介绍一下你所了解的胡适是一个什么样的人。读散文很重要的一点是走近作者,知人论世。

生:他是中国现代作家,有很多著作,而且他还是史学家、教育家。

师:你的课外知识还是比较丰富的。老师再补充介绍一下。(投影)

资料链接4：

胡适（1891—1962），原名胡洪骍（xīng），后改名胡适，字适之，安徽绩溪人。现代诗人、学者、历史学家、文学家、哲学家。1910年考取"庚子赔款"第二期官费生赴美国留学，曾提倡文学改革，为新文化运动的著名人物。1920年创作第一部新诗集《尝试集》。1938年任国民政府驻美国大使。1946年任北京大学校长。1948年离开北平，后转赴美国。1958年任台湾中研院院长。

胡适一生在哲学、文学、史学、古典文学考证诸方面都有成就，并有一定的代表性。一生共获得博士学位36个。

名言：

大胆地假设，小心地求证。（治学）

宁鸣而死，不默而生。（为人）

师：胡适的为人，梁实秋在《怀念胡适先生》中曾说——

资料链接5：

我从未见过他大发雷霆或盛气凌人。他对待年轻人、属下、仆人，永远是一副笑容可掬的样子。就是在遭到挫折侮辱的时候，他也不失其常。

师：他的为人具有什么特点？

生：宽容。

师：这在他身上得到了最好的印证。胡适相貌英俊，谈吐非凡，能讲一口流利的英语，满腹古今中外的学问，始终不缺乏女性的仰慕，但胡适这位洋博士却奉母命娶了一位大字不识几个的小脚太太。很多人都劝他离婚。但胡适与她白头偕老。他常说："容忍比自由更重要。"一方面，他不愿意违背母亲的意愿，另一方面，他认为假如违背母亲的意愿，会造成几个人的不幸，自己也会终生有愧。这就是他的宽容精神。

师：这篇文章很明显写了母亲对"我"的深远影响，表达了胡适对母亲什么感情？

生：（齐答）感激、怀念、赞美之情。

五、对话作者，探求意蕴

师：散文如果我们只了解了人物形象，品味了语言，体会了情感，是不是学完了？散文是作者对人生世相的思考，对生存之理的探索，渗透于散文形象中的哲思意蕴是我们平时阅读时要探求的。比如读这一篇散文，我们是否想到胡适的母亲是这样教育孩子的？我们的家庭教育中父母是不是也应以自己的言传身教来影响自己的子女？这叫什么呢？

生：家风！

师：在2013年底由搜狐网、搜狐教育频道主办的"国之崛起，因教而变"年度盛典上，于丹教授呼吁，重建中国的家教、门风。2014年春节，中央电视台的家风采访"火"了。为什么家风如此重要？因为它是所有父母在自己家里随时随地用言传用身教所传递出来的一份信念，它影响着一个孩子甚至是几代人。有什么样的家风，就有着什么样的生命底色。小到家庭的传承，大到社会文明的延续，家风都起着非常重要的作用。所以，古人云：修身、齐家、治国、平天下，齐家方能治国。于丹教授认为家教、门风这件事情和我们的知识水准、学历水平几乎没有多大的关联，中国门风最纯正的是在农民家庭。将来同学们也会为人父母，希望你们也以良好的家风引导自己的孩子，这也是这篇散文给我的启示。

师：课后推荐阅读：胡适《胡适自传》、老舍《我的母亲》、肖复兴《母亲》、茅盾《我的母亲》，希望你们在比较阅读中加深对本文的理解。最后，请一位同学总结一下，散文自读要读什么？

生：内容、人物形象、语言、情感，有时选材也是很重要的，艺术手法上也要学会鉴赏，更重要的是读散文，要了解作者，体会他的写作目的，以及文章背后的深刻意蕴，这样可以提高自己对这篇文章理解的深度。

师：总结得真好！

生齐鼓掌。

教师板书：

1. 了解内容，感知形象；
2. 品味语言，体会情感；

3. 关注选材，鉴赏手法；

4. 对话作者，探索意蕴。

师：希望今天所学的自读方法能给你们今后的阅读带来点启发。下课！

（江苏省靖江高级中学　钱萍）

课例评析

　　胡适的《我的母亲》一文是苏教版《现代散文选读》中"活生生的'这一个'"板块的第一篇文章。本课的教学要充分体现课程标准中关于选修课课程以及"散文与诗歌"系列的具体要求，通过课堂教学，培养学生阅读散文的兴趣，使他们能从中认识社会、思考人生、感悟生活、陶冶情感、砥砺思想，提高对散文的鉴赏水平。学生在教师的指导下，能对胡适的创作风格与艺术特色有一定的判断力；能掌握该文在写人、记事、抒发情感等方面的艺术表现手法，掌握材料组织和剪裁的方法；能进一步提高审美判断水平和自主阅读的能力。从江苏省靖江高级中学钱萍老师的课堂实施来看，她是深得其中三昧的，通过自己的精心设计和灵活多变的学习引导，出色地完成了教学任务，取得了非常显著的教学效果。

　　与其他文学类文本教学一样，散文教学的过程，是师生共同对文本进行理解和分析的过程，是学生在教师的相机诱导和有效指导下在自己头脑中重建文本的过程。作为一篇典范的写人散文，教师的引导之功就在于让学生读出文章的"好"来。

　　让学生读出文章的"好"（或"不好"）来的过程，就是文本解读的过程。这是一个寻绎语句意脉、还原并创造语境、探求文本本意、生成理解和感悟的过程。学生的阅读，其实就是通过语言符号媒介，还原建构作者所设定的语境和意义的过程。文章的"好"（或"不好"）关联着不同的解读内容，也需要运用不同的解读策略。比如我们可以从微观层面解读文本，去关注关键词句的具体意义及价值；也可从情景层面解读文本，通过文本创作的时代背景、作者意图、创作动机等探求文本的实际价值；还可从社会历史文化层面解读文本，关注文本所反映的生活状况、社会经济状况、历史文化状况所带来的认知价值。这样就形成一个相对明晰的文本解读的"内容和方法的分析框架"，为解读文本提供科学依据和操作路径。

比如，鲁迅在写作散文《记念刘和珍君》时，不但有与我们不同的社会观念和人生观念，他亲身经历了女师大事件、"三·一八"惨案，与刘和珍、杨德群特别是刘和珍在平时就有非同寻常的亲密的师生关系，对于当时社会上各类知识分子对女师大事件和"三·一八"惨案的议论心知肚明，而且在鲁迅当时的心情下，周围的一事一物、语言中的一字一词，都是以与平时迥然不同的形态出现在他的脑际的。所有这些，都是我们在阅读这篇散文时所缺乏的。因此，文本理解与分析的首要任务就是要实现学生从自己的文化时空向作者写作该文本时的文化时空的转移，并逐渐深入到作者写作该文时的心境和情境中去。用我们平时的话说，就是要"读进去"，读出意义来，读出趣味来，不能老是隔岸观火一样看着作者在文本中述说的一切。

这就必须结合文本所营造的情景去解读文本。通过对文本中所描写的环境、事件、社会场景、人物关系以及话语方式等，了解作品所反映的社会现实及其所创造的艺术情景，从而达到既能感受到文本所描写真实世界的状况，又能达到作者所虚构的意义境界。

毫无疑问，学生在阅读胡适的这篇文章时，与文本作者写作这个文本时处在截然不同的两种文化时空之中。也就是说，胡适眼中、心中、笔下的"母亲"与学生自己眼中、口中、心中的"母亲"有很大的不同。这种文化时空的不同，不但决定了学生是带着与胡适写作这个文本时不同的感情和情绪、不同的意愿和意志、不同的社会人生观念和认识来阅读这个文本的，而且学生对构成文本的那些词语以及它们所体现的事物的感受和理解本身也是不尽相同的。这样，学生与胡适当时的心灵就是若即若离的，甚至对于他写作的这个文本当中的某些独特的表述也是似懂非懂的。这种由不同文化时空带来的疏离感，为我们的教学提供了很好的机会。

为实现上述学习目标，钱老师充分运用了"知人论世"的方法，通过出示背景材料，对胡适的家庭情况、父母亲的婚姻情况、胡适自己的生活经历等方面进行了有选择的介绍，让学生沉浸到胡适所描写的生活状态中去，拉近与胡适的生活、情感距离。不仅如此，她还将这种方式贯穿到文本理解与分析的全过程中，使学生完全转移到作者写作文本时的心境和情景之中，并以此感受和理解他写下的这个文本的整体，即所谓"读了进去"。

要使学生的文化时空真正转移到胡适写作文本时的文化时空中去，还需要找到一条更接近乃至通往胡适写作文本时的心境和情景的道路。这就有了文本解读的角度与途径的选择，这样的选择应该能够激活整个文本，这是教师备课所应用心之处。从这个角度和途径出发，学生就能够透过作者的语言以及由它们构成的能够给文本带来生命活力的诸多因素，重新感受和理解所描写的对象，不但可以更深入文本之中，并且还能够"盘活"整个文本，使文本以一种全新的姿态出现在我们眼前。

钱老师首先让学生通过自主阅读课文，感知母亲形象，在对具体语言所能呈现的形态上，学生不仅读出了胡适笔下母亲的慈爱、宽容、严厉、刚强的性格特点，而且读出了集后母、后婆、寡妇于一身的母亲生活的艰难处境与非凡的意志和品质。为了让学生对母亲形象形成较为具体的认识，钱老师重点抓住了母亲的三次"哭"让学生品味，真切感受到母亲对复杂的生活困境的无奈、对亡夫的思念、对幼子的殷切期盼，以及为了捍卫自己的尊严，而非常刚气的一面都在学生的心目中显露出来了，学生在把握母亲形象的同时，也在揣摩作者的情感，体会其在写人、记事时对所运用材料的选择与表达艺术。所有这一切，钱老师都是引导学生通过对文本语言这一角度和对文本进行过细的分析这一途径而具体呈现出来的，其中有思想的，也有艺术的，有技术的，也有审美的。通过分析，文本重新在学生面前活了起来，动了起来，飞了起来。

有人曾经指出，目前的文本教学存在着诸多问题，如：不顾文本整体，仅抓只言片语的"碎片化"阅读；游离文本主题进行所谓的"创造性"解读；缺乏社会文化背景意识的"浅阅读"；不管作者本意，不问对象、目的的"随意化"解读；脱离文本，不顾实际的"图解式"阅读；不问文本体式和阅读取向的"泛文艺式"阅读等。钱老师的这堂课，为我们正视和纠正这些问题提供了范例。

在引导学生分析文本时，她注意了对"度"的把握。一是不过度阐释，对于《我的母亲》一文中与我们平时的感受和理解没有本质差异的词语或意义，没有强作解释，强求新意。她注意到在引导学生对言语的揣摩中，要求学生根据上下文构成的语义网络，正确理解词语、文句和篇章的内涵，选择恰当的语言表达形式和意义理解，而没有作普泛的、僵硬的解释。比如对文本的语言风格"明白晓畅、朴实无华"的把握时，就没有无端拔高，没有把文章中的一些平平常常的话说得多么神妙。二是不过度理解。钱老师从文本整体的和谐性出发，没有将胡适独自的感受和理解夸大到不适当的程度。这样，学生就能根据特定的上文或下文提供的语义场，勾连前后，从整体上把握文章的意图，领悟词句在具体语境中的意思。

叶圣陶说："我于读文章的时候，常把我自己放入所读的文章中去两相比较。一边读一边在心中自问：'如果叫我来写将怎样？'对于句中的一个字这样问，对于整篇文章的立意布局等也这样问，经过这样的自问，文章的好坏就显出来了。那些和我想法相等的，我也能写，是平常的东西，写法比我好的就值得注意。我心中早有此意或感想，可是写不出来，现在却由作者替我写出来了，这时候我就觉得一种愉快。……我想鉴赏的本体是'我'，我们应该把这'我'来努力修养锻炼才好。"（夏丏尊、叶圣陶《文心》）

叶圣陶的阅读方法，其实是一种充分体现读者主体性的好方法，这样的阅读可以把读者从单纯接受的主体改变为参与的主体。"把我自己放入所读的文章中去两相比较。一边读一边在心中自问：'如果叫我来写将怎样？'"叶圣陶的办法，就是要把主体从阅读到写作都调动起来。这种阅读方法为我们提供了摆脱阅读主体被动的困境。

我们欣喜地看到，在钱老师的课上，她已主动而自觉地践行了叶老的这一阅读理念。她没有一味地让学生仰视文本，而是鼓励学生平视文本，乃至鼓动学生俯视文本。她清醒地认识到，文本是个结构，每个部件都在这个整体结构中发挥着自己独立的作用，一个部件的某种作用被强化到不适当的程度，就等于削弱了其他部件的作用，从而也破坏了文本整体的和谐性。所以她安排了让学生对文本的结构进行质疑的环节。课上，学生所质疑的有两点：

1.文章题目叫"我的母亲",然而文章前三段是写"我"的童年生活片段,这是什么用意?

2.文章写我的母亲,应以"我"和母亲之间的事为主,但用了很多的笔墨写她与其他家人之间发生的事,这是为什么?

在学生充分认识与发现的基础上,钱老师又提了两个学生不易发现的问题:

1.文章中作者反复强调母亲是"我"的慈母,也是"我"的严师,师者,传道授业解惑,她能不能在学习上帮"我"解决问题?

2.那母亲对我的影响究竟是哪方面的?

通过对文本进行有理有据的分析,学生能按照作者在写作文本时的心境和情景感受和理解文本的价值和意义,而没有对作者当时的心理想当然地揣测和推测。

于漪曾指出:语文教学要重视文化背景。文化背景从语境学的角度理解即是文本的社会文化习俗、语言习惯、审美心理等。它是制约作者、读者以及整个时代的大背景,是大家不言而喻的"共有知识系统"。任何文本都出现于特定的社会文化语境,而且文本本身也包含、记载了特定的社会文化语境因素。有时解读文本需要从一个广阔的社会文化背景下才能深入理解文本的意义。

钱老师安排的最后一个学习环节是:对话作者,探求意蕴。她用这样两个问题启发学生去深入思考:

1.散文如果我们只了解了人物形象,品味了语言,体会了情感,是不是学完了?

2.散文是作者对人生世相的思考,对生存之理的探索,渗透于散文形象中的哲思意蕴是我们平时阅读时要探求的。正确的解读方法是什么呢?

她进而对学生提出了一个很有启发意义的话题:家庭教育中父母是不是也应以自己的言传身教来影响自己的子女?并顺理成章地提出了有关"家

风"的问题。她告诉学生：有什么样的家风，就有着什么样的生命底色。小到家庭的传承，大到社会文明的延续，家风都起着非常重要的作用。这使得学生对文本的学习获得了新的启示：以良好的家风引导自己的孩子。在钱老师的引导下，学生在平视文本、俯视文本的基础上，又能够远视文本，拓宽了阅读与思考的视野，获得了更加广泛的文本阅读意义。这样的设计，充分显示了钱老师教学眼光的敏锐与独到，教学技艺的成熟与高超。

作为第一课时，钱老师在本节课上侧重的是引导学生对文本本身的理解与分析，我们期盼她在第二课时里，能够在挖掘文本的写作意义上作些努力。比如可以让学生抓住题目"我的母亲"中的"我的"一词，让学生去体会作者刻画"活生生的'这一个'"的艺术特点，并能够在写作中合理借鉴；再比如文本的结尾部分有这样几句话："如果我学得了一丝一毫的好脾气，如果我学得了一点点待人接物的和气，如果我能宽恕人，体谅人——我都得感谢我的慈母。"不妨问学生这样三个问题：

（1）这三个"如果"在行文中有什么作用？

（2）它们在文中又是怎样得到一一印证的？

（3）这种表述的方法对我们的写作有什么意义？

这既会使课堂学习更加机变灵活，又能使学生的思维更加广阔，使阅读的价值得到进一步的发挥。

怎样让学生读出文章的"好"来？一句话就是：把鱼放入江河里，把花放在树丛里，让鸟儿飞翔于天空。这里的鱼、花、鸟就是学生，江河、树丛、天空就是文本。在学生阅读文本的过程中，教师的主要任务就是，让鱼儿游得更加自由自在，让花儿开得更加艳丽多姿，让鸟儿飞得更高更远。

"好课"长什么样
——刘亮程《父亲》课例评析

课例回放

教学目标

1. 理解父亲的形象及其蕴含的情感价值取向。
2. 学习曲笔传情、细节传神的散文技法。

课时安排

1课时

教学过程

一、创造情境，导入课文

课前播放刘和刚的《父亲》（MTV），渲染气氛，营造情境。

师：刚才我们听了歌曲《父亲》，应该是浮想联翩，颇有感触，我们每个人对"父亲"这个字眼都不陌生，下面请同学们用一句话表达对"父亲"一词的理解。

生：父亲就是在外面劳碌奔波，为家人作好各种物质准备。

生：父亲就像一棵树、一座房子，为家人遮风挡雨。

生：父亲就像一座山，默默无言，但他的爱深沉博大。

师：同学们说得都很好，很形象，也抓住了天下所有父亲的共同特征。其实，每一位父亲都是一本不一样的书。今天，我们就一起学习一篇散文——刘亮程的《父亲》，看看文中的父亲是怎样的一位父亲。

投影，简介作家作品。

二、初读文本，感知形象

1. 思考问题一：这是一位怎样的父亲？

师：请同学们阅读文章，找出刻画父亲形象的句子和体现作者情感的句子，并作适当点评。

学生自由读课文，并做必要的笔记。

生：父亲是一个脾气很大的人，爱发火，譬如把老三一拨摔出去很远。还老是嘟囔，跟我们怄气，跟母亲怄气。

生：父亲是一个沉默寡言的人。"他看上去只是个干活的人"，我回去看他也很少交流，往往是长时间的沉默。父亲还是一个很自律的人，从不多喝酒，"再热闹的酒桌上也是喝两盅便早早离开"。

生：父亲很勤劳，"过早地显出了老相""和我们一起起早贪黑"，"每天下地都是他赶车"。父亲生活经验很丰富，"嫌我们赶不好"，还会说书、讲故事。

生：父亲看上去高大壮实，显出了老相。

师：刚才大家既有对父亲外表形象的了解，也有对父亲内在性格的认识，这是从人物的"形"与"神"两个方面去认识人物、评价人物。我们分析概括人物的形象就要从形神两个方面入手。那么，我们主要是从文中的哪些描写概括出父亲形象的呢？

生：细节描写。

师：能具体一点吗？

生：……

师：巴尔扎克说过，生活是一张由细节编织的网，唯有细节，才能真实地表达生活。我们要准确把握散文中的人物就要善于抓住细节，我们写相类似的散文时也要注意通过细节去刻画人物。

2. 思考问题二：文章写父亲，为什么花了大量的笔墨写黑母牛？

师：文章的标题是"父亲"，主要笔墨写的也是父亲，那么全文就应该始终围绕"父亲"来写，但文章却花了大量笔墨写黑母牛，这是为什么呢？

生：写黑母牛其实也就是写父亲，是衬托父亲的形象，或者说黑母牛是父亲的象征。

师：写了父亲的什么特点呢？

生：木讷。

师：这实际上是一种"曲笔传情"的写法。

教师投影，简单介绍"曲笔传情"的传统散文技法及作用。

师：文中的黑母牛与父亲有哪些相似点呢？

生：……

师：这样写的好处是什么？

生：……

师：我们在写作时要学习这种写作技巧，使我们所写的文章摇曳多姿，更有味道。

三、细读文本，品味情感

1. 讨论问题一：作者与父亲的关系怎样？

师：这样一位父亲，理应得到"我"的尊重、爱戴甚至感激，但是"我"对父亲是这样的感情吗？

要求学生找出体现作者对父亲感情的句子。

生："我一直觉得我不太了解父亲"，"我有一种难言的陌生"。

师：这种"不了解""陌生"首先集中表现在称呼上，作者是称他的父亲为什么？

生："这个和我们生活在一起叫他作父亲的男人"。

投影该句，引导学生作深入分析。

师：体会一下，这个短语中的定语有什么情感意味？

生："叫他作父亲"，仅仅是称呼上，并没有从情感上得到承认。

生："和我们生活在一起"，仅仅是空间上的，心灵上没有融入。

师："这个"又有什么意味呢？

生：……

师：文中还有许多"这个组成的短语",找出来体味一下。

学生阅读文章,寻找相关语句。

生："这个院子","这个家"。

师：我们再来体会一下"这个男人"与"我男人"的区别。

生：我明白了。文章下面说文中的父亲是作者的继父,这个家庭是重新组织的家庭,"这个"说明"我们"并没有完全融入这个家庭,"我们"还没有完全接受继父。

师：说得好！我们看文章就是要仔细,要善于抓住隐含信息。那么,"我们"为什么不接受这个"父亲"呢？仅仅因为他是继父吗？

生：……

师：那么我们换一个问题。刚才大家比较全面地分析了父亲的形象,如果让我们来概括一下父亲性格的最主要特点,是什么呢？

生：勤劳。

生：木讷。

教师板书,在"勤劳""木讷"后打上"？"。

师：那么请同学们讨论一下,作者认为父亲勤劳吗？

学生读文章,自由讨论。

生：作者认为父亲不勤劳。理由如下：第二年家里的农活就逐渐压到"我们"弟兄身上；一干稍重一点的活儿,就嘟囔；认为自己应该晒太阳了；只是赶牛,连鞭子也懒得挥。

生：还有,他看上去高大结实,母亲也认为他是装的。

生：作者认为父亲是勤劳的。过早地显出了老相,就是因为干活太多；总是和"我们"一起起早贪黑；尽管"我们"和他作对,尽管他不断地嘟囔、生气,但他还是任劳任怨在干。

师：父亲勤劳不勤劳,老师无法给出定论,同学们也可以继续讨论。我想,这才是一个真实的父亲。那么,父亲木讷吗？"木讷"除了沉默寡言的意思外,还多少有傻、二的意思,父亲傻吗？据作者回忆,刘亮程的生父在37岁时离世,当时刘亮程才8岁,生父遗弃了五个子女,最大的11岁,最小的才 8 个月。

学生读文章，交流讨论。

生：父亲傻，一个人要养五个人；只知道像牛一样地干活。

生：父亲不傻，他发脾气只冲着老三老四，不得罪"我们"；他把家里的权力全交给了母亲；他知道跟"我"套近乎，给"我"抽烟。

生：把权力交给母亲，恰恰就是傻。

师：同学们认为傻吗？

生：不傻，这是分工合作。

师：老师也认为不傻，父亲一方面遵循传统，男主外女主内；另一方面，也是想"收买人心"，让"我们"融入这个家庭，是搞"双赢"。所以说，父亲并不傻，就像鲁迅先生说的一样，有着农民与生俱来的狡猾。当然这个"狡猾"不完全是贬义，是指长期积淀下来的生存智慧。同学们分析得很有道理，善于一粒沙里看世界，细微处见精神。

师：所以说这个男人是真实的，也是复杂的，作者也是看不懂的，不理解、不尊重、不接受也是当然的了。

2. 讨论问题二：作者笔下的父亲，幸福吗？

学生读文章，略作讨论。

师：那么父亲有没有后悔呢？或者说，父亲面对一家人的不理解、不接受、不尊重，有没有想撂挑子，或者选择离婚？

生：没有，他只是嘟囔，只是埋怨，然后还是干活。

师：那么，父亲幸福吗？

生：我认为父亲是幸福的。幸福是一种感受，不同的人对幸福有不同的理解。我认为，因为爱，所以幸福。父亲给予"我们"一家人衣食上的保障，实现自身的价值，所以幸福；他给"我们"讲故事，母亲在一旁纳鞋底，其乐融融，享受着天伦之乐，所以幸福；父亲晚年生活得很好，有保障，所以幸福。

生：我认为父亲无所谓幸福不幸福，因为生活本来就是这个样子的，所以父亲有时候是幸福的，有时候觉得很累，不值得，难免要发脾气。

师：说得很好。把老师前面留下的问题也解决了。

四、研读文本，探究主旨

师：作者为什么要写这篇文章？也就是说，作者写这篇文章的目的是什么？

学生阅读文章，略作讨论。

生找出两句话："后来我们渐渐地长大懂事了，但父亲也渐渐地老了。""每次回去我都在他身边，默默地坐一会儿。"

生：表达忏悔之情。

师：除了这一点之外，如果放到人与人之间的关系来理解，还给我们什么启发呢？

生：生活在一起，但不一定能互相理解，表现了人与人之间的隔膜。

教师投影，以刘亮程《先父》中的一段文字，作文本互涉。

父亲，我如今多想听你说一些道理，哪怕是老掉牙的，我会毕恭毕敬倾听，频频点头。你不会给我更新的东西。我需要那些新东西？父亲，我渴求的仅仅是你说过千遍的老话。我需要的仅仅是能够坐在你身旁，听你呼吸，看你抽烟的样子，吸一口，深咽下去，再缓缓吐出。我现在都想不起你是否抽烟，我想你时完全记不起你的样子。不知道你长着怎样一双眼睛，蓄着多长的头发和胡须，你的个子多高，坐着和走路是怎样的架式。还有你的声音，我听了八年，都没记住。我在生活中失去你，又在记忆中把你丢掉。

师：如果我们上升到哲学的层面，从人生、生命的角度看，我们还读到了什么？

生：……

师：我们再来看看描写牛的一段文字。这段文字就揭示了这样一个道理。"鞭子"象征着什么？

生：厄运，生活的困境与磨难。

师：这里面写了牛拉车赶路的几种情况？

生：正常赶路的时候；遇到上坡和难走的路；实在拉不动时。

师：有什么寓意？特别看看"拉不动时"那句的喻体是什么？

学生议论。

师：遇到困难时同心协力；实在感到困难也可以发发牢骚。而在一般情况下我们就应该沿着生活的轨迹走。父亲适应了这个慢劲，就是说明父亲懂得了这个人生哲理。

生：表现了艰难的生存环境下的真实的人性以及真实的生存状态。

教师小结，投影"读后感言"：

1. 困境中的生命，很容易互相伤害，而任何事后的弥补都是无效的。

2. 我们可能在某个时空节点走进了彼此的生活，走进了彼此的生命，但谁也走不进谁的心灵。

3. 在艰难的生存困境下，展示了真实的人性和生命质态：卑微、淡然、坚忍、温暖。

教师寄语：

生命就是如此，孤独而自足，艰难而倔强，生生不息，向着永恒的终极。

因此，不论我们明天会遭遇怎样的生活，我们都应该坦然接受，去追寻属于我们的幸福。

五、学习技法，拓展阅读

1. 学习曲笔传情、细节传神的散文技法。

2. 推荐阅读：诗集《晒晒黄沙梁的太阳》，散文集《风中的院门》《一个人的村庄》。

（江苏省姜堰中学　潘双林）

课例评析

评价一节课的"好"与"不好"，其衡量的"标准"与"指标"可能有很多，但归根到底却只有一条，这就是学生有没有收获。要想使学生在课堂上有收获，就要大力调动学生学习的主动性与积极性，就要有效挖掘学生的学习潜能，最大可能地激发与满足学生的学习欲望，充分展示学生的思维过程，提升学生的思维品质。以这样的认识来看江苏省姜堰中学潘双林老师的这节课，无疑，这是一节精彩的、成功的语文课，一节真正意义上的"好课"。

一、"好课"以对文本的精准解读为前提

"好课"的前提是什么？是对文本的精准解读。没有对文本全面、正确、深入、细致的解读，就不能有效地开展教学。需要明确的是，对文本的解读不只是教师的事情，也是学生的任务。教师要做的是如何把自己对文本的理解转化成学生的认识；如何使学生已有的阅读经验得到丰富与提升。

刘亮程的文字总是独特的，有着独特的神韵和素朴之美，总能引发读者的无穷想象与共鸣，却又难以言传。无论是已选入中学教材中的《今生今世的证据》《寒风吹彻》，还是这篇《父亲》，都具有这样的特点。因此，对于他的作品、他的文字，我们必须要求学生怀着极为素净的心灵，以极为敏锐细腻的情感触角伸入其中，才能探测到其真实的情感。否则，学生对这篇文章的理解就有可能流于肤浅，而将之视为一篇怀念继父，表达忏悔之情的回忆性散文。

刘亮程自己说："我写的是乡村，不是农村。乡村和农村是两个不同的概念，乡村是诗意的，文化和精神的，农村是现实真实的。"（《文学教育》2011年第3期）对此，潘老师认为教师必须引领学生进入文化和精神层面对文本加以观照。请看他的理解与分析：

在文本中，作者通过父亲和"我"、"我们"一家的经历与种种情感纠葛，不仅表达了忏悔之情，更揭示了这样的人生道理：困境中的生命，很容易互相伤害，而任何事后的弥补都是无效的；不同的生命个体可能在某个时空节点走进了彼此的生活，走进了彼此的生命，但谁也走不进彼此的心灵。

不仅如此，潘老师还认识到一个更为重要的现实，这就是刘亮程对父亲形象的刻画不是程式化的，他以黑母牛为喻，以万物有灵、万物平等、万物同性的视角，写出了一个真实的父亲，一个真实的男人，一种真实的人性。

这种人性不是那种概念化的人性，那种虚伪高尚的人性。这正是对彼时某些文章虚伪表达的一种反拨。正如摩罗所说："人文主义者对于人和人性的礼赞、信赖，越来越显得不真实，显得苍白无力。人根本不像他们所想象的那样意气风发、灿烂辉煌，也不像他们想象的那样具有决定自己命运的道德能力和理性能力。"（《谛听的神秘声音》）父亲也好，我们也罢，都是艰难生存的生命个体，他们所表现的是艰难的生存困境下真实的人性和生命质态：卑微、淡然、坚忍、温暖。这正是这篇文章给予读者的哲学启示：生命就是如此，孤独而自足，艰难而倔强，生生不息，向着永恒的终极。因此，他在课上努力引导学生形成这样的思想认识：不论明天会遭遇怎样的生活，都应该坦然接受，去追寻属于自己的幸福。

课上，潘老师关注到了这篇文章独特的艺术手法：曲笔传情和细节传神。"曲笔"，就是作者在行文时故意离开本题，而不直接书写其事的手法，即所谓言在此而意在彼，进而达到一种"深文隐蔚，余味曲包"（刘勰《文心雕龙》）的效果。文中关于黑母牛的文字即是曲笔，明写黑母牛暗写父亲，甚至于融合在一起写，使行文跌宕多姿，意蕴更加含蓄丰富。这是古代散文的传统技法，而在高中教材中并不多见，因此，他特别提醒学生注意。至于细节传神的技法，因为较为常见，学生基本都已掌握，他就几乎没有涉及。

作为一篇散文，绕不开去的还有其语言特色，潘老师同样进行了关注。刘亮程具有神秘主义、自然主义倾向的思维以及他长期乡村生活的经历成就了他的文学语言，因为亲近自然而充满了乡土气息，因为崇尚万物等齐而飘逸着哲学玄思。这种语言有着素朴的丰富和静穆的伟大，是绚烂之极归于平淡。味之极为淡，而意蕴又极为丰富，恰恰也是潘老师在课上让学生慢慢品味咂摸的。

毫无疑问，潘老师对《父亲》这一文本四个方面的解读是非常精准的，也是非常细致的，还是非常独特的。这为他上出一节"好课"，打下了非常坚实的基础。

二、"好课"以科学有效的教学方法为后盾

"教什么"和"怎么教"是阅读教学必须面对的两大问题。"教什么"取

决于文本里有什么，作者表达了什么，学生需要什么，学生应该从某一文本中得到什么。《父亲》这篇文章有什么呢？写作上的特色是什么？潘老师把握得非常到位。他在经过反复阅读、钻研文本之后，深为作家的言语智慧所折服，敏锐地感到作者在那些不经意的叙述中表达着人生的大彻悟、大智慧，那些看似简简单单、普普通通的文字里面有着极为丰富、细腻、深沉的情感，正是文本里最值得关注的内容，特别是作者借父亲这个形象表达对人生、自然、宇宙的理解，是其他文本里较为缺少的。明白了这一点，他找到了教学的目标和切入点。并将其定位为"言语智慧"，围绕这一核心，他为本课教学设计的教学目标是：

1. 理解父亲形象及其蕴含的情感价值取向。（"表达什么"）
2. 学习曲笔传情、细节传神的散文技法。（"怎么表达"，即"刻画形象和传达情感的手段"）

这两个目标不是剥离开来分别达成，而是通过"言语智慧"这个连接点将两者融合起来加以实现，其实也正显示了教师施教的"智慧"。

为了实现"教什么"的目标，我们还得思考"怎么教"。《父亲》这篇散文语言独具个性，言近旨远，如果简单地讲读，学生很可能浮光掠影，了无痕迹；如果教师作细致讲解，又很可能包办代替，学生并不能真切地体会其中的情感和生命内涵。为此，教师必须让学生自己去发现文本中的言语智慧，而不是由教师告知，这是拨动学生言说心弦的关键。那么，在课上潘老师是如何做到这一点的呢？

潘老师从文本出发，让学生体会作者深藏在言语背后的复杂情感，捕捉作者先于文本的原始经验乃至集体无意识，最终发现作品的情感密码、文化基因和哲学之思。他的具体策略是：

依托文本，展开充分的多元对话，在对话中发现理解的差异，并利用这种差异撩拨起学生深度阅读的兴趣，进而追问、探究、发现、交流，发展为对话场。

为此，他设计了这样的三个主要环节：

初读文本，感知形象；细读文本，品味情感；研读文本，探究主旨。

通过逐层深入的解读，引导学生由言到意，言意关照，逐步接近文本的情感内核和哲学内蕴。具体说来，他这样引导学生展开阅读活动：

1. 由"父亲"这个标题（称谓）入手，让学生初读文本，感知父亲形象。

由于不少学生是带着阅读先验走向文本产生的"视野融合"，忽视了文中父亲形象的真实个性，认为文中的父亲是"勤劳的""木讷的"，这就产生了"误读"（"浅读"）。

2. 以此为契机，让学生到文中寻找作者对父亲的称谓，即"这个和我们生活在一起叫他作父亲的男人"，学生很快发现这个称谓与常理相悖，是晦涩难懂之处，也是别有深意之处。

由此激发学生探讨其复杂深层的情感，并由此作前后比照，发现文本多处有此类充满矛盾的表述，借助若干细节性的描写与语言还原出父亲的真实形象，推导出作者先于文本的原始的复杂情感经验，理解并表达出作者遣词造句的表达之妙。

3. 引导学生由与文本对话走向与作者对话。

潘老师引导学生由叙述主体的文本语境走向创作主体的生存环境，特别是通过对一些关键细节（句子）的剖析，补充了文字背后的空白，让学生从哲学层面探究出作者寄寓其中的深层意蕴以及给他们的人生启迪。

三、"好课"以充分展开的思维活动为依托

阅读欣赏课作为一种教学形式，如何引导学生发现、品悟文字的内在意蕴，建构起作品意义？凭借什么调动学生的对话欲望，引领学生思维走向深入，实现言语能力的提升呢？潘老师的这节课为我们解决这个问题提供了一个研究的样本。

1. 发掘资源，开展类文阅读

《普通高中语文课程标准（实验）》指出，"语文教师应高度重视课程资源的利用与开发"，一个成熟的语文教师，应同时是一个课程资源的利用者与开发者。教师要激发学生的学习兴趣，拓展学生的阅读视野，提高学生的阅读眼界，就不能把课堂教学仅仅等同于"教教材"本身，而应该想方设法地为学生选择更多的可供阅读的资源，拓宽学生语文学习的空间。刘亮程的文章在苏教版教材中两次出现，但不少老师认为"难教"而主动放弃。潘老师却在没有多少相关"参考资料"的情况下，舍近求远，弃易向难，从课外找课堂教学材料，践行"类文阅读"的理念，将阅读和写作勾连起来，强化阅读向写作转化的正迁移，这是对那种按部就班、因循守旧、照本宣科的教学行为与方式的一种否定。从课堂学习效果看，学生对这篇文章有阅读的兴趣，有阅读的感触，有阅读的体悟，有阅读的批判与质疑，当然，更有阅读内化的收获。

2. 溯流探源，披文而至入情

语言是思维的直接现实，有人认为语文教育就是言语智慧教育，不无道理。语文课要培养学生的语感能力和整体把握文本内容、整体感知与揣摩作者情感的能力，这需要我们时刻关注学生的语言积累以及语感和思维的发展。潘老师在"细读文本，品味情感"这个环节中，立足全文，紧紧扣住"作者与父亲的关系怎样？"这一核心问题，围绕"父亲勤劳吗？""父亲木讷吗？"这两个辅助性问题展开阅读、思考、讨论、交流。一般而言，"父亲"总是"勤劳"的，很多"父亲"又都是沉默寡言的。如果顺着这样的思路让学生去文中找依据，也无可厚非。但他却出人意料地让学生去弄清楚父亲到底是不是"勤劳"，是不是"木讷"，从而让学生体会父亲的艰难人生之路，领会父亲的生活追求，懂得父亲的幸福与快乐、辛酸与劳累、向往与苦闷。特别是对"这个"一词的揣摩与领悟，注意到了词语内涵的多义性和模糊性，很有"冲击力"与"穿透力"，屡屡激起学生的探究欲望，不断迸发出思维的火花。在"研读文本，探究主旨"阶段，老师又跳出文本，启发和引导学生思考作者的写作目的与意图，挖掘文中的熏陶感染因素，探寻文本的价值取向，让学生有所认识，有所发现，并建构起文本的新的意义。

3. 拨动心弦，生成激活课堂

阅读教学的有效与否，最重要的指标就是看一节课中学生有没有充分的言说活动，有没有实现学生言语能力的提升。前者是载体，是显性的表征；后者是旨归，是隐性的功效。潘老师在这节课中，充分发挥了阅读中的"对话者""阅读活动的组织者、学生阅读的促进者"（《普通高中语文课程标准（实验）》）的作用，从"言语智慧"出发，引导学生阅读，开展师生对话、生生对话，与文本对话、与作者对话，相机诱导，拓宽学生思维的空间，促进学生思维的深入。

他善于发现学生的浅读、涩读和误读之处，巧妙地将其作为重要的教学资源，开掘成充分言说的对话场。他充分尊重学生的阅读体验，特别是对学生的个性化理解大加赞赏；他对学生发言中的偏颇，也不轻易否定，而是巧妙地点拨与适当地提示。这使得学生学得非常轻松、愉悦，师生关系非常和谐，课堂气氛非常活跃。课堂上，虽有教师预设的"主问题"，但当学生思考与讨论进行不下去的时候，潘老师没有直接讲解，更没有因所谓的"教学时间有限"而急于提供所谓的"答案"，而是非常有艺术地化难为易，把大的问题分解为一个个小的问题，而这些"小的问题"都是课堂中临时"生成"的，没有预设的痕迹，这充分显示了潘老师深厚的教学功底和精湛的教学技艺。

由潘双林老师的这节"好课"，我们可以得到这样三点启示：

第一，掌握理论、细读文本是教学设计有效的基础。教师要有文本细读的能力，要能了解和掌握一些文本细读的理论与方法，比如，文本层次理论、文本互涉理论、复调理论、结构主义叙事学等理论。文本解读的细致、准确与深刻，是教学设计有效的前提与灵感源泉，文本解读的深度与高度往往决定着教学设计的质量。

第二，贴近文本、品读语言是教学活动有效的核心。文本解读课必须始终以文本为依托，以言语智慧为抓手来设计活动，引导学生进行文本细读。实践证明，学生正是在文本细读中读出了真意，读出了味道，认识到品读语言实在是一件有趣的事,感受到了语文学习的乐趣。

第三,科学预设、善于生成是教学组织有效的关键。预设是为了生成,生成是为了更好地完成预设目标,一个好的预设应该是能"充分生成"的预设,这是预设与生成的艺术辩证法。教师应贴近文本、贴近学生预设有思维张力的问题,引发自主探究,多维对话;在生成的过程中要善于引导,关照教学目标和重点,控制好节奏和长度,真正达到"道而弗牵,强而弗抑,开而弗达"的"善喻"(《礼记·学记》)境界。

附:

父 亲

刘亮程

我们家搬进这个院子的第二年,家里的重活开始逐渐落到我们兄弟几个身上,父亲过早地显出了老相,背稍重点的东西便显得很吃力,嘴里不时嘟囔一句:我都50岁的人了,还出这么大力气。

他觉得自己早该闲坐到墙根晒太阳了。

母亲却认为他是装的。他看上去那么高大壮实,一只胳膊上的劲,比我们浑身的劲都大得多。一次他发脾气,一只手一拨,老三就飞出去3米。我见他发过两次火,都是对着老三、老四。我和大哥不怎么怕他,时常不听他的话。我们有自己的想法。我们一到这个家,他便把一切权力交给了母亲。家里买什么不买什么,都是母亲说了算。他看上去只是个干活的人,和我们一起起早贪黑。每天下地都是他赶车,坐在辕木上,很少挥鞭子。他嫌我们赶不好,只会用鞭子打牛,跑起来平路颠路不分。他试着让我赶过几次车。往前走叫"呔球"。往左拐叫"嗷"。往右拐叫"唷"。往后退叫"缩"。我一慌就叫反。一次右边有个土疙瘩,应该喊"嗷"让牛向左拐绕过去。我却喊成"唷"。牛愣了一下,突然停住,扭头看着我。我一下不好意思,"嗷、嗷"了好几声。

我一个人赶车时就没这么紧张。其实根本用不着多操心,牛会自己往好路上走,遇到坑坎会自觉躲过。它知道车辘轳碰到疙瘩陷进坑里都会让自己多费劲。

我们在太平渠使唤老了3头牛。有一头是黑母牛,我们到这个家时它已不小岁数了,走路肉肉的,没一点脾气。父亲说它8岁了。8岁,跟我同岁,还是个孩子呢。可牛只有十几岁的寿命,活到这个年龄就得考虑卖还是宰。黑母牛给我印象最深的是那副木讷神情。鞭子抽在身上也没反应。抽急了猛走几步,鞭子一停便慢下来,缓缓悠悠地挪着步子。父亲已经适应了这个慢劲。我们不行,老想快点走到想去的地方,担心去晚了柴被人砍光草被人割光。一见飞奔的马车牛车擦身而过,便禁不住抢起鞭子,"哒球、哒球"地叫喊一阵。可是没用,鞭子抽在它身上就像抽在地上一样,只腾起一股白土。黑母牛身上纵纵横横地爬满了鞭痕。我们打它时一点都不心疼。我们似乎觉得,它已经不知道疼,再多抽几鞭就像往柴垛上多摆几把柴一样地无所谓了。它干的最重的活就是拉柴禾,来回几十公里。遇到上坡和难走的路,我们也会帮着拉,肩上套根绳子,身体前倾着,那时牛会格外用力,我们和牛,就像一对兄弟。实在拉不动时,牛便伸长脖子,晃着头,哞哞地叫几声,那神情就像父亲背一麻袋重东西,边喘着气边埋怨:我都快50岁的人了,还出这么大力气。

父亲一生气就嘟囔个不停。我们经常惹他生气。他说东,我们说西。有一段时间我们故意和他对着干,他生了气就跟母亲嘟囔,母亲因此也生气。在这个院子里我们有过一段很不愉快的日子。后来我们渐渐地长大懂事了,但父亲也渐渐地老了。

我一直觉得我不太了解父亲,对这个和我们生活在一起叫他作父亲的男人,我有一种难言的陌生。他会说书,讲故事,在那些冬天的长夜里,我们围着他听。母亲在油灯旁纳鞋底。听着那些陌生的故事,感觉很远处的天,一片一片地亮了。我不知道父亲在这个家里过得快乐不快乐,幸福不幸福。他把我们一家人接进这个院子后悔吗?现在他和母亲还有我最小的妹妹和妹夫一起住在沙湾县城。早几年他喜欢抽烟,吃晚饭时喝两盅酒。他从不多喝,再热闹的酒桌上也是喝两盅便早早离开。我去看他时,常带点烟和酒。他打开烟盒,自己叼一根,又递给我一根烟——许多年前他第一次递给我烟时也是这个动作,手臂半曲着,伸一下又缩一下,脸上堆着不自然的笑,我不知所措。现在他已经戒烟，酒也喝得更少了。我不知道该给他带去些什么。每次回去我都在他身边，默默地坐一会儿。依旧没什么要说的话。他偶尔问一句我的生活和工作，就像许多年前我拉柴回到家，他问一句"牛拴好了吗？"我答一句，又是长时间的沉默。

严密思维　丰富体验
——刘鸿伏《父亲》教学片段评析

与其他文学类文本一样，散文教学的基本任务之一是，让学生获得对语言的直觉体验。但有这些，显然还很不够。还需要我们在阅读、鉴赏、领悟、发现、探究活动中充分调动学生运用联想和想象，丰富自己对艺术世界的感受与理解，丰富自己的阅读经验与语言表达。其中关键的是，我们要能够引导学生思维沿着符合逻辑的方向，运用基本的语言规律和逻辑规则分析、比较、判别、归纳一些语言现象，准确、清晰、严密地表达自己的认识。以此来观察一位青年教师执教刘鸿伏的散文《父亲》的一些片段，我们会有一些直观的认识。

片段一

导入新课：

师：我们在初中学过一篇描写"父爱"的文章，是哪一篇呢？

生：朱自清的《背影》。

师：是的，朱自清笔下父亲的"背影"所传递出来的浓烈的父爱，曾经给我们留下了非常深刻的印象。父爱总是给我们带来种种记忆，我们今天这堂课来学习刘鸿伏的散文《父亲》，看看他笔下的父亲是什么样子的。课前大家都进行了预习，刘鸿伏笔下的父亲与朱自清笔下的父亲留给你的印象一样吗？

生：不一样。

师：我们来读这一段："十年前，我还没有读过朱自清的《背影》，后来读了，我感到一阵震撼，但并不如何感动。朱先生虽然把父亲的背影写得沉重、深情，但他的父亲毕竟不如我父亲苦难，活得比我那与泥土、风雨结缘的父亲轻松快乐。我的父亲的背影，我永远像山一样挺立的父亲，是我生命的路碑。"

师：这是一个与泥土结缘的父亲。

应该说，这是一个很好的导入，从学生已有的学习经验出发，调动起学生原有的知识和情感积累，以此为基础形成新的认识，丰富情感。但可惜没有得到很好的运用，没有能够引领学生的思维自然顺畅地向前发展。

学生认为刘鸿伏笔下的父亲与朱自清笔下的父亲"不一样"，这是他们的阅读直觉，教师应该就这一直觉具体展开："有什么不一样？"或"在哪些方面不一样？"这样就能引导学生去具体地读文本，找依据，谈感受，从而建构起新的认识。但教师好像需要的就是这个直接判断"不一样"而已，并不需要学生说说自己的认识或体会，一下子把学生刚刚燃起的思维火花浇灭了，无情地阻断了学生的思维，反而采取了"牵引"的方式，让学生读结尾部分的一段文字。可这段文字是作者直接说出的对父亲的感知、感受，又不是学生阅读、思考、判断出来的。

读这样一段文字，学生得出的印象会是：朱自清笔下的父亲，给"我"带来的是"震撼"；而"我"的父亲则给"我"带来了"感动"。与朱自清的父亲相比，"我"的父亲更加"苦难"，"与泥土、风雨结缘"。虽同是父亲的背影，朱自清笔下是"沉重、深情"的；而"我"的父亲的背影"是我生命的路碑"，更多地具有生命启发的意义。教师完全可以这样的认知为起点，让学生进一步阅读思考：作者为什么这么说呢？课文中所写真的如作者所说的这样吗？带着这样的疑问，我们一起走进文本。

这么丰富的内涵，教师没有引领学生完整地读出来，而仅仅非常简单地归结为"与泥土、风雨结缘"，把一个比较开放的问题固定到其中一个思维点上，使学生的思维通道变得狭窄起来，与文本的内容也无法完全做到"无缝对接"。

片段二

在"文本研习"阶段,教师要求学生重点读了下面这段文字:

临上公共汽车的时候,父亲忽然站住,用颤抖的手解开外衣纽扣,从贴肉的衬衣里撕开密密缝住的小口袋,那里藏着五十元钱,父亲抽出三十元,说:"崽,家里穷,这点钱你拿着莫饿坏肚子。"我的眼泪刷刷的流了下来,在这天地间有什么东西比这种深情更珍贵呢?我会活得很幸福也很体面的,我的父亲!我不肯要,父亲眼红红的,却一副要发脾气的样子。我爱父亲,也怕父亲,只好从那布满老茧的大手里接过二张薄薄的纸币,那是二十元,却仿佛接过一座山,沉甸甸的。父亲不再勉强,把剩下的三十元重新放回原处,低了头,慢慢转过身去。

师:(满含深情地)50元钱是父亲劳碌一辈子的结晶,这钱给了儿子,家里就再也没有钱了,连回去的路费也没有了。但他却把这50元钱全给了儿子,因为他担心儿子饿肚子,他希望儿子在城市里生活得体面一些。

要求学生读课文中的某一个片段,其目的无非是让学生读出其中所表达的东西,读出其中所着力刻画的形象,读出如此叙述所产生的艺术感染力。仅有朗读没有思考,仅有字面阅读没有情感体验,是无法体会文字之妙的。这个语言片段,让学生所思考的应该有很多,比如:这段文字对父亲形象刻画运用了动作、语言、细节等描写手法;在刻画父亲形象的同时,对"我"的心理活动进行具体的刻画,传递出浓浓的父爱;叙述之中有抒情、有议论,强烈地表达了对父亲的感激之情,对父爱的珍爱之情。这些内容必须让学生自己通过对语言的品味,展开思维的翅膀,合理而完整地体会或体悟出来。合理的做法应该是教师启发学生思考:你从中读到了什么?还可以读出什么?这样的表述对你的写作有什么启示?但教师却只是用自己的语言对父亲的行动进行了概述或是"简述",没有给学生以思考的机会,没有给学生以展示自己阅读、发现、认识的机会。

遗憾的是,由于对文本的阅读不够仔细,教师的理解出现了不应有的错误:文中明明说父亲先是"抽出三十元",后来"我"只从他的手中"接过二张薄薄的纸币,那是二十元",父亲最后没有再勉强,而"把剩下的三十元重新放回原处",怎么说成是"50元钱全给了儿子"呢?至于说"50元钱是父亲劳碌一辈子的结晶""这钱给了儿子,家里就再也没有钱了",则未免太夸张了,这样的说法于文本无据。前文告诉我们,"我"家里虽然很穷,但父亲毕竟还能喝上"一盏红薯酒";父亲还可以供"我"读高中、上大学;在"我"考取大学后,父亲还宴请"众多乡亲"并放起了"爆响的鞭炮";父亲还要送"我"去千里之外的高等学府报到……这一切都说明,"我"家并没有穷到这位教师所说的那种程度。

这是一个容易带来负面影响的思维习惯,即在肯定或否定某个人或事情的某一方面时,教师往往会夸大其词,作出与实际不相符的评判,引导学生的思维走向事实的背面。这也是学生在对文本内容进行理解,对所表达情意进行把握,对语言进行品味时极为容易暴露出来的问题:大而化之,简单粗放,套用术语,拘泥陈说,不去关注语言的细节,不能精读与细读文本,不能从飘动的树叶中看出风的姿态。

片段三

在探究"'我'对父亲的情感"时,师生之间有这样的对话:

师:文中写了"我"的三次落泪,分别是在哪个段落?为什么会落泪?

生:第一次是"我"接到老师送来大学录取通知书的时候,"扔了禾桶,接了通知书,泪便不知不觉的涌了出来"。是因为欣喜、激动而落泪。

师:这是作者担心父亲不让"我"上大学。

生:第二次是"我"临行的那天,"母亲伤心的哭了,我也哭了,我的弟妹和那些好伙伴都哭了"。是因为离家上学了而见不到朝夕相处的亲朋好友而流泪。

师:这是为亲朋好友而落泪。

生:第三次是父亲拿钱给"我"时,"我的眼泪刷刷的流了下来",为父亲的珍贵深情而流泪。

师:这是对父亲的感激和崇拜而流泪。

学生的三次回答都没有得到教师的肯定,因为教师有自己预设的"答案"。如果教师的"答案"比学生正确或者高明,那当然需要引导学生在教师所希望的思维轨道上行走，但问题可能正好相反。

"我"的第一次落泪，显然是因为"欣喜"与"激动"，其中的原因有：经过十多年的寒窗苦读，终于实现了自己读大学的梦想；"我"没有辜负父亲的殷切期望，没有辜负老师的悉心教导；"我"终于不再需要像父亲那样辛苦地在泥土里劳作了，"我"也成了父亲所崇拜的"文化人"；从此以后，"我"的生活掀开了新的一页，美好的一切开始了；等等。当然也有担忧，但所"担忧"的绝不是"父亲不让'我'上大学"，而是对全新的未来生活的"凄惶"。父亲虽然希望"我"在"像父亲这般老时，就回乡下住"，但那是他所说的"老了，就会想念故乡"的情况下，而不是现在；他丝毫没有把自己的儿子牢牢绑在泥土上的意思，因为他在崇拜土地的同时也非常崇拜文化，儿子读了大学就会成为"文化人"，就是"文曲星"，所以他不会不让儿子去上大学，不然他怎么会让儿子一直读到高中呢？如此丰富的内涵，却被教师忽略了，并对学生的思维产生了误导。

"我"的第二次落泪，是因为离家出远门，是"我"对故乡与亲友的离别之情，"黯然销魂者，唯别而已矣"，"多情自古伤离别，更那堪冷落清秋节"。虽然这是热烈、喜庆的离别，但毕竟是自己人生中第一次与故乡和亲友的远别，伤感、依恋难舍之情自不待言。同样也有对未知生活的茫然与恐惧，但绝不是"为亲朋好友而落泪"，而是因为亲朋好友落泪而落泪。如果那样，"我"所表达的就是对他们生活的担心与忧虑，情感宣泄的对象就发生了转移，所要赞美的生活和讴歌的情感也就有了变化。教师的硬性解读同样与学生的认识有矛盾。

"我"的第三次落泪，文中说得很清楚，是为父亲临回去时拿钱给"我"，而那是他身上仅有的五十元中的三十元，作者为这种天地间"深情更珍贵"的伟大父爱而情不自禁地流泪了。这是一种"感动"，而"感激"更多的是指在某种行为之后所产生的情感，如果要说"感激"，那也应该是"我"拿了钱之后，而不是在这之前。至于说是因为对父亲的"崇拜"而流泪，思维跨度太大，学生难以跟上教师的思考节奏，应该有一些铺垫，以引领学生去体会。

教师可以这样引导：在父亲"深情更珍贵"的行为面前，"我"很感动，

"我"也很为他以后的生活担心,"我"怜悯他的苦难,但他是那样的坚强、乐观、无私,在这样的父亲面前,"我"只有崇拜。只有为学生的思维架设了桥梁、铺设好道路,他们的思维质量才会得到提高。

从引导学生研习文本的一般程序看,这位教师所设计的问题有新意,因为从对"我"的情感把握,可以让学生体会到父亲生活中更多感人至深的细节。但可惜的是,除了最后一次落泪,另两次与"父亲"的关联并不太大,或者说那两次的落泪都不是因为父亲,从行文的经济与严谨性来看,这是此文的一个遗憾。这一点我们只要联系朱自清的《背影》就不难认识到。《背影》中写了"我"的四次流泪,没有一次不与父亲有关:第一次写"我"的落泪,衬托的是父亲的乐观与坚强;第二次是"我"看见了父亲的"背影",体会到他为"我"买桔子的艰难情景;第三次是看到父亲很轻松自在地离开了,想到父亲生活的艰辛;第四次写自己的"晶莹的泪光",是读到父亲的来信,想到父亲的点点滴滴。正如叶圣陶先生所说:"凡是和父亲的背影没有关系的事情都不用写;凡是要写出来的事情都和父亲的背影有关系。"这才做到了"说话要没有多余的话,作文要没有多余的文字"(叶圣陶《文章例话〈背影〉》)。文章题目为"父亲",那行文就必须紧紧围绕"父亲"展开,事事、时时、处处注意对父亲的刻画,使父亲的形象更加鲜明与突出。

我们可以让学生对这两篇文章进行比较阅读,比较它们在写"我"流泪上的异同点,借此体会到作者运笔的匠心,理解不同时代的散文作家在表达自己情感时相同或相异的审美取向,在谋篇布局、行文构思上的高下区别,让学生对文章的写作技法特别是怎样做到"通体干净,没有多余的话,没有多余的字眼"(叶圣陶语)形成一些直观而形象的认识。

其实,刘鸿伏在文中有两次对父亲流泪的描写,教师完全可以引导学生将其作为研读的重点。第一次采用的是侧面描写的方法,"我"出外买东西回到旅店时,"发现父亲两眼红红的",原来是父亲"一个人默默流泪",他想到了儿子年纪还小,来自乡下,又没有钱,担心他在城市里、大学里"受人欺侮",这是父亲对儿子的关爱与担忧,正是"儿行千里父担忧"。俗话说"男子有泪不轻弹",一个"我"记忆中"从来没有流过泪"的坚强的父亲,却为刚来大城市上大学的儿子,为不能再在儿子身边做他的"保护神"流泪了，可见其父爱之情至深。

第二次运用的是直接描写的方法："父亲登上了公共汽车，只把那背影留给我。就在车子启动的那一刹那，父亲猛地转过身来，深深的看了我一眼。啊，父亲，他在流泪！我分明看见两道晶亮的泪泉从父亲古铜色的脸上流过！不流泪的父亲流泪了，不是因为悲哀。"这段描写很细致而传神，有动作描写，有神态描写，有对流泪细节的特写，具有极大的视觉冲击力和艺术感染力。这是父亲对儿子的不舍、担心、忧虑，无声的泪水背后滚涌的是强烈的爱子之情！

为此，我们可以组织这样的研习活动：

作者笔下的父亲是坚强的，苦难生活的重担没有压垮他；父亲又是轻松快乐的，他总是充满了对生活的热爱和对美好未来的期盼。但就是这样一个从来不流泪的父亲，却有两次流泪了。请同学们仔细读课文，把描写父亲流泪的语段和句子找出来，思考这样几个问题：

（1）父亲是在什么情况下流泪的？（2）父亲的流泪说明了什么？（3）作者写父亲两次流泪的笔法相同吗？请认真品味。如果不同，这是为什么？（4）两次叙述各自的特点是什么？分别有什么作用？

这样一来，可以改变该课在文本研习上的一些不足，带领学生从单纯地关注内容中走出来，从一般的内容梳理转向对语言的揣摩、对言语形式的把握。其效果会是：不再是机械地对学生进行思想情感的教育，而是启发与引导学生关注行文的思路、结构、语言，在文本阅读中体会到语言的精妙，在对文本研习中学习到高超的写作艺术。

此课例启发我们，散文阅读教学中，教师要着力培养学生严密思维、严谨思考、严实分析的能力，让学生认真审视每一个文本，仔细探究和努力发现文本中的一些语言现象，对语言具有自己的认识。当然，教师自己首先需要具有这样的能力。在此基础上，我们还要培养学生自觉分析和反思自己的言语活动经验的能力，在文本阅读与理解中丰富自己的体会与经验，在提高语言运用能力的同时，提高思维的深刻性、灵活性、敏捷性、批判性、独创性。

合体　合用　合一
——《回忆鲁迅先生（节选）》教学设计评析

课例回放

设计理念

《回忆鲁迅先生（节选）》是部编初中语文教材七年级下册第一单元的一篇自读课文，新编教材的一个突出的改进，是把"精读"改名为"教读"，"略读"改为"自读"。"自读"课文设置导读或者旁批，引发学生自主阅读的兴趣。这样的功能区分，也是有意改进目前语文教学过分精读精讲的僵化状况。七年级下册第一单元导读语为：本单元学习精读的方法。在通览全篇、了解大意的基础上，把握关键语句或段落，字斟句酌，揣摩品味其含义和表达的妙处；注意结合人物生平及其所处时代，透过细节描写，把握人物特征，理解人物的思想感情。那么我在设计《回忆鲁迅先生（节选）》时，以"批注"这一活动贯穿始终，以鲁迅的人物身份为突破口，抓住关键句段，品味细节描写，理解人物精神风貌，巩固精读方法。

教学目标

1. 学会抓住"关键"作批注，自主学习课文，表达个性感悟。
2. 揣摩品味精彩段、句、字，学会从细微之处把握鲁迅先生的人格风貌，理解作者的深挚情感。

教学过程

一、巧导入，比较身份引思考

（一）比较作品，引出作者与鲁迅的关系

屏显鲁迅的《从百草园到三味书屋》《社戏》片段和萧红的《后花园、祖父和我》片段，体会萧红作品受到了鲁迅先生深刻的影响。

明确：作者萧红与鲁迅先生的师生关系。

（二）简介作者，引出作品的写作背景

屏显：

萧红，原名张廼莹，民国四大才女之一。为了反抗包办婚姻离家出走，在鲁迅先生的关爱和帮助下来到上海，与鲁迅一家结下深厚的情谊。她是鲁迅先生精心培育的文学青年之一，受鲁迅影响很大。主要作品：《生死场》《呼兰河传》《小城三月》等，在鲁迅先生逝世三周年的时候，写下了一篇文章《回忆鲁迅先生》，就是我们今天要学习的文章。

（三）比较身份，引发对作者笔下鲁迅形象的思考

鲁迅先生是中国伟大的文学家、思想家、革命家。这篇课文中萧红撷取了多个与老师一家朝夕相处的生活场景，在她笔下，鲁迅先生会以哪些身份鲜活地出现在我们面前呢？

二、抓关键，字斟句酌品人物

（一）默读课文，谈感受

边读边思考：在萧红笔下，鲁迅先生是一个（　　）。

学生感受：父亲、丈夫、朋友、老师、长者……

明确：原来鲁迅先生还拥有这么多身份，作者笔下的鲁迅先生是平凡又充满人情味的。

（二）跳读课文，教方法

文章是如何通过细小的生活场景和细节描写来展现鲁迅先生这些身份的

特点的？今天老师要和大家分享一招做批注的好方法——抓关键。

屏显：

好读书，不求甚解。每有会意，便欣然忘食。

——陶渊明

师：这里的"会意"之处，便是阅读时值得批注之处。一篇课文值得批注的地方可能是一个精彩的段落、一个精妙的句子或者一个精准的字词。它往往含义丰富、表达巧妙。尤其在人物传记里，就是展现人物风貌、表达作者情感的关键之所在。

明确：着眼于"会意"之处，指导学生对关键的段、句、字进行品味，批注要表达自己的独特感悟。

（三）字斟句酌，感受鲁迅形象

1. 活动一：爱的纪念册。

（1）请同学们结合鲁迅先生的多种身份，挑选确定自己最感兴趣的一种，结合文章具体段落，将印象最深的画面定格成一张珍贵的旧照片，为它命名。最后汇集成一本"爱的纪念册"。

（2）学生自由阅读，思考批注。

学生可能会命名的关键段落画面：

明朗的笑、会心的笑、爱开玩笑的先生等。（从朋友身份思考，第1段、11段、17段、23段，主要体现鲁迅先生热情、爽朗、好客、幽默的特点。）

温馨的家、爱与尊重。（从丈夫身份思考，第12段，第31—34段，对妻子的尊重、依赖与爱；从父亲身份思考，第39段，第55—58段，对孩子的爱与尊重；从兄长等身份思考，第35—37段，对亲人的关爱、谦让、宽厚，对弟妹的谦让。）

深夜读信、韭菜合子。（从老师的身份思考，第12段，第24—26段，对学生的爱护、对青年的严格与细心。）

灯下背（剪）影、方正生活、不休息。（从老师的身份思考：第46—48段、第62段、第66—67段，细致描写先生的勤奋、细致、战斗精神带给学生潜移默化的影响。）

明确：表现鲁迅先生身份的片段故事很琐碎，但读着这些故事，就仿佛翻开了一本爱的纪念册，鲁迅先生的形象在我们的脑海里也更清晰鲜活起来。

2. 活动二：爱的留言板。

在这本"爱的纪念册"里，每一幅珍贵的画面都蕴含着作者对先生的真切感情。让我们再次回到课文，透过细节品读关键字句，在一个句子或一个字词中，会有更多新发现。

(1) 老师批注示范。(屏显)

第12段：

批注示例：鲁迅先生好给萧红面子哦！同时又表达了对妻子的尊重和依赖，真是一个可爱的人！

第45—48段：

批注示例：一个"坐"字——极言工作时间之长，先生在黑夜里孤独而坚韧战斗的雕塑般的身影，正倔强地迎接着黎明。"坐"字里有敬仰、有爱戴，更有学生对师长的心疼、担忧之情。

(2) 学生练笔。

同学们自主选择最喜欢的一二处进行批注，可以是一句精彩的话，也可以是一个精彩的字。重点透过细节品味鲁迅形象，体会作者情感。

要求：① 批注写在留言卡上，时间5分钟。② 和编者的批注可以"英雄所见略同"，也可以"仁者见仁，智者见智"。③小组讨论，推选代表在全班交流，并张贴批注。

关键句批注，学生可能批注的话：

"鲁迅先生笑得连烟卷都拿不住了，常常是笑得咳嗽起来"：明朗的笑，年轻的心，平易近人与爽朗可爱跃然纸上。

"好久不见，好久不见"：明明两人是经常见面的，但鲁迅先生却说"好久不见"，如此孩子性的语言，展现了他的风趣幽默和平易近人，鲁迅先生对于萧红是师长，亦是知己。

"饺子煮好，一上楼梯，就听到楼上鲁迅先生明朗的笑声冲下楼梯来"：这句话表现了鲁迅先生笑声的明朗，从而一改以往对鲁迅先生严肃、冷峻的认识,一代文学大师也有爽朗活泼的一面。

"那包方方正正的,连一个角也不准歪一点或扁一点":这句话对鲁迅先生包书时的动作进行了细致的描写,突出了鲁迅先生一丝不苟、仔细认真的品质,也表达了作者对鲁迅先生的尊敬与敬佩之情。

……

关键字词批注,学生可能批注的字词:

"笑"——多处涉及,表现鲁迅先生的爽朗、平易近人,表达亲近、爱戴、回报分享之情和发自内心的喜爱。

"冲"——表现鲁迅先生的爽朗、好客,作者亲近、信赖、敬仰之情。

"抓""扣""伸"——崇敬、缅怀其一往无前、义无反顾的大无畏精神。

"必"——对先生的敬仰、亲近之情。鲁迅先生将其当作一家人的关爱之情。

"亮"——缅怀悼念之后的信念、决心。亮是鲁迅"睡"的背景和衬托,寓意我们会沿着鲁迅先生的步伐继续前行,迎来光明的世界、明亮的未来。

"正"——崇敬、热爱、向往。细微之处的方正、认真,是一辈子要学的。

"整整齐齐"——体现出鲁迅先生严谨的工作习惯和一丝不苟的工作态度,表达作者对鲁迅先生的赞美和敬佩之情。

……

(3)全班交流展示,朗读精彩句段,品味细节妙处。

展示交流完的批注,在黑板上"爱的留言板"处张贴,供课后观赏交流。

3.认识真实的鲁迅。

通过阅读细节,揣摩与品味,我们走近了鲁迅,认识了鲁迅先生生活中真实可爱、富有人情味的一面。在这些用心的批注里,是你们对鲁迅先生的理解。作者心有所忆落笔成文,信手拈来却感人至深。看似零散的背后是对鲁迅深刻的了解,细小琐碎的内里是对鲁迅炽烈的情感。这情感缓缓地流淌在娓娓动听的倾诉中,流进我们每个人的心中……感谢萧红!

明确:鲁迅不仅是伟大的文学家、思想家、革命家,还是——

一个疼爱了解孩子的好父亲;

一个尊重体贴妻子的好丈夫;

一个热情好客、朋友众多的主人；

一个温和宽厚、风趣睿智的长者；

一个要求严格、教诲耐心的老师；

……

三、深拓展，走进作品悟丰富

毋庸置疑，鲁迅是伟大而深刻的，其性格并不单一，他是丰富的。

1. 拓展链接：孙子眼中有趣的鲁迅。（屏显）

在厦门大学教书的时候，鲁迅对我祖母深怀思念。不料，却有头猪当着他的面啃相思树叶。鲁迅一时气极，就和那头猪展开了一场搏斗。

鲁迅50多岁定居上海的时候，曾经有一次一路转着圈踏着华尔兹的舞步入座吃饭，逗引得满桌哈哈大笑。

——周令飞

明确：在鲁迅的孙子周令飞眼中，鲁迅是一个有趣的人。

2. 拓展链接：大家眼中丰富的鲁迅。（播放视频）

鲁迅实际上是个人情味非常足的人，他本质上是一个诗人。

——华东师范大学中文系教授钱谷融

鲁迅是一个饱经沧桑的圣人和一个天真活泼的儿童的综合体。

——作家莫言

明确：在大家眼中，鲁迅的形象是丰富的。

3. 拓展练习：我们眼中的鲁迅。

（1）屏显鲁迅的重要作品，宣布开展为期两周的鲁迅作品读书活动。

（2）以"我眼中的鲁迅"为题写一篇读书报告。

（湖北省宜昌市第二十五中学教育集团葛洲坝校区　朱莉萍）

课例评析

这则教学设计，以指导学生运用"批注"阅读法为抓手，启发和引导学生重点把握萧红笔下鲁迅的形象及其特征，让学生在对一些段落、语句、词汇的品味中，感受和理解人物的精神风貌。该设计的目标比较明确，内容选择有自我思考，方法运用也比较娴熟。就教学设计而言，"合适的才是最好的"，而从"合适"来看，该设计尚有一些值得研讨与商榷之处，概括起来主要有如下三点。

一、合体：尊重体式是前提

文本阅读的前提条件是尊重体式，教学设计要能够引导学生立足于文本体式，从文本自身的思维方式出发，着眼于它独有的结构特点，关注它的语言特质及其所传递的情感，而使学生可以作出符合文本体式的理解。

《回忆鲁迅先生（节选）》是一篇回忆性散文，它以写人为主，其体式就决定了教学设计的重点应该是："文章是怎样写出人物的精神的？"这也是本单元的写作要求。这与"文章写出了人物的什么特点"（七年级上册第三单元的写作要求）有所不同，它要求在把握人物外貌、性格的基础上，侧重对人物精神的概括与提炼，当然"写出了人物怎样的精神"也是不可绕过的一个方面。对此，朱老师的设计中，虽然也有一些涉及，如她关注到了一些精彩的语段、句子和词语，让学生品味细节的妙处，但却显得比较分散与零碎，无法构建人物精神的整体联系，即使概括出鲁迅是"疼爱了解孩子的好父亲""尊重体贴妻子的好丈夫""热情好客、朋友众多的主人""温和宽厚、风趣睿智的长者""要求严格、教诲耐心的老师"等形象特征，但这样的认知大多仍停留在描写的表面，没有深入到人物的内在，致使人物的这些身份与角色之间缺乏必要的关联度，况且其本身又有许多交叉之处，难以严格界定。在对一些细节进行品味时，也没有能够集中到"怎样写"上，所注重的乃是"写了什么"这一阅读理解的"初级阶段"，致使阅读方向不能聚焦到新的目标，理解能力得不到有机整合和有效提升。

由于文本所选取的材料都是"日常生活中的一些琐事"，展现的是一位伟人的平凡生活，就需要引导学生能够整体感知、综合理解，否则就还是会归于琐碎，就会让学生有"这也值得写？这有什么好写的？"的疑问；文本结构形式是"用片段的形式组合在一起"的，就需要能够理清思路和概括要点，理清贯穿全文的情感"红线"，深入体悟文本的内在逻辑，否则就难以体会到萧红在剪裁上的匠心；学生要体味作者所抒发的情感，就需要仔细品读对人物精神品质进行精妙描写和精炼概括的语段和词句，特别是一些饱含深情的语段与句子，如文本的最后几段，看似平淡的叙述，却滚涌着情感的热流。这样方可准确把握文本的体式特点，才能完全实现文本的教学意义。

当然，原文的篇幅较长，选入课本时编者进行了一些删减，这也致使行文的个别地方不够顺畅，衔接也不够自然。老师不妨让学生课后阅读原文，与课文进行对照，比较其高下优劣，进而拥有个人的阅读认识和评价。

虽然朱老师非常清楚本文是一篇"自读"（略读）课文，与"教读"（精读）有很大的区别，但从教学内容的选择来看，却又无不运用了"精读"的方法。无论是对"关键语段"，还是"关键句子"和"关键词语"，她都运用了"细读""精思""鉴赏"等这些具有"精读"鲜明特征的阅读方法。这不但与教材意图有一定的距离，而且与她的设计初衷也有冲突。如果真正让学生去"略读"课文的话，那么就要重新设计教学目标，删繁就简，长文短教。要把"把握阅读材料的大意"和"从阅读材料中捕捉有用信息"（《义务教育语文课程标准》）作为学习重点，进而了解并初步运用"略读"的基本方法，而不是继续"巩固精读方法"。

二、合用：发展思维是关键

对于阅读教学的主要任务，一直众说纷纭，莫衷一是。但不管怎么说，发展思维应该排在首要的位置。教师的任务就是激活学生的思维，调动学生主动、能动思维的积极性，培养思维能力，促进思维品质的发展与提升。而发展思维有一个前提条件，那就是不管理解和体验，还是感悟和思考，都应该是学生自己的，而不应该是老师的。不然所说的思维发展，就只能是老师的专享，而与学生无关。

朱老师安排了许多学习活动，但这些活动大多是着眼于"教"的，而不是侧重于"学"的，即使是"简介作者""比较身份认识鲁迅"这些纯知识内容，包括最后一个环节"拓展链接"中"孙子眼中有趣的鲁迅"和"大家眼中丰富的鲁迅"，也都是老师的预先准备。在资讯极为发达的信息时代，只要教会学生基本的查阅方法，学生借助于信息技术都能找到他们想了解的内容，为什么还要老师代劳呢？甚至在"学生自由阅读，思考批注"的环节也有非常多的预设，虽然她用的是"学生可能"会怎么样，但显然是一些"标准答案"。这样一来，学生的阅读与感知，就一直在老师的"牵引"之下，不可能"越雷池一步"，思维也就变得单一甚至僵化。而老师的作用一旦脱离了"指导、引领和点拨"（《义务教育语文课程标准》），学生也就不可能有什么"独特的感受、体验和理解"（同上）了。

朱老师本节课的主要抓手是"抓住'关键'，作批注"，问题是一旦有批注之处，那就应该是"关键"之处，也就是需要和值得"批注"之处。至于是否"关键"，那应该视阅读者个体情形而定。从老师所预设的"关键段落""关键句""关键字词"看，几乎涵盖了文章的全部内容，那就不是所谓的"关键"了。这样一来，学生的思维就会呈"碎片化"状态，无法集中到"关键"之处，而真正的"关键"之处反而有可能会遭到忽视，比如教材编者的旁批中所列出的一些需要思考的问题。而"批注"虽然不失为一种科学有效的阅读方法，可就阶段性学习目标和评价而言，却不是非常恰当的。因为它对学生的要求比较高，搞得不好就会"画虎不成反类犬"，极易"以模式化的解读来代替学生的体验和思考"，同样会陷入"逐字逐句的过深分析"（《义务教育语文课程标准》）之中，而使思维空间变得狭窄。

朱老师所设计的主要活动是"爱的纪念册"和"爱的留言板"，把本文的主题定位在"爱"上，很不确切。因为"爱"是一个泛义性的话题，就某一篇文章而言，其所涉及的是非常具体的方面，而不是泛泛之"爱"，把本文的所有内容都纳入其中，显得有点偏颇。就活动本身而言，"爱"的主体也不够明确，所指的是鲁迅对他人的无私关爱，抑或是萧红对鲁迅的由衷爱戴，还是学生对鲁迅的无比敬爱？学习方向如果发生偏差，思维发展就会偏离正确的轨道而步入歧路，学习活动就不能发挥应有的作用。

就思维发展看，萧红独特的叙述方式、极为简练的语言、运用白描手法对人物的形与神进行简笔勾勒、言在此而意在彼的表述等，都是让学生获得直觉思维、形象思维的最好抓手，老师所关注的只是语言所表达的意思，而不是引导学生捕捉与发现其背后的丰富内容，殊为遗憾。

三、合一：讲练结合是保证

就一节课而言，所有的活动安排其实都是某种意义上的"训练"，只不过所呈现的方式有所不同而已。老师所"讲解"或"讲析"的内容必须通过各种各样的"训练"活动才能得到落实，而"训练"的内容也就要与"讲解"或"讲析"相一致，这就是"讲练结合"。如果"讲"和"练"处于若即若离的状态，严重的甚至是"油水分家"而非"水乳交融"，那就会严重影响教学的效果。

以"巧导入，比较身份引思考"这个环节为例，朱老师让学生从鲁迅的《从百草园到三味书屋》《社戏》片段和萧红的《后花园、祖父和我》片段，去"体会萧红作品受到了鲁迅先生深刻的影响"，由此得出"作者萧红与鲁迅先生的师生关系"的认识。常识告诉我们，仅从某一个方面，或者只是因为两个作家的作品在选取材料方面有共同之处，就得出谁受了谁的"影响"的结论，是缺乏有力的证据支撑的。而从作品的取材要想说明两位作家之间的"师生关系"，也必须有相关事实材料来证明。尽管我们知道他们确实是"师生关系"，但却不是从作品的取材得到的认识。这样的"身份比较"作用是什么呢？不外乎是引出本节课所要学习的课文，但绕了这么大一个圈子，又出示了这么多的信息，除了为了教学"走程序"之外，对文本的学习看不出有什么价值。

在"抓关键，字斟句酌品人物"这个环节，朱老师让学生边读边思考："在萧红笔下，鲁迅先生是一个（　　）。"她预设的答案是"父亲、丈夫、朋友、老师、长者……"，但将之归结到"感受"上却是不对的，这只是"认识"而不是"感受"。至于说"原来鲁迅先生还拥有这么多身份，作者笔下的鲁迅先生是平凡又充满人情味的"，"平凡又充满人情味"是作者眼中和笔下鲁迅先生的精神特征，而不是他的"身份"，这造成了答非所问的情况。这一提问如果改为这样，可能会好些："在萧红笔下，鲁迅先生是一个（　　）（填表示他身份的词语）。你是从哪些文字中读出来的？你从他的某一身份中读到了怎样的精神？请从文中找出依据。"

在"爱的纪念册"这一活动中，老师要求学生完成这样的学习任务："结合鲁迅先生的多种身份，挑选确定自己最感兴趣的一种，结合文章具体段落，将印象最深的画面定格成一张珍贵的旧照片，为它命名。最后汇集成一本'爱的纪念册'。"把文字描写的画面定格为"照片"，是一种思维转换，两者之间的相同点是什么？为什么要作这样的转换？文字是活生生的，为读者提供了极为丰富的想象空间，而所定格的"照片"则是固化的，对想象思维是一种束缚与制约。再说，为照片命名，属于看图写话之类的活动，既然前面已经对鲁迅的身份特征有了具体的认识和感受，活动安排也就没有什么实际意义了。

在"深拓展，走进作品悟丰富"阶段，老师链接了"孙子眼中有趣的鲁迅"和"大家眼中丰富的鲁迅"几则材料，分别得出了"鲁迅是一个有趣的人"和"鲁迅的形象是丰富的"的认识。但这个拓展并没有"深入"，仍然是一种"平面展开"，只不过是每一个人眼中的鲁迅。更何况这些片段或片言只语，有的对鲁迅已经有"定性"的评价，学生读了不能获得新的认识、拥有新的发现。就文本学习本身而言，这个阶段应该做的是对文中的一些有"言外之意"的语句进行理解、揣摩、感悟，让学生真正"读懂"鲁迅。

在最后的"拓展练习"中，老师要求学生"开展为期两周的鲁迅作品读书活动"，并以"我眼中的鲁迅"为题写一篇读书报告。从单元教学的目标来看，这样的练习是脱节的，因为写"读书报告"不是本单元的任务，学会用细节刻画人物的精神面貌、性格特点才是需要掌握的。同时，让学生课后阅读鲁迅的"重要作品"，由于没有出示，不知道老师要让学生读的是哪些"重要作品"，那些"重要作品"也不知道是否适合学生阅读，这是其一；其二，要从一个作家的作品中读出作家本人的一些情况，除了他的自传、回忆性文章、日记等之外，是无从了解的，因为一些作品中的"我"只是一个叙述者，而不是作家本人。以此来看，这样的"拓展练习"属于随性而为，不能发挥练习应有的作用。

教学设计是课堂教学的蓝图，它在教师的"教"和学生的"学"中承担着"指挥棒"的作用，无论是目标设计、内容选择，还是环节安排、活动组织，乃至练习拓展、评价反馈，都会受它的制约。无疑，一份好的教学设计是上好一节课的基础与前提，而"合体""合用"和"合一"就是好的教学设计的基本标准。

合适的才是最好的，合适的教学从合适的设计开始。

引导学生深度理解

——《端午的鸭蛋》课例评析

课堂学习中，教师的启发引导之功主要体现在引领学生能够进入"深度理解"状态，让学生从文本的表层进入到文本的深层，从字里行间读到其中的人生滋味，从作者或平实朴素、或华美精致的语言中发现艺术生活、文化生活、情感世界之美。特别是在教学一些文字不太艰深、内容相对浅显、阅读难度不大的文本时，教师应把主要精力放在引导学生品味语言上，透过语言，感受作者的独特情感，领会文本所蕴含的生活情趣，这样才能引发学生的阅读兴趣，激发他们的学习欲望，进而学会阅读，学会欣赏，学会思考。在第12届江苏省"杏坛杯"青年教师课堂教学展评活动中，江苏省江阴市利港中学的丁艳老师执教了著名作家汪曾祺的散文《端午的鸭蛋》，在怎样引导学生进行"深度理解"方面作了有益的尝试。

课例回放

教学目标

1. 品味鸭蛋的好吃与好玩，感受汪曾祺对家乡的热爱和对童年的怀念。
2. 品味平淡自然又韵味十足的语言，感受汪曾祺散文的语言风格。

教学重点

感受作者对家乡的热爱和对童年的怀念，品味平淡自然又韵味十足的语言。

教学方法

诵读感知法、合作探究法、赏析法。

课时安排

1 课时。

教学过程

一、导入新课

同学们,这堂课我们一起学习一篇散文《端午的鸭蛋》,作者是——(生答)

教师板书课题和作者。

二、检查预习

1. 下面听写几个词语或诗句,检查一下同学们的预习情况。

请两个同学到黑板上来写,其余同学写在课堂笔记上。

鸭蛋络(lào)子　囊(náng)萤映雪

肃然起敬　与有荣焉　曾经沧海难为水

2. 一起来看一下两个同学的听写情况,并引入文本的一些内容。

(1)"鸭蛋络子",注意"络"的读音,读"lào",这是一个带有地方特色的词语。同学们挂过"鸭蛋络子"吗?(生答)挂"鸭蛋络子"是高邮端午节的一个习俗。除了挂"鸭蛋络子",高邮端午还有哪些习俗呢?请同学们在第 1 自然段中用笔画出来。(生答)

(2)"囊萤映雪"中的第一个字的读音是"náng","囊"本义是什么?(口袋)在这里是什么意思?(用口袋装,名词用作动词)"囊萤"就是用口袋装萤火虫,写的是东晋的车胤勤奋读书的故事。那么在文中是用什么装萤火虫的呢?(鸭蛋壳)由此可见,孩子们真的很会玩。

(3)"肃然起敬"是什么意思?(形容产生严肃敬仰的感情)文中是在

什么情况下产生严肃敬仰的感情的?（指名学生读"我在苏南、浙江，每逢有人问起我的籍贯，对方就会肃然起敬"）

对方肃然起敬的对象是什么?（高邮咸鸭蛋）

一般情况下，我们会对鸭蛋肃然起敬吗?（不会）

"肃然起敬"一般用在什么场合?（比较庄重的场合）

在这里却用在一枚小小的鸭蛋上，"肃然起敬"是一种什么用法?（大词小用）

通过异乡人的"肃然起敬"，突出了高邮鸭蛋的什么特点?（很出名，声名远扬。）

(4)"与有荣焉"的意思是因而也感到荣幸（是宋代以来的常语，并非成语），作者因为什么感到荣幸?（高邮的腌蛋被袁枚写进《随园食单》，作为高邮人的汪曾祺觉得很荣幸。）

清代的袁枚在他的书中记载了高邮的腌蛋，可见高邮鸭蛋有什么特点?（历史悠久）

(5)有哪个同学知道"曾经沧海难为水"的意思的?（经历过沧海，对别处的水就难以看上眼了，出自唐代元稹的《离思》。）

走进课文，在作者眼中"沧海"指的是什么?（家乡的鸭蛋）"水"呢?（其他地方的鸭蛋）全句的意思是什么?（吃过家乡的鸭蛋，其他地方的鸭蛋就看不上眼了。）

三、品味"鸭蛋"

1. 出示PPT：

请同学们仔细阅读课文第2、3自然段，说一说作者家乡的鸭蛋到底好在哪里呢?

请用这样的句式说话：

曾经沧海难为水，我家乡的鸭蛋_____，而其他地方的鸭蛋_____，实在让我瞧不上。

生答。

问这种写法叫什么。

出示PPT：

对比。作者通过对比主要突出家乡的鸭蛋好吃，因为好吃，于是出了名，于是被记载在《随园食单》上。

小结："曾经沧海难为水"，好吃的高邮鸭蛋，让汪曾祺实在瞧不上其他地方的鸭蛋。

2.过渡：在端午节那天，家乡的鸭蛋除了吃，孩子们还用来做什么？（生答）用来挂"鸭蛋络子"，鸭蛋壳用来装萤火虫。

出示PPT：

家乡的鸭蛋在端午节的那天，在孩子们的眼里更多了一份趣味，你能读出其中的那份趣味吗？

预设：从挑鸭蛋的方法看出孩子们童年的趣味；

从挂"鸭蛋络子"的时间看出孩子们童年的趣味；

从吃鸭蛋的小心看出孩子们童年的趣味；

从鸭蛋从端午节一早一直玩到晚上看出童年的趣味；

从用蛋壳装萤火虫看出孩子们童年的趣味。

四、体会情感

曾经沧海难为水，家乡的鸭蛋不但好吃，在端午节那天还特别好玩。

(1) 让汪曾祺"曾经沧海难为水"的，仅仅是这一枚小小的鸭蛋吗？（不是）

(2) 让作者"曾经沧海难为水"的不仅仅是这一枚小小的鸭蛋，那还有什么？（对家乡的热爱与思念，对儿时的生活及童真童趣的怀念。）

五、品味语言

对于这样的深情，作者是用一种怎样的语言来表达的呢？

我们一起来看一下黑板上的四个词语和一句诗，说说在语言风格上有什么不一样。

  1. 鸭蛋络子（方言，带有地方特色的语言）
  2. 囊萤映雪（典故）
  3. 肃然起敬（成语）
  4. 与有荣焉（古汉语）
  5. 曾经沧海难为水（古诗句）

  2、3、4、5 是书面语，语言上显得比较典雅。"鸭蛋络子"这个词语就带有明显的地方特色，显得比较通俗。

  出示 PPT：

  有人评价汪曾祺的语言说："汪曾祺的语言很奇怪，拆开来看，都很平常，放在一起就有一种韵味。"那么在本文中作者用怎样看似平淡的语言写出一种特别的韵味呢？

  示例："他乡咸鸭蛋，我实在瞧不上。"在这句中，作者用了"我实在瞧不上"这样口语色彩很浓厚的语言，富有生活的气息，流露出作者对家乡鸭蛋的赞美之情和对家乡的热爱之情。

  小组合作，交流分享，品味语言。
  语言品味可能涉及的句子：
  一是口语色彩浓厚的句子。
  （1）我的家乡是水乡。出鸭。高邮大麻鸭是著名的鸭种。鸭多，鸭蛋也多。高邮人也善于腌蛋，高邮鸭蛋于是出了名。
  （2）我对异乡人称道高邮鸭蛋是不大高兴的，好像我们那穷地方就出鸭蛋似的。
  （3）曾经沧海难为水，他乡咸鸭蛋，我实在瞧不上。（不能吸引我的眼球）
  （4）袁子才这个人我不喜欢。
  （5）我在北京吃的咸鸭蛋，蛋黄是浅黄色的，这叫什么咸鸭蛋呢！（这不能称之为鸭蛋）
  二是用方言表现地方特色的句子。

（1）平常食用，一般都是敲破"空头"，用筷子挖着吃。

（2）头一天，就由姑姑或姐姐用彩色丝线打好了络子。

（3）端午的鸭蛋，新腌不久，只有一点淡淡的咸味，白嘴吃也可以。

三是用富有表现力的拟声词。

"筷子头一扎下去，吱——红油就冒出来了。"——"吱"，拟声词，活灵活现地表现了家乡咸鸭蛋的油多、美味可口，让人垂涎欲滴。绘声绘色，富有动感、快感和画面感。

问题探究："——"的作用是什么？（声音的延长）将"冒"改为"挤""流"可以吗？（"冒"能更好地表现鸭蛋被扎后红油溢出的情态）这一句写得很有神韵，请同学绘声绘色地读出来。

四是用古汉语作点缀。

（1）我走的地方不少，所食鸭蛋多矣，但和我家乡的完全不能相比！

（2）油多尤为别处所不及。

链接资料补充，再次感悟汪曾祺的语言风格：

栗子熟食的较多。我的家乡原来没有炒栗子，只是放在火里烤。冬天，生一个铜火盆，丢几个栗子在通红的炭火里，一会儿，砰的一声，蹦出一个裂了壳的熟栗子，抓起来，在手里来回倒，连连吹气使冷，剥壳入口，香甜无比，是雪天的乐事。（汪曾祺的《栗子》）

羊贝子真是够嫩的，一刀切下去，会有血水滋出来。同去的编剧、导演，有的望而生畏，有的浅尝辄止，鄙人则吃了个不亦乐乎。羊肉越嫩越好。（汪曾祺的《手把肉》）

六、质疑探究

同学们还有没有疑难呢？

提示：

1. 可探究文章结构，如课文结尾作者写到东晋车胤"囊萤夜读"的故事，有人认为是赘笔；也有人认为是很自然的联想，很随意自由，正体现了汪曾祺散文闲适自由的风格。你同意其中的一种，还是另有看法？

2. 也可探究文章语言，如作者说："我在北京吃的咸鸭蛋，蛋黄是浅黄色的，这叫什么咸鸭蛋呢！""我走的地方不少，所食鸭蛋多矣，但和我家乡的完全不能相比！"你认为作者这些说法符合实际吗？对这些说法你是怎样看待的？

3. 高邮端午的习俗很多，作者为什么选取高邮的鸭蛋来写呢？

七、课堂小结

作者家乡的鸭蛋令我们心驰神往，汪曾祺将生活中琐细的饮食风俗写成文章，总是写得有滋有味，妙趣横生，而且情深意切。

出示PPT：

高邮是汪曾祺魂牵梦萦的故乡，他19岁以前的童年和青少年时期在这里度过。高邮是汪曾祺幸福和美的童年天国，也是他精神世界温暖的家园。这里造就了他的温情人格，也造就了他作品敦厚温雅的艺术风格。高邮情结成为汪曾祺创作的重点与高峰也就不足为奇了。(《汪曾祺作品中的高邮情结》)

学生总结本节课的收获。

八、延伸阅读

推荐阅读汪曾祺的另外几篇文章：《栗子》《手把肉》《黄油烙饼》《安乐居》。

（提示：注意从语言的角度品味背后的深情。）

附板书设计：

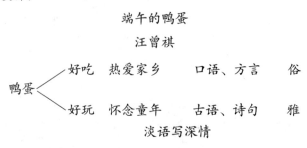

（江苏省江阴市利港中学　丁艳）

课例评析

丁艳老师围绕课文题目中的"鸭蛋",引领学生展开深度理解,讲习俗、品文化,悟情感,析语言,一以贯之,自然流畅。具体说,这节课有这样几个特点:

一、预习检查触摸文本内容

丁老师的预习检查很不一般,她不是单一、机械、静态地检查学生的预习情况,不像有的教师那样,听写几个生字词,为生字词注音,默写几个词语,解释一两个词语或句子,填写与课文有关的词语以及相关知识,然后简单地评价几句等等,那样的检查只是一种"走程序",属于"为了检查而检查",与课文学习没有必然的联系,除了所检查的语言材料来自课文之外,对学生学习课文没有什么帮助。

她把上述几点都融合了进去,并巧妙地融入对课文的理解之中,让学生在不知不觉中进入课文的学习。比如她在提醒学生注意"鸭蛋络子"中"络"的读音时,了解了学生的生活经验,并很自然地带出"挂'鸭蛋络子'是高邮端午节的一个习俗。除了挂'鸭蛋络子',高邮端午还有哪些习俗呢?"这样的问题,然后要求学生在第1自然段中用笔画出来。在引导学生理解"囊萤映雪"这一成语时,又把学生的注意力集中到"囊"的意思和用法上,"囊萤"就是用口袋装萤火虫,既让学生理解了成语的本义,又使学生自然转到对课文中孩子们的玩乐景象的关注。在理解"肃然起敬""与有荣焉"和"曾经沧海难为水"时,也都是如此。这样的预习检查是综合的,也是具体形象的,更是动态生成的。在抓好字词句的基础知识的同时,侧重于让学生随文理解,师生在不经意的对话中,自然触摸到了文本的相关内容,使看似平常的检查预习成了课文深度学习的一个很好的入口。

二、重点揣摩进入情感世界

每一篇散文,都是作者情感世界的形象展现。为了使自己的某一种感情得到集中的表达,作者总是会选择那些最能体现感情的事物,可以说抓住了作者所写的事物,也就抓住了文本的枢纽,也就可以进入到作者的主观世界。无疑,在《端午的鸭蛋》一文中,这样的事物就是家乡的"鸭蛋"。对它,汪曾祺记忆犹新,回味无穷,魂牵梦萦。"鸭蛋"是理解文本内容、把握作家情感的"牛鼻子",从对作家笔下的"鸭蛋"入手,就能"牵一发而动全身"。

丁老师很有教学智慧,她先让学生阅读课文中集中写鸭蛋的第2、3自然段,并从中发现作家笔下家乡的鸭蛋到底有什么好。为了防止学生思维方向发生无谓的扭转,她还规定学生用"曾经沧海难为水,我家乡的鸭蛋_____,而其他地方的鸭蛋_____,实在让我瞧不上"这样的句式说话,用以整范学生的思维。在她的引导下,学生认识到了作家笔下的鸭蛋,不仅"好吃",而且"好玩"。这就一下子进入到了作家美好记忆深处,看出了鸭蛋所代表的童年的趣味:挑鸭蛋的方法、挂"鸭蛋络子"的时间、吃鸭蛋的小心、鸭蛋从端午节一早一直玩到晚上、用蛋壳装萤火虫等等。在学生已经充分认识鸭蛋的好处之后,她话锋一转,启发学生深入思考:"让汪曾祺'曾经沧海难为水'的,仅仅是这一枚小小的鸭蛋吗?"经过思考、讨论、交流,学生明白了,"青灯有味是儿时",鸭蛋所传递的,是作家对家乡的热爱与思念,对儿时的生活及童真童趣的怀念之情。

在"课堂小结"环节,她在指导学生对课堂学习内容进行回顾与总结的同时,又把学生的注意力引向作家的"高邮情结"上,通过适当拓展,使学生明白了"鸭蛋"在汪曾祺心目中沉甸甸的位置,也使学生对"鸭蛋"的认识得到了一定的升华。

三、语言品味感知艺术生活

叶圣陶先生认为对语言的阅读感受应该作为教学的重点,他曾以诗歌教学为例,"所谓感受,就是读者的心与诗人的心起了共鸣,仿佛诗人说的正是读者自己的话,诗人宣泄的正是读者自己的情感似的"。而教师最主要的工作,就是充分调动学生的"感受",这就需要关注学生的阅读态度、需求、心理。学生在课堂中的所有感受和体验都应该打上"个体""个性"的印记,要有自己的见解、认识、看法、感受、体会、领悟,而不是为了印证教师提供的种种现成的看法与结论。

丁老师仍然抓住板书的五个词句，对其来源进行分类：鸭蛋络子，是方言，带有地方特色的语言，也是口语；囊萤映雪，运用了典故；肃然起敬，使用的是成语；与有荣焉，属于古汉语；曾经沧海难为水，则是古诗句。在此基础上，进行了归类：一类为通俗的口语，一类为典雅的书面语。接着，她要求学生从这两大方面去文中找相关语句，并进行品味。课堂上，师生分别从四个方面进行品味与赏析：口语色彩浓厚，用方言表现地方特色，用富有表现力的拟声词，用古汉语作点缀。并由此来验证别人对汪曾祺语言风格的评价："汪曾祺的语言很奇怪，拆开来看，都很平常，放在一起就有一种韵味。"

在对语言品味的过程中，丁老师始终注意引导学生感受作家的情感，"淡语写真情"，她先提供示例："'他乡咸鸭蛋，我实在瞧不上。'在这句中，作者用了'我实在瞧不上'这样口语色彩很浓厚的语言，富有生活的气息，流露出作者对家乡鸭蛋的赞美之情和对家乡的热爱之情。"然后组织学生进行小组合作，交流分享。不仅如此，她还运用链接资料的方式，补充了汪曾祺《栗子》《手把肉》中的两段文字，让学生再次感受汪曾祺的语言风格，使学生的已有认知得到丰富和提升。学生通过对语言的感受和欣赏，不仅能够领悟丰富的思想内涵，体会其艺术表现力，而且也增强了思维的形象性，阅读力、感悟力和探究力都会大大提高，在品读活生生的语言的同时，体悟活泼泼的生命。

当然，为了引导学生深度理解，从精益求精的角度看，丁老师的课也有一些可以提升之处。这主要表现在下列两个方面：

一、语言表述需要进一步准确

以"教学目标"的设计为例，"品味鸭蛋的好吃与好玩"表述不够准确，它使学生的思维止步于了解文本"描写了什么"上，而不能引向对"怎么写的""写得怎么样"的思考，应该表述为"重点品味作家描写鸭蛋的语言"。同样的道理，教学的第三个环节名为"品味'鸭蛋'"也是不够准确的，它会将学生的思维引向"有趣""好玩"上，这只是浅层次的阅读理解。"感受汪曾祺对家乡的热爱和对童年的怀念","感受……热爱……怀念",句子意思不完整,应该是"感受……之情"才对。

目标1中已经有"品味"文本的语言特点了,目标2再说"品味平淡自然又韵味十足的语言",这就有点重合,缺少梯度与层次,使"深度理解"无法落实;同样,目标1是"感受"情感,这里就不适合再用"感受"了,应表述为"初步了解汪曾祺散文的语言风格"。与此相类似,在"质疑探究"环节,丁老师在已经"品味语言"之后,又提醒学生"探究文章语言",这使学习内容有点交叉了,不利于学生思维的提升,应该将其合并起来。

从认知规律来看,目标2要比目标1进一层,因为有了目标1为基础,才会有目标2的自然顺利达成。而本文的选材也有其特色,但却没有体现,这容易让学生产生误解,所以,目标表述中也需要有一定表示,事实上,丁老师在课堂教学中已经涉及这一问题了。综合起来看,本节课的"教学目标"可以这样表述:

1. 品味文中平淡自然、韵味十足的语言,初步了解汪曾祺散文的语言风格。
2. 通过对文中描写重点部分的欣赏,感受他对家乡的热爱和对童年的怀念之情。
3. 把握文本的行文结构,体会作家的构思艺术。

而"教学重点"应是:品味语言,感受情感。"教学难点"是:把握行文思路,体会结构技巧。

二、文本特色需要进一步关注

丁老师抓住语言这个"牛鼻子",引领和启发学生进行深入阅读和理解,这是语文学习的根本所在。但我们对"语言"的教学不能仅仅停留在"语言"的品味上,还要将其触角伸入到"语言"所编织的文本框架中,比如文本结构、选材特点、剪裁艺术等,这才不至于使文本变得支离破碎。在"质疑探究"环节,丁老师设计了一个很好的问题,让学生探究文章结构:"课文结尾作者写到东晋车胤'囊萤夜读'的故事,有人认为是赘笔;也有人认为是很自然的联想，很随意自由，正体现了汪曾祺散文闲适自由的风格。你同意其中的一种，还是另有看法？"这个问题很有"深度"，它既涉及文本选材的特点，也涉及文本构思、行文思路的特点，还同样关涉文本的语言特点甚至作家散文风格。但很遗憾，也许是因为课堂学习时间所限，丁老师没有能够让学生充分展开。

丁老师还启发学生思考："高邮端午的习俗很多，作者为什么选取高邮的鸭蛋来写呢？"这同样是个好问题，涉及作家的选材与剪裁艺术，但应该与前面的文本内容理解和情感把握结合起来，这样才会使学生的思维更加集中和深入。同样遗憾的是，这个问题也没有能够得到具体的展开。其实，我们还可以让学生思考这样的问题：作家明明重点是写鸭蛋，但为什么要先写端午的风俗习惯？把这个问题搞清楚了，《端午的鸭蛋》的教学意义也就能够得到全面彰显，因为它涉及汪曾祺散文的一个显明特点。汪曾祺先生自己说：散文"是'家常'的文体，可以写得随便一些"（《汪曾祺散文选集》）。对此，著名散文研究专家范培松认为汪先生"在散文的取材上自由自在，具有散漫性和野性"，"营造气氛进行抒情写感，具有天然的随机性"。这种随机性"如行云流水，随物赋形，该行则行，该止则止"（《汪曾祺散文选集·序言》）。毫无疑问，这种"随便""散漫"与"随机"，自然而然在《端午的鸭蛋》一文中有着非常明显的体现。当然，对初一或初二的学生讲这些，他们也许不太明白其中的奥妙，但进行适当的"探究"，却可以使思维由谬误而正确，由模糊而清晰，由肤浅而深刻。

需要指出的是，我们在这里讨论的"深度理解"，只是课堂中的"学习深入"，与目前西方正在进行的以"预测评估"为前提、"具体体验"为组成、"深度加工"为标志，引导学生能够主动、理解性地学习并对所学内容进行精细而有效的加工，使学习成果能够迁移到新情境中解决问题的"深度学习"还有很大的区别。但仅有这种狭义的"深度理解"，就已经给我们提出了许多新的课题与挑战。

让学生的思维沸腾起来
——《春酒》课例评析

思维发展与思维品质是检验学生学习水平与发展状态的重要维度。语文课的着力点、生长点、发展点在于学生思维的沸腾,通过对文本语言的品味,体悟作者的独特情感,从而丰富学生的情感世界,提升学生的语文学习能力。这需要教师的充分调动、不断激活、反复启导。在第12届江苏省"杏坛杯"青年教师课堂教学展评活动中,江苏省宜兴市外国语学校的赵贞珍老师执教了台湾著名作家琦君的散文《春酒》,并获得了一等奖。这是一节目标明确、内容集中、思路清晰、方法灵活的好课,特别是在培养和促进学生思维发展与提升这一核心素养方面为我们提供了一个研究范例。

课例回放

教学目标

1. 把握文章内容,体会作者的情感。
2. 品味朴素语言,学会阅读回忆性散文的一般方法。

教学重难点

重点:体会作者复杂的情感。
难点:品味朴素亲切的语言文字背后的深沉悠长的韵味。

教学流程

一、正音释词导入

今天我们一起来学习台湾作家琦君的散文《春酒》,让大家回去朗读预习课文,大家读了吗?有没有不认识的生字词?

没有,好,那老师强调几个字。一个多音字:如法炮制的"炮";一个是口语中经常读错的字:挑剔的"剔";一个是不常用的字:家醅的"醅"。

二、初识"家醅"之意

1. "醅"是什么意思?(酒)

2. 文中一共写到了哪些酒?

(1) 春酒——既是酒,也是一种风俗。

(2) 八宝酒——母亲酿的酒,里面有八样宝贝,也是春酒。

(3) 会酒——一种习俗。

(4) 葡萄酒——洋酒,美国货。

(5) 分岁酒——一种习俗,类似于生日蛋糕,吃了又长大一岁了。

3. "家醅"是什么意思?哪些是"家醅"?(自家酿的酒,春酒、八宝酒是"家醅"。)

三、理解"真正的家醅"的含义

1. 我们发现作者在"家醅"前面加了一个定语"真正的",加上这个词以后这个短语就有了一种特殊的含意。哪种不是"真正的家醅"?为什么?(自己如法炮制的八宝酒。因为用的是美国货葡萄酒,不是道地家乡味。)

2. 那也就是说"真正的家醅"一定有着道地的家乡味。请说一说这"真正的家醅"里有着家乡的什么味道?

努力引导学生从以下几个层面体会,让学生品味语言,赏析细节,朗读体悟,老师点评引导。

(1) 年味——乡风乡俗。

(2) 趣味——童真童趣。

(3) 情味——乡亲乡情、家珍家慈。

3. 小结:"真正的家醅"不仅要有春酒的甜味,还要有乡风乡俗带来的浓浓的年味,自由快乐的童年的趣味,更要有乡邻间淳朴热情、母亲温柔慈爱的情味。

四、品味"到哪儿去找真正的家醅呢"的意蕴

1. 到哪儿去找真正的家醅呢?(故乡、童年)

2. 还能找到吗?为什么?(不能。因为童年已经一去不复返了,母亲不在了,自己寄居台湾,后来又移居美国,家乡远隔万水千山。)

3. 当故乡的、童年的一切从作者眼前消失的时候,你能想象作者的心情吗?(学生试着想象、发言:孤独、沮丧、失落、惆怅。请学生读出这种情感。)

五、资料助读,加深理解

1. 老师点示回忆性散文的阅读方法。

文中有两个时间,两个地点,两个"我"。一个是童年时在家乡幸福成长的"我",另一个是现在远居海外的垂暮之年的"我",这也是回忆性散文通常采用的写法。

我们在阅读时就要注意到时空的变换,注意体会那时、那地、那人和此时、此地、此人的不同。作者极力写出那时的热闹、欢乐、温暖不正是暗暗衬托出此时此地的"我"的寂寞、失落、冷清、惆怅吗?我们再来读一读这句话,读出那无限的惆怅。

再读"可是叫我到哪儿去找真正的家醅呢",加深理解。

2. 借助于余光中的作品《乡愁》和琦君自己的心语,加深对文章主题的理解。

这种郁积的思念之情无地可寻、无法可解、无处可寄,只能在自己的心中酝酿、积淀。这样的作品、这样的主题成为许多台湾作家共同的文学主题,也形成了台湾文学中一种特有的乡愁情结。我们来欣赏一下余光中的诗歌《乡愁》。

投影、诵读《乡愁》。

乡　愁

小时候，
乡愁是一枚小小的邮票，
我在这头，母亲在那头。

长大后，
乡愁是一张窄窄的船票，
我在这头，新娘在那头。

后来啊，
乡愁是一方矮矮的坟墓，
我在外头，母亲在里头。

而现在，
乡愁是一湾浅浅的海峡，
我在这头，大陆在那头。

师生共同略作欣赏。

正如作者琦君自己所说的那样："来到台湾，此心如无根的浮萍，没有了着落，对家乡的苦念，也就与日俱增了。日里想，梦里思，昨夜梦魂又飞归故里，可是短梦醒来，泪水又湿透枕边，美丽的家园啊！它依旧是海天一角，水阔山遥。"

教师范读。

在这样的眷恋与思念中，她永远离开了我们。在她去世之后，有人用她生前的作品撰写了一副挽联送给她。（投影）

三更有梦书当枕，梦痕犹存，橘红点点，桂花雨歇灯花落；
千里怀人月在峰，七月哀伤，烟愁漫漫，母心天空琴心连。

老师想要给它加一个四字的横批，怎么也不满意，后来就用她的另外一本书名作横批了，那就是：永是有情人。

如果你因为这篇作品喜欢上琦君的文字，或是还想更真切地走近琦君的情感世界，你可以从中选择几本来读一读。

附板书设计：

到哪儿去找真正的家醅？

（江苏省宜兴市外国语学校　赵贞珍）

课例评析

这节课有这样几个显明的特点：

一、定位准确

赵老师为本节课教学确定了两个目标：一是把握文章内容，体会作者的情感；二是品味朴素语言，学会阅读回忆性散文的一般方法。前者作为重点内容，后者作为难点内容，这样的定位是非常准确的。对八年级学生来说，琦君的这篇文章阅读理解上有一定难度，一方面是学生缺乏相关的生活经验，对作家所描写的生活情景不熟悉、不了解；另一方面是学生缺乏相关的生活感受和体验，对"乡愁"没有多少直接的经验，情感把握上会有些困难。

紧扣这两点，她带领学生走进文本，走进作者的心灵，让学生徜徉于文本之中，重点揣摩"家醅"这一语汇表面和背后的意味，品味作家独有的乡愁，学生由此获得对语言和文学形象的直觉体验，能够始终"站在课文中央"。她引导学生自主阅读，主动学习，让学生自己去思考和发现，学生的思维成果能够得到充分尊重；正是在与学生进行真诚对话的过程中，学生对现实生活和文学形象的感受与理解、自己的经验与语言表达得到了丰富，而能够"站在课堂中央"。她还能够进一步放大课堂学习的效应，启发和引导学生从所学的文本出发，走向更广大的学习空间，由一篇表达"乡愁"主题文章的学习带出对这一类文章的学习，由《春酒》这一篇文章的阅读带出对琦君其他作品的阅读，这就使短暂的课堂学习变成了漫长而美好的阅读之旅，拓展了学习的时空，扩大了"课"的外延，指引学生走向"课程中央"。课上，赵老师没有安排过多的学习形式，没有组织看似热闹非凡的"讨论"，主要的学习活动就是阅读、思考、探究、交流。整节课，重点明确、突出，难点自然化解，程序不繁不密，目标顺利达成。

二、设计精巧

课堂教学需要精心设计，这是教师教学追求、教学智慧和教学能力的集中显现。赵老师由认识字词自然引入新课，朴素无华，看似不经意，其实暗藏玄机。她很快把学生的注意力集中到"醅"这一核心词语上，在让学生了解了"醅"与"家醅"的含义之后，自然转入了对文本脉络、思路、结构的感知，并渐渐地把学生阅读和思考行为聚焦到了"真正的家醅"这一短语含义的理解上。在她的巧妙引导下，学生对"家醅"所蕴含的"味道"有了切实的认识和感受：年味——乡风乡俗，趣味——童真童趣，情味——乡亲乡情、家珍家慈，这"三味"提炼精要，概括精到，学生既了解了文本所叙述的内容，又初步把握了作家所抒发的情感，并对学生的概括能力、筛选文本信息能力、对语言意义把握能力的形成都有非常切实的意义。

在此基础上，她又运用不断叠加的方式，让学生去理解"到哪儿去找真正的家醅呢"这一文眼所蕴含的独特意义，把本节课推向了一个高潮。正是在对这一关键语句的理解、揣摩、品味中，师生与文本、师生以及生生之间展开了非常有层次、有意味的对话。她循循善诱，引导得法，使学生在如话家常中，把握了文章的内容，体悟到了作家的情感，领会了行文的艺术匠心。从"醅"到"家醅"，再到"真正的家醅"，最后到"到哪儿去找真正的家醅"，这绝不是玩文字游戏，而是启迪学生思维，步步深入、层层递进、渐入佳境，引导学生辨识、分析、比较、归纳和概括，让学生有依据、有条理地表达自己的认识和发现。

赵老师的设计还有一个亮点，这就是板书，她非常巧妙地将"家醅"的"味道"装入了一个酒坛，这与散文的题目完全结合了起来，行云流水、自然顺畅、天衣无缝。看似自然、简单，但却匠心凸显，意味深长，给学生留下了极为深刻而难忘的印象。

三、拓展适度

为了使学生对文本形成新的认识，有新的发现和新的见解，甚至新的创造，课堂中需要有一定的拓展。当然，这样的拓展是针对文本学习的，也是在文本学习的基础上进行的，所以紧扣文本进行适时、适当、适度的延伸，是非常有价值的，赵老师充分认识到了这一点。课上，有学生对"肚子吃得鼓鼓的跟蜜蜂似的"一句中"蜜蜂"的比喻表示不理解，认为既然要说"肚子大"，那就应该用"猪八戒"来打比方，因为猪八戒的形象更符合孩子的特点。对这一"旁逸斜出"，赵老师显得很老练，她没有匆忙地作解释，而是先让学生谈自己的认识，进而让学生对"蜜蜂"与"猪八戒"进行比较，通过师生的反复交流，学生明白了：猪八戒的形体特征，很多时候体现在耳朵上，童谣中就有"猪八戒耳朵长"的句子，而蜜蜂则不同，它的头部很小，肚子特大，给人感觉成天都是"鼓鼓的"，而猪肚只有吃饱了才会这样；人们对"猪"的肚子更多是从"实"的特征来说的，而不是言其"大"，所以会说"凤头猪肚豹尾"；再说猪八戒的形象可能更加可爱，但在审美上，它的形象是不美的，没有蜜蜂给人的印象美好，况且这里作家说的是喝甜蜜的"春酒"，又正与蜜蜂的"酿蜜"相结合。由此可见作家在词语运用上的匠心所在。这一生成活动，非常有价值，既拓开了学生的思维，又启发学生进行深入的思考，对语言的品味比较到位，对学生形成正确的审美观也有一定的意义。

她在引导学生具体、深入理解"到哪儿去找真正的家醅"含义的基础上，巧妙地引入了台湾著名诗人余光中的《乡愁》一诗，帮助学生丰富和深化对文本中"乡愁"情结的理解；接着她又进了一步，出示了作家自己的一段话，让学生感受到她对家乡、故土的深厚眷念和浓厚思念之情；最后又补充了琦君去世后，别人为她写的一副挽联，并创造性地也极为恰当地为之加了"永是有情人"这一横批，将学生的思维引向了一个新的高度，使学生心灵受到了极为强烈的震撼。这一拓展，源于文本的主题、情感的"根基"进行，是对文本教学意义的深度挖掘和开发，使学生的阅读认识发生了迁移，能够由对这一形象的认识迁移到对更多同类或近似形象的认识，也使学生阅读与表达技能得到了拓展，能够由学会解决这一问题到学会解决更多的问题，由形成这一阅读技能到形成相应的写作技能，意义非同凡响。

从学生思维激活和能力发展来说，由本节课以及其他的八节课，我们可以得到这样几点启示：

一、让先进理念深入人心

"人在课中央"这一主题，是对核心素养引领下课堂教学的诗意表达，有非常切实的历史意义和现实意义。它所关注的是活生生的"人"，是学习中的"人"，是发展中、成长中的年轻生命。这是教育中最具有价值的要素，也是教育的根本点、出发点和归宿点。无论是卢梭的自然教育理论，杜威的"儿童中心"理论，还是苏霍姆林斯基所认为的儿童是"世界的发现者"，他们都强调教育必须顺应儿童天性发展的自然历程，遵循儿童身心发展和个性特点；教师必须站在儿童立场上，以儿童为教育的出发点，要摒弃和杜绝来自教师的过多刺激和抑制；教学过程应该是师生共同参与、真正合作和相互作用的过程。"人在课中央"的提出，是对历史的有力回应。

"人在课中央"更是对现实的期盼。虽然新一轮的教学改革已经进行了近20个年头，目前我们又在提出"核心素养"培育这样的崭新课题，但实事求是地说，我们的教学中最为突出的问题，恰恰就是"人"的问题始终没有得到真正解决。我们更多的时候是关注考试，不关注学习；关注"答案"，不关注思维过程；关注成绩，不关注成长；关注高考、中考，不关注学科素养的培养与提高。我们不是把人当成人，而是把人降低为物，降低为工具和傀儡，这种物化的教育只会造成人的灵魂枯死。在这样的教育生态下，人完全丧失了主体性，丧失了人之所以成为人的东西。我们的教学，要让学生认识和发现大千世界的规律，要让学生学会热爱和赞美，要让学生能够根据自己的心愿去选择自己乐意的生活、学习方式和目标，并且能够支配这一切。学生应该能够在属于自己的那一块领地中随心所欲地立标定界，让他始终处于"世界的中央"，可以超越束缚，成为物质和精神的创造者，并亲手塑造自己最终的形象。但可悲的是，我们的教育却正在无情地扼杀学生身上的创造力，使他们无法感知鲜活的生活，成为受物化教育随意支配的可怜的生物。"人在课中央"基于现实，而又高于现实，具有深广意义与实践价值。

二、让课堂学习成为艺术

叶圣陶先生说："作者思有路，遵路识斯真。作者胸有境，入境始与亲。"文本教学的过程，要解决的正是引导学生"遵路"和"入境"的过程，这样才能使学生一直"站在课中央"。我们要认识的基本问题应该是：作者在文本中说了什么？他为什么要这样说？他是怎样说的？还可以怎样说？他的说法合理吗？如果是你，又将怎么说？我们需要引导学生从作者的表述中，理解与把握文本的结构特征、语言特色、表现手法及其意蕴。学生学习到的应该是作者细致入微观察事物的方法，体察自然、社会独特的眼光与视角，体悟生活感悟人生的境界与意义，缜密、精巧的谋篇布局，精妙、形象的语言表达，还应能够通过对文本的学习，学会建构新的艺术形象。这其中的每一个方面，都需要有完整的思考与衡量，都需要有具体的操作与展开，都需要有基本的策略与艺术，否则文本教学意义就不能得到有效的实现。对学习艺术的追求，也就是对学生思维能力培养的追求，它会使学生的大脑皮层始终处于兴奋状态，有机激活与有效引导思维的结果，必然是其质量与品质的提升。我们非常欣喜地看到，在本次展评的九节课上，不少老师都能从语言与思维的关系入手，注重学生的思维发展。

要让学习成为艺术，教学必须进行设计，必须寻找教学问题的解决方法，寻找解决方法的方法。为此，有这样几点我们是无法绕过去的：一是为何要去做。这是动机问题,回答的是"我们从哪里来?"二是应该做什么。这是目标问题,回答的是"我们要到哪里去?"三是能够做什么。这是方法问题,回答的是"我们怎么才能到达那里?"四是做得怎么样。这是效果问题,回答的是"我们真的到达那里了吗?"这四个问题可以挖掘与拓展学生思想的深度和广度,激发学生的想象力,培养学生的创新意识,使学生步入科学思维、智慧思维、艺术思维的绿色通道,畅行无阻,快速高效。如果不能清晰梳理,明确回答和顺利解决这四个问题,学生的思维能力培养就无以进行。

三、让情感体验充分发生

语文课堂学习中,学生的阅读感受是重中之重,教师最主要的工作,就是充分调动学生的"感受",让学生始终对学习充满感情,让他们在文本阅读中带有情感色彩和理性体验,这就需要教师时刻关注学生的阅读态度、阅读需求、阅读心理。学生在课堂中的所有感受和体验都应该打上"个性化"的印记,要有自己的见解、认识、看法、感受、体会、领悟,也就是要让学生的情感体验真的发生,而不是为了印证教师提供的种种现成的看法与结论。

本次活动所展示的九节课上,大多数老师都安排了自由朗读课文,但几乎没有一位老师让学生完整地把文章读完;有的老师上课伊始,就让学生分析语言特点,品味语言,寻找修辞手法;老师们在课堂中有许多提问,但有的却没有让学生充分思考和讨论,几乎是"一问即答",而即使学生回答了,也很不充分,如果与老师预设的"答案"不吻合,就被视为"错误",不重视学生自己的认识、见解、发现。一些问题没有能够化为学生自己的问题,让他们自己去思考、认识、探究,乃至对一些所谓的"答案",也没有能够要求和指导学生学会严密思维、严谨思考、严实分析。更有甚者,个别老师竟然让学生课前就去准备问题的"答案"了,实在不应该。没有充分的阅读、思考、分析,就不可能有自己的感受、体验和认识,"人"怎么会"在课中央"呢?有好几位老师虽然安排了课后作业,但这些作业与文本学习并不能形成对应,学生无法用课堂上所学到的知识、掌握的方法、形成的能力去体会、领悟、拓展，教师也不能够对学生的掌握和运用情况进行检测与评价，"人"不能够完全做到"在课中央"，思维的深刻、灵活、敏捷、批判、独创性也就无从谈起了。

课堂中的所有活动都应该是为学生的学习而开展的，不应全是教师的预先安排和策划：读书要有充分的时间和具体的要求；讨论要有具体的问题和充分的时间，并要对学生的讨论进行了解与调控；问题研讨要让学生充分地表达，不是为了直接去找所谓的"答案"；课堂训练要紧紧围绕所学文本的内容及其表达特点，而不是另起炉灶。以此来检验这九节课，有的"教学活动"不是"为了学生"情感体验的活动，更不能成为"学生自己"的活动。如果我们走得太远，是不是忘记了当初为什么出发？

课堂学习是思想碰撞和心灵交流的动态过程，我们应着力引导、帮助和促进学生思维能力的培养、思维方式的建立、思维品质的提升，而不是适得其反。只有思维沸腾起来了，学生才能够自主阅读、独立思考、积极对话，才可以深入理解、敏锐发现和系统建构文本意义，从而拥有学习自信。

唯此，我们才能做到"人在课中央"。

要充分发挥文本的阅读价值
——《真实的塑料花》阅读欣赏课评析

课例回放

教学目标

1. 学习发现美、表达美、珍藏美的方法。
2. 欣赏作品中的美,享受阅读的快乐。

教学重难点

如何欣赏美、表达美?

教学过程

活动一:检查预习

文章主要写了什么内容?请加以概括。
(两名学生简要回答)

活动二:文本研读

文中多处写得很美很精彩,请找出并进行赏析。
(师生合作找了多处,教师概括为:人美、情美、景美。)

活动三：温故知新

教师让学生回顾"人美、情美、景美"的经典片段。

教师课件出示：

1. 碧云天，黄花地，西风紧，北雁南飞。晓来谁染霜林醉，总是离人泪。（王实甫《西厢记·长亭送别》）

2. 十年生死两茫茫，不思量、自难忘。千里孤坟，无处话凄凉。纵使相逢应不识，尘满面、鬓如霜。（苏轼《江城子·记梦》）

3. 曲曲折折的荷塘，弥望的是田田的叶子。叶子出水很高，像亭亭的舞女的裙。层层的叶子中间，零星地点缀着些白花。有袅娜地开着的，有羞涩地打着朵儿的；正如一粒粒明珠，又如碧天里的星星，又如刚出浴的美人。（朱自清《荷塘月色》）

4. 臣无祖母，无以至今日，祖母无臣，无以终余年。母孙二人，更相为命。是以区区不能废远。（李密《陈情表》）

活动四：佳作展示

展示周练佳作《身边的风景》片段，师生共评。

1. 风渐起了，可他仍笑呵呵地站在那。他个子很高，头发有些稀疏了，但打理得很好，身上的衣服也十分整洁，脖子上的那条棕色围巾定是出自巧手。我刚想走上前去打招呼，便看见他妻子拿着一件大衣帮他披上，将二爷爷的手放在自己手中揉搓着，还不时地用嘴呵着气。她的嘴角溢满了笑，二爷爷也呵呵地对她笑。顿时，站在不远处的我闻到了一股名叫幸福的味道。

2. 不经意间发现，下雨了。如细针般的雨丝飘飘悠悠从天空洒下，带着一缕泥土的气息，混合在了我周围的空气中，那样轻柔的飞舞，给我一种别样的心情。让我和雨点一起浅唱低吟吧，让欢乐飘荡在我心中。是啊，雨告诉我：伤心的时候想想它吧，让清爽的雨洗刷去我们心中的阴霾，让快乐驻留在心间。

3. 有时，一株垂柳、一朵野花便是风景。一条缓缓流动的小溪可以撩拨我们心底里淡淡的情丝，一只似曾相识的飞燕可以寄托我们脑海处远大的理想，一叶摇摇晃晃的小舟可以承载我们生活中遇到的忧愁。如果倾注了情感，带着欣赏的眼光，身边的一切均是美丽的风景。"细雨湿衣看不见，闲花落地听无声。"遗憾的是，我们常常对身边的风景视而不见，或者是带着挑剔的眼光去看待它而不是去欣赏。

教师下水文呈现：

2012年12月27日是一个有些不同寻常的日子。

早晨我六点四十赶到学校上早读。这几天降温，天冷，寒风吹彻。校园里很安静，除了行色匆匆的学生外，就是上早读的老师了，有些冷清。

就在我签完到急急忙忙赶去教室时，我发现走廊的尽头有位同学在做着什么。停下一看，原来她是在用胶带一点点把不平整的画粘平。只见她一手拿着半截胶带，另一只手小心翼翼地把褶皱的角抚平，为了使角更加平整，还用手掌按了又按，感觉满意后才将半截胶带一点点粘上去，最后又用手掌按了按。整个过程十分专注，竟然没有发现我在她身边。

活动五：实战演练

请大家现场来几段关于美的描写。
（要求：越贴近生活、越贴近现实越好。）
师生共评。

活动六：课堂小结，布置作业

将所写片段扩写成不少于800字的文章，誊写到作文本上。

（江苏省兴化市安丰高级中学　王健）

课例评析

虽然人们阅读的目的可能有异，"开卷有益"却是颠扑不破的真理，因为大多文本被读者捧在手里阅读的时候，都是有价值的。这种价值，或者体现在思想上的启迪，或者显现在情感上的熏陶，或者表现为文化上的交融，或者呈现在体式上的新颖，或者凸现为语言上的独特……教师在指导学生阅读文本时，应该更多地关注文本的阅读意义，充分发挥文本的阅读价值，最大化地有效实现文本的阅读价值。以这样的设想与要求来观察这位青年教师执教的刘墉《真实的塑料花》阅读欣赏课，我们就会发现，在阅读教学中，需要努力的方面还有很多。

一、教学思路不能狭窄

本节课中，教者确定的"教学目标"有两点：学习发现美、表达美、珍藏美的方法；欣赏作品中的美，享受阅读的快乐。为此所确定的"教学重难点"是如何欣赏美、表达美。这就把课堂学习的路径局限于"欣赏美"本身，也就是要学生去欣赏文中的"美"，并知道怎样表达美。这本来是可以作为学习内容的，问题是围绕这些内容的学习，教者所安排的文本学习活动却只牵涉到"文章主要写了什么内容"与"文中多处写得很美很精彩，请找出并进行赏析"。刘墉的这篇散文，文字较为浅显，内容相对集中，主题也较为明朗，对高中生而言，"文章主要写了什么内容"并不难把握。教师应启发与引导学生对这些"内容"进行分类与概括，去理解文章在选取与确定写作内容上的独具匠心，在谋篇布局上的巧妙运思，对学生阅读和写作的启迪与引领，一句话，就是不仅要知道文章"写了什么"，还要知道是"怎么写的"，对我们学生的阅读与写作"有哪些启示"。在对文中"多处写得很美很精彩"的片段进行赏析时，教师也仍然仅仅要求学生说出其"美在何处"，而没有能够去分析这些描写"为什么是美的""美是怎么表达出来的""这样的表达方式对我们有什么启发""还可以怎样表达"等问题。

把《真实的塑料花》一文的阅读价值定位在如何"寻找"与"发现""美"上，也就是要学生能通过本文的阅读掌握感知美、体悟美的一些方法，这是有失偏颇的，因为该文不是一篇"论美"或"论如何欣赏美"的论述文，也不是单纯叙述自己是如何"发现美"的，它是一篇歌颂人性之真的散文，它形象地告诉读者，只要有真的感情，即使假的东西也显得很可爱。我们不能因为文中写到了人物的"美"的举动，"美"的言行，就把它的题旨定为与"美"有关而消弭了真正的主题。教师引导学生在"寻找美"的时候，概括的是"人美、情美、景美"，但实际上文章写了"人美、情美、事美"，并没有写"景美"，而只写了"物美"（塑料花美）。被师生作为写景例句的陈清德的话"你们美国好美啊！尤其是蒲公英，满地黄色的小花，在大大绿绿的草地上，太美了"，只是他"非常感性"，对待生活中的一切都"很有感触"的一个表现。

如果我们的学习活动还停留在对文本内容的一般性了解上，甚至这种了解有时还不够准确，而没有对文本在表达上的独特性予以必要的关注，那么这样的教学，思路必定是较为狭窄的，学习的通道也必然不会畅通无阻。结果是学习的内容比较单一，对文本的阅读理解必然肤浅。

二、学习内容避免枝蔓

课堂学习内容应相对集中，避免枝蔓，不然，学习的主要内容就得不到明确与突出。要想使课堂学习内容不散漫，首先要在"教学目标"的设计上体现出来，如上所述，本节课的教学目标比较宽泛，如何"发现美、表达美、珍藏美"不是一堂课所能理解与掌握的；从语文学习的特点来看，这三点也不是语文课所特有的任务。"欣赏作品中的美"说法较为笼统，因为没有具体内容、途径与方法，"享受阅读的快乐"无法衡量，对于不爱阅读的学生而言，他们是永远没有这种体会的。由此来看，"踏上寻美之旅，享受阅读之乐"的课题本身也是非常宽泛的，甚至于对刘墉的这篇文章仅从"美"的角度来阅读和欣赏也是很不具体的。至于想通过一节课的学习，就能让学生学会"表达美"，那更是一厢情愿，几乎没有现实可能性。

教者为本节课所设计的学习活动共有六项，除了"检查预习"和"文本研读"两项活动与文本的学习直接相关外，"温故知新""佳作展示""实战演练""课堂小结，布置作业"四项活动都与本节课的主要任务——阅读欣赏没有太多的联系，甚至让人怀疑这到底是"阅读欣赏课"还是"写作指导课"。从实际学习情况看，师生花在文本学习上的时间也只有三分之一左右，大多数时间都在"寻找美"与"表达美"了。

横生枝节、宽泛无边的教学带来的必然是教学效果的不够理想。在"温故知新"这一环节，教师要求学生回顾以往所学过的一些经典作品中描写"美"的片段，这些片段本身并没有逻辑联系，与《真实的塑料花》更缺少同质意义上的关联，这样的"温故"没有意义，也必然不能达到"知新"的目的。这样的情况同样出现在"佳作展示"这一环节，所展示的"佳作"无论是题材、主题、情感还是写法，都与《真实的塑料花》有本质的区别。以"实战演练"为例，教师要求学生写几段关于"美"的内容的文字，并进一步要求"越贴近生活、越贴近现实越好"。且不说课堂练习时间有限，写好"一段"就很不容易，何况要写"几段"呢？事实是大多数学生也只写了"一段"。再说，什么是"贴近生活""贴近现实"？怎样的文字才算"贴近生活""贴近现实"？衡量是否"贴近生活""贴近现实"的标准是什么？怎样写才能做到"贴近生活""贴近现实"？这些问题不弄清楚，写作要求就只能落空，写作目标自然不能达成。正确的做法应该是提供某种具体的写作方法或写作模式（手法、技巧），供学生练习，并以此检验学生的学习效果，在此基础上评价反馈、自我或互助矫正、反思提高。

三、阅读过程应该深入

本节课中师生对文本主要采取了"泛读"的方式，而没有进行必要的"精读"与"细读"。本来在"文本研读"阶段可以弥补这一缺陷的，可惜又是蜻蜓点水，匆匆而过。这使得学生对文本的阅读一直处于较为浅表的层次，而不能够深入下去。深入阅读欣赏这篇文章，我们可以有这样四个角度：

一是结构精巧。在文章的第4自然段，作者这样说："也可以这么说，陈清德是个非常感性的人，不管多小的事，在他看来都可以很有感触。"这句话可以作为贯通人物形象、串连全文的"主线"，陈清德"捡橡胶子"、"收集相思豆"并寄给"我"，跟"我"要画，谈到女儿及对美国的印象，"发现大马也有了蒲公英"，对"塑料花"的认识与感受，送塑料花给大女儿、外甥女和自己的老婆等事情，都是围绕他"是个非常感性的人"、对几乎所有的事都"很有感触"来写的，可谓一线串珠，珠珠闪烁着人性的光芒。这种结构上的精心安排，使涉及人物的事情乃至细节有了合理的位置，人物身上所体现出来的精神与品质也都有了具体的落脚点。

二是叙述独特。全文除开头与结尾部分较为直白地表达了自己对塑料花的认识与评价外，主要部分都是写人物的语言，尤其是后半部分几乎就是陈清德"自白"。他说他的举动，说他的顾虑，说他的感慨，说他的愧疚，说他的感动——为老婆的无声行为，也为自己的细腻的心思。人们说人心是最柔软的，这种柔软有时也是最柔弱的，但却有撼人心魄的力量，它是那么温暖，又是那么伟大。而要表现人的内心，最直接的方法就是让人物自己说话，让人物的内心得到最真实的流露与呈现。

三是情感浓郁。刘墉的全文饱含了对陈清德敬佩与赞美之情。第一次见他，"就觉得跟他有默契"；随着交往的加深，他送橡胶子和相思豆给"我"，"我"送画给他；从他的言谈中，"我"了解并非常同情他"这么多年的辛苦、节俭"；从他所讲的"塑料花"的故事中，"我"体会到他的细心、多情。这样一个可敬可爱的人和他的故事，多年以后"总浮上我的脑海，甚至每当我看见塑胶的玫瑰花时"也会从心底泛起一股暖流，"就会想起他"。作家由此感受到"爱才是花的灵魂，一朵怎么看都假的塑料花，透过爱，就成为真花，而且永远不凋"。陈清德的一言一行，一举一动，甚至都影响了"我"对"塑料花"这一事物的认识，改变了"我"对"假"的塑料花的看法：由不喜欢、讨厌，而变得喜爱，生出爱意。陈清德对朋友、对生活、对亲人的热爱，使得他永远活在"我"的心中。而"我"对他的敬重、怀念之情也溢于言表，跃然纸上。

四是风格质朴。惠特曼在《草叶集·序言》中说："艺术的艺术，表现手法的卓越和文字光彩的焕发，全在于质朴。"本文正是如此。这又主要体现在：选材的生活化，作家所选取的写作对象是一个普通的司机，是一个关于普通人的"爱"的故事，这些事情看上去平淡、细碎，但却充满了人间至情，显现了底层的光辉；情感表达的朴素，作家在文中很多次都直接表达了对陈清德的认识与欣赏，而陈清德表达自己情感的方式也非常坦率与直白，没有什么矫揉造作，一切都显得非常自然；语言的质朴，作家对陈清德其人充满深情，对与其交往中的点点滴滴记忆犹新，娓娓道来，如话家常，充分体现了语言的朴素美。

非常遗憾的是，在课堂上我们没有观察到教师引导学生对文本的深入、细致、精微的阅读与体会，大而化之、泛泛而谈的结果是文本阅读价值的消解甚至丧失。

附：

真实的塑料花

刘　墉

我向来都不喜欢塑料花，无论它做得多真，我还是觉得假，而且因为以假乱真，愈发惹我讨厌；但是自从六年前，听陈清德说"那个故事"，我对塑料花的印象就改变了，每次看见塑料花，即使那种做得极粗拙的，也会从心底泛起一股暖流，想起逝去多年的陈清德。

虽然跟他不是深交，他又远在马来西亚，但是第一次在吉隆坡机场见到他，坐上他的车，就觉得跟他有默契。他跟我一样容易"闪神"，是那种一边开车一边说话，一说话就忘了开车，到双岔路口，突然大叫不好，该走左还是该走右，然后几乎撞上分隔岛的人。

他说话有种特殊的语调，好像发抖又不是发抖，可能是气不足，又急着讲造成的；但细细听，又因为他总是提着气说话，用一种急切高亢的情绪来说，所以显得有些激动。偏偏他说的不一定是激动的事，速度又不极快，甚至内容是娓娓道来，那急与徐，高亢与平淡之间就构成了一种特殊的味道。

也可以这么说，陈清德是个非常感性的人，不管多小的事，在他看来都可以很有感触。举个例子，他会去橡胶园里捡橡胶子，然后拿来送我，说："你看，这多漂亮，咖啡色的种子，上面还有银色花纹，好像是铜镶银的。"这还不够，他会连那外面大大的果囊也捡来，一点一点剥开，露出里面的种子，告诉我橡胶子的结构。

他也收集相思豆，有回装了一小袋给我，说是特大的。相思豆我见过不少，但他拿来的果然特别大，而且特别红。我说："好极了，我可以用它来做封面设计，可惜不够多，我要很大一堆才成。"

隔不久，他就托人带了一大包相思豆给我。我吓一跳，也感动得要命，立刻用来拍成《对错都是为了爱》的封面。又不知拿什么回谢，想来想去，决定画张画给他。没想到，在电话里告诉他这个消息，他居然隔了半天，不吭气，好像很犹豫的样子。

"你不要？"我问。

"不是不要，是得要两张，"他说，"因为我有一对双胞胎女儿，将来结婚，如果只有一张，到底给谁？"我怔了一下，二话不说，画了两张寄去。

陈清德谈到女儿，那语音就更抖了，好像多年不见的女儿远远要扑进他怀里似的。从他的言谈中，我听得出，他这么多年的辛苦、节俭，都是为了这两个宝贝女儿。马来西亚不是个很富裕的国家，黑黑瘦瘦的陈清德，半生致力推广华文教育，他身体不够好，收入也不丰厚，却拼全力，送两个女儿出国念书。记得他去美国参加女儿的毕业典礼回来，在电话里对我说："你们美国好美啊！尤其是蒲公英，满地黄色的小花，在大大绿绿的草地上，太美了。怎么我们马来西亚没有蒲公英？""真的吗？"我不信，"只怕是你没注意。"

又隔一阵，他果然来信说发现大马也有了蒲公英。我说："不是有了，是早就有。只是以前你太忙，眼镜度数又深，所以没看见。到美国看女儿毕业，高兴了，也有了轻松的心情，所以发现蒲公英。"

从蒲公英、橡胶果和相思豆可以知道，陈清德很爱植物花草，令我惊讶的是，有一回在餐厅，他居然盯着桌上插的塑胶玫瑰花，而且目不转睛，一副十分陶醉的样子。

"这花做得太粗了。"我说。

"是啊，一看就是假花，"他还紧盯着塑料花，"可是这假里有真哪。"

看我不懂，他笑笑："你知道吗？现在这里的年轻人也过西洋情人节了。"我点点头。

"去年情人节，有人一早就送了一大把玫瑰花来。女儿已经出门了，我看看上面的卡片，原来是小女儿男朋友送的。于是把那束花放进她房间里，还拿个花瓶，装了水，插着，"他作成捧花的样子，"可是我一面把花放在小女儿床边，一面看看大女儿的床，旁边空空的，没有男朋友送花，觉得好可怜，想她看见妹妹有人送花，一定会很伤心。"他看着我，扮了个鬼脸，"我当时灵机一动，想到柜子里好像存了三枝塑胶的玫瑰花，是以前买生日蛋糕附赠的，就把花找出来，上面积了灰，我还洗干净，又从小女儿男朋友送的那把花里切下一块玻璃纸，把花包起来。正包呢，又想到，糟了！我还有个外甥女跟我同住，她也是大小姐了，也该有人送花，如果看见我两个女儿都有花，就她没有，更会伤心。就再拿了一枝塑料花，包好，绑上丝带。于是，三个女生，每个人都在床边摆了花，我正得意，看见桌子上还有一朵没用的塑料花，也还剩下一小块玻璃纸，那花虽然看起来最难看，好像掉了好几片花瓣，但是何必浪费呢？我们家还有一个女人哪。"说到这儿，他又扮个鬼脸，一副老顽童的样子："于是我为我太太也做了这么一枝花，偷偷放在她的梳妆台上。"

"她喜欢吗？"我试着问，心里好奇极了。

"她没说，"陈清德耸耸肩摊摊手，隔了两秒钟又一笑，"可是情人节过了，小女儿的鲜花凋了，扔进了垃圾桶；大女儿和外甥女的塑料花也不见了，大概也扔了。可是，可是我太太的那枝，虽然不怎么样，她却还留着，而且拿个小瓶插着，放在梳妆台上，一直到今天，都在那儿。"他盯着餐桌上的塑料花，用那颤颤的语调慢慢地说："每次我看见太太坐在梳妆台前，旁边插着那塑料花，都有一种好奇的感觉，心想，'你为什么不扔了呢？你为什么不扔了呢？'"他突然不再说话，等了半天，深深吸口气，"现在，我每次看见梳妆台上的花，都想哭，我发现跟她恋爱结婚几十年，她都老了，我却从来没有送过一朵花给她，那枝塑料花居然是我给她的第一朵花，她插在那儿，是给她自己一些安慰吧！或许……或许那虽然是朵假花，在她感觉，却是一朵真花啊。"

讲这故事不久，陈清德发现得了肝癌，又没过多长时间，就永远离开了。可是他说的这个故事，总浮上我的脑海，甚至每当我看见塑胶的玫瑰花时，就会想起他。我常想，爱才是花的灵魂，一朵怎么看都假的塑料花，透过爱，就成为真花，而且永远不凋。我也常想，或许陈夫人的梳妆台前，现在还插着那枝逝去丈夫送的无比真实的塑胶玫瑰花。

[选自《青年文摘》(绿版) 2004 年第 1 期]

写景散文教学的几个节点
——《秋天的音乐》教学实录评析

课例回放

一、扫清障碍，检查预习

师：这节课我和同学们一起阅读欣赏冯骥才的《秋天的音乐》。首先我来检查一下同学们的预习情况。我找一个同学来把它读一下。（出示字词，指名朗读。）

该生读预习词语。

师：非常好，请坐。请同学们一起齐声朗读三遍。（出示注音）

学生齐读。

二、关键词造句，整体感知

师：接下来我们看课文，首先看文章的第1小节。我找一个同学把它朗读一下，其他同学在他朗读时请思考，如果我们以文中反复出现的三个词"景物、音乐、感受"为关键词造一个句子来概括第1段的大意的话，你准备造一个怎样的句子？

一学生朗读。

师：非常好，下面我们把造的句子展示一下。

生：只要耳朵里有音乐，你一路上对景物的感受就全然变了。

师：很好。还有吗？

生：音乐能使景物和你的感受融为一体。

师：很好。实际上我们造的句子把第1段的主要意思概括出来了，而这个大意贯穿文章的始终。我们接下来看2—16段，提高一下难度，用这样的句式来造一组句子，概括作者的心灵之旅。

出示句式：

_____（景物）像_____（音乐），让我感受到_____。

师：作者一路上看风景，一路上带着音乐，一路上有不同的感受，我们可以看个例子。

（示例）<u>秋天的田野</u>像<u>明亮的钢琴曲</u>，让我感受到<u>真正的富有感是属于创造者的</u>。

师：我们把第6段从开始到省略号部分朗读一下，结合这个例子可以看出作者想要表达的意思。

学生齐读。

师：我们用这样的一个句子来概括刚才大家朗读部分的主要内容，我们看，这部分所写的景物是什么？

生：（齐答）秋天的田野。

师：那么，作者说秋天的田野像什么呢？

生：（齐答）像明亮的钢琴曲。

师：这是音乐，给作者以怎样的感受呢？作者后面说"真正的富有感是属于创造者的"，你看，景物、音乐、感受都有了。作者一路看着不同的景物，一路伴着不同的音乐，一路不断地产生新的感受。请大家看下文，我们再用几个类似的句子把作者的心灵体验概括出来。

学生默读课文，自主造句。

师：不要满足只造一个句子。作者看到不少景物。好了，造好了吗？谁来说说看。

生：第 14 段。一大片拔地而起的森林，像一支金灿灿的铜管乐队，让我感受到秋天的凋零全是假象，生命依旧盛开。

师："生命依旧盛开"，这句是你加上去的是吗？很好。还有吗？

生：我选的是第 6 段。精灵一样的鸟儿随着轻扬的小提琴旋律，让我感受到秋天的高远、平和、神秘无限。

师：再说一遍。

生：精灵一样的鸟儿随着轻扬的小提琴旋律，让我感受到秋天的高远、平和、神秘无限。

师：你的内容是对的，但是没有按照规定的句式。是不是？我们要求的是"什么像什么"的句式。你再把它整合一下。

生：精灵一样的鸟儿像轻扬的小提琴旋律，让我感受到秋天的高远、平和、神秘无限。

师：很好，请坐。还有吗？

生：我造的句子是第 13 段的。一株垂死的老树像是一根唱针般，在大自然深处划出一支忧伤的曲调，让我懂得了人生毕竟只有一次，要学会用有限的生命造就无限的辉煌。

师：你后面的感悟好长啊。请坐。还有吗？

生：疏淡的田园风景像温情的和弦，让我感受到秋天的静谧、安详。

师：你是哪一段？

生：第 12 段。

师：很好。还有吗？同学们用自己造的句子基本上把作者的心灵之旅描摹出来了。从我们的示例开始，第 6 段到 12 段、13 段、14 段，好像还差一段，15 段，有人造句子了吗？可以结合 14 段的后半部分来造句子。

生：生命的离去、死亡像旋律的变化、画面的更迭，让我感受到了死亡不仅仅是生命的转换，是为了再生而奉献自己的伟大的死亡。

师：你的景物是什么？

生：葱绿的幼树。

师：对，是 14 段里一棵棵依然葱绿的幼树。你再来。

生：森林里依然葱绿的幼树像旋律的变化、画面的更迭，让我感受到了死亡不仅仅是一种生命的转换。

师：像旋律的变换，也是音乐啊，让我感受到什么？

生：死亡不仅仅是一种生命的转换。

三、圈画点评，品味语言

师：我们概括了作者的心灵之旅之后，回过头来，再来看文中的语言。大家在概括作者心灵之旅的时候，肯定体会到作者的语言非常精致华美，富有表现力。那么，我想请同学们在文中进行圈画、点评，然后再进行交流。我们平时在这方面做了很多的功课，同学们在积累本上也有这样的体验，请同学们把这篇文章中精美的、富有表现力的词语圈画出来，把一些运用了修辞手法的句子找出来，把一些认真打造的句式找出来，然后进行点评，看看它妙在哪里。

（出示品味语言要求）文中语言精致华美，富有表现力，请在文中圈画、点评、交流。（提示：可从修辞手法的运用、词语的锤炼、句式的打造等方面入手。）

学生自主阅读，在文中圈画、点评。

师：好，同学们把自己圈画、评点的内容和同桌交流一下，可以互相补充一下，看看有没有赏析不到位的地方。

学生热烈地讨论交流。

师：好，我们来找同学说说看。

生：第16段。"秋天的音乐已如圣殿的声音；这壮美崇高的轰响，把我全部身心都裹住、都净化了。"这句话运用了比喻的修辞手法，将秋天的音乐比作圣殿的声音，写出了音乐可以陶冶人的心灵，使人变得纯洁。

师：这个"圣殿的声音"如何来理解啊？"圣殿"，神圣的殿堂啊，那个声音有什么特色？

生：庄严。

师：对，像教堂的声音，它起什么作用？这里有个词……

生：……

师：圣殿的声音对人起什么作用？

生：净化。

师：对，净化人的心灵。后面那个句子，写得也很好，它怎么说的？

生："我惊奇地感觉自己像玻璃一样透明。"

师：你能理解"像玻璃一样透明"吗？谁来补充一下呢？

生：因为玻璃是透明的，把自己的身心比喻成玻璃一样，就是说这个声音庄严，并且对人有净化作用，使我的身心都仿佛澄澈了一般。

师：澄澈了，纯净了，那是因为听了秋天的声音，秋天的音乐，是吧？非常好，这个句子的妙处体会到了吧？下面我们一起把第16段朗读一下。

学生齐读。

师：再来。

学生再次齐读。

生：第6段。"阳光像钢琴明亮的音色洒在这收割过的田野上，整个大地像生过婴儿的母亲，幸福地舒展在开阔的晴空下，躺着，丰满而柔韧的躯体！"这句话运用了比喻的修辞手法，将阳光比作钢琴明亮的音色，形象生动地写出了阳光的灿烂、透明，而将大地比作生过婴儿的母亲，因为田野是刚收割过的，所以说是刚生过婴儿的母亲，"幸福"是用拟人的手法，可见大地在秋收后阳光的照射下显得很安详很满足。

师：非常好。我们也把这一句齐读一下。

学生齐读。

师："躺着，丰满而柔韧的躯体"，他为什么在"躺着"和"丰满而柔韧的躯体"之间停顿一下？

生：我觉得躺着是因为大地是辽阔的，出生的婴儿就像大地上的收获，所以说，它躺着，怀抱的就是世间万物。

师：单独两个字"躺着"，肯定有特别的意思在里面，作者的用意是什么呢？它突出了什么？

生：它突出了大地此时是幸福美满的。

师：对，是幸福的，是满足的。我们要把这种感觉读出来，你试试看。

该生深情地朗读。

师：我们接下来继续。

生：第 14 段。"突然，一条大道纵向冲出去，黄昏中它闪闪发光，如同一支号角嘹亮吹响，声音唤来一大片拔地而起的森林，像一支金灿灿的铜管乐队，奏着庄严的乐曲走进视野。"这句话运用了比喻的修辞手法，它把黄昏还有森林分别比作号角和铜管乐队……

师：等一下。刚才听同学们讨论的时候我就有一点疑惑，这里铜管乐队的本体是什么？

生：是森林。

师：黄昏这里也是本体吗？

生：不是，是大道。

师：大道纵向冲出来，黄昏中它闪闪发光，如同一支号角嘹亮吹响，是吧？不是黄昏是大道，是吧？这里我想追问一下，"冲出去"，这个"冲"，你能体会它的妙处吗？

生："冲"表现大道的气势是宏大的。

师：从气势上它是冲的，那么，从客观上看看当时"我"在哪儿？

生：车上。

师：什么车？

生：火车。

师：嗯，这个"冲"能理解了吗？

生：把森林比作铜管乐队，也写出了森林的雄壮。

师：他想用这种气势的雄壮来表达什么样的感受啊？

生：表达秋天的凋谢全都是假象。

师：这个凋谢是在哪儿凋谢的？在文中的哪儿？

生：第 13 段。一株垂死的老树。

师：除了垂死的老树，还有哪些景物也是凋谢的？

生：……

师：这不是你刚才赏析的范围，我们来看看第 13 段精彩的语段有赏析的吗？

生：我赏的是"一切阴影都化为行将垂暮秋天的愁绪；萧疏的万物失

去往日共荣的激情,各自挽着生命的孤单;篱笆后一朵迟开的小葵花,像你告别时在人群中伸出的最后一次招手,跟着被轰隆隆前奔的列车甩到后边……"这句话先是写"萧疏的万物失去往日共荣的激情",写出秋天表面给你一种凋零凄凉的感觉,之后小葵花像告别时最后一次招手,也写出秋天万物凋零后并没有多少生机了,而"跟着被轰隆隆前奔的列车甩到后边",更生动形象地写出唯独这秋天最后一点绿色还是被我们用记忆甩到后面,也写出了当时作者的陶醉,是为下文14段,"秋天的凋零全都是假象"作了铺垫。

师:你说得真好,前面的凋谢写的是一株垂死的老树,这里为什么写到一朵迟开的小葵花呢?它是有生命的啊,刚才的同学解释得非常好,唯独这一朵有生命力的小葵花也被轰隆隆的列车甩开了,这样更让人引起秋天的伤感,因为这里的主旋律是一个什么样的曲调啊?

生:(齐答)忧伤。

师:那么,这个忧伤的曲调,它真正的意图是为14段作一个铺垫,非常好。还有没有了?还有没有赏析的精美的语段啊?

生:第6段。"这愈看愈大的天空有如伟大哲人恢宏的头颅,白云是他的思想。有时风云交汇,会闪出一道智慧的灵光,响起一句警示世人的哲理。"这句话运用了比喻的修辞手法,把天空比作哲人恢宏的头颅,同时也把白云比作哲人的思想,把风云交汇时的闪电比作警示世人的哲理,生动形象地写出了天空的高远、平和和神秘无限,同时表达出了作者对无限纯净天空的博大安寂的赞美。

四、当堂竞背,积累语言

师:非常好,赏析得非常到位。同学们把这些精美的语段都找出来了,都评点出来了。下面呢,想请同学们花两分钟的时间背一背你们比较欣赏的语段。

学生自由高声朗读、背诵。

师:时间到了,谁来背一背?

生:(背诵)第6段里的。"这愈看愈大的天空有如伟大哲人恢宏的头颅,白云是他的思想。有时风云交汇，会闪出一道智慧的灵光，响起一句警示世人的哲理。"

生：（背诵）秋天的音乐已如圣殿的声音；这壮美崇高的轰响，把我全部身心都裹住、都净化了。我惊奇地感觉自己像玻璃一样透明。

五、看图描述，运用语言

师：我们仅仅读了背了还不够，要学会用。我们来看一幅图画（展示画面）。好像在文中我们可以找到类似的画面，如果我们用自己的语言来描述一下画面的景象的话，你准备怎样来描述。可以套用文中的话，也可以自己来创造，看看谁的才思比较敏捷。

生：一座座闪闪发光的麦秸垛，在开阔的晴空下，零零星星地散布着，淡蓝色的天空中几缕大大小小、松松散散的云彩像是更加映衬着秋天的丰收。

师：很好。麦秸垛、天空、云朵，应当说内容描述得相当全面了，如果我们也用三个关键词，哪三个？

生：（齐答）景物、音乐、感受。

师：再来描述它的话，怎么来描述？找一个才女来描述一下。

生：……无边无际的田野上，几个闪闪发光的麦秸垛，在蓝天白云的映衬下更加明亮，使人感受到生命的无边无际。

师：有感受，有画面，好像还差一个音乐。

生：高远而深邃的天空，在白云朵朵之下，是几个麦秸垛，这是多么美的景物啊，风吹动麦浪……

师：有麦浪吗？

生：风吹动着田野上的麦秸垛，从缝隙中轻轻流过，那美妙的音乐伴随着华美的景物，让我感受到秋日的华章。

师：这是风吹过麦秸垛的音乐，让我感受到秋日的华章。真有才。这是与文中类似的一幅画面，这个呢（展示画面），好像文中也似曾相识，这都不难。其实我们在生活中呢，有许多精美的画面（展示画面），我们在平时的写作当中，可以学习这篇文章的技法，在描述画面内容的同时，融入音乐的元素，揭示独特的感受，会使我们的文章文采飞扬。

六、集美成诗，师生共享

师：老师把这篇文章中精美的句子组合成了一首诗，送给同学们，和同学们一起分享，我请两位同学一起和我朗读这首诗。

师：秋天／音乐撩拨我心灵／温暖甜醉……

生：阳光像钢琴明亮的音色／——辉煌／大地像生过婴儿的母亲／——满足／天空像小提琴轻扬的旋律／——陶醉／森林像金灿灿的铜管乐队／——庄严

生：那垂死的老树唱针般的／用朽根／在大自然深处划出曲调／——那是多么忧伤的曲调呀／葱绿的幼树号角般的／用绿意／奏出生命的华章／——那是歌颂死亡的华章呀

师：秋天／音乐净化我的身心／让我像玻璃一样透明

学生鼓掌。

师：谢谢同学们的掌声。这节课就上到这里，下课！

（江苏省泰州市姜堰区励才实验学校　丁宏兵）

课例评析

教学中我们首先碰到的问题是：教学内容如何确定？一般而言，我们需要从这样几个方面来考虑：一是依据文本的体式特点；二是依据文本的阅读价值；三是依据学生的学习需求与学习期待；四是依据课程对学生发展的要求；五是依据教师的施教水平及其能力。如何确定写景散文的教学内容，怎样"教"好散文，使学生有效地"学"好散文，这节课为我们提供了一个非常好的研究样本。

"写景散文"，顾名思义，是以"写景"为主的"散文"，所以它的第一个特点是"情境交融"。优秀的散文总是这样，既有"情"，又有"景"，既像"诗"，又像"画"。这一点在冯骥才的散文《秋天的音乐》里，体现得很充分，许多地方都写得很美。

散文的第二个特点是"形散神聚"。散文的"形",指散文的外在形式,散文的"神",指蕴涵于外在的"形"中的思想情感。所谓"形散",一指题材广泛,不受时空限制,二指笔法自由。《秋天的音乐》中,作家先花了许多笔墨,写音乐与生活的关系,说自己的生活经历和独特体验,然后才写到自己的一次旅行;行文中不时穿插多种笔法,写出自己对生活的看法。所谓"神聚",是说散文虽"散",但又必须紧紧围绕一个中心,有主有次、有详有略地去表达。这篇散文看上去很散,但始终是围绕"音乐""景物"和对生活的感悟来写的,中心明确而集中。

依据这样的文本样式,我们在教学时,要充分考虑这样四个节点:读、悟、品、用。

一、读

朗读,是最能体现语文特质的教学方法,优美的写景散文尤其呼唤这种琅琅书声创造的意境。朗读实际上是基于理解的声音呈现,其要点是"心悟口诵"。

有人说文字是声音的漏斗,它留下了白纸上的黑字,把表达情感的声音给漏掉了。但有了出声的读,有了感情投入的读,有了自我体验的读,就把无声的语言还原而变为有声语言,弥补了无声的书面语言所无法表达出来的语气、语调、语势、语感,在抑扬顿挫、轻重缓急中,使语言增加了活力,有了跳跃着的生命。

我们要通过朗读领会文章所蕴含的情感,领悟作者热爱大自然和生活的情怀,培养学生健康的审美情趣;通过朗读来品析作者遣词造句的妙处,培养学生运用语言的能力。对此,有的教师认识不够,做法欠缺。他们或是停留在口头上,课堂上不投入足够的时间;或是缺乏明确的目的,只是让朗读作为渲染气氛的点缀;或是朗读形式单调,缺乏变化,始终停留在肤浅表层。而丁老师的这节课却做得非常到位。

从朗读的单位说,有全文朗读、段落朗读、句子朗读,还有词语的朗读。从朗读的目的说,有为了理解课文的朗读,朗读在理解之先;有内化理解的朗读,朗读在理解之后。这样的"读"有时还应体现在教学中的循循善诱之中，教师引导学生去"读"。这种"引导"之法，很多时候就是用一些"问题"导引学生的思维向纵深推进。比如，在"整体感知"环节，丁老师设计了这样两个问题启发学生认真阅读并思考：先让学生用文中反复出现的"景物、音乐、感受"这三个词语造句，以此概括第一自然段的大意；接着，又要求学生用"＿＿＿＿＿＿（景物）像＿＿＿＿＿＿（音乐），让我感受到＿＿＿＿＿＿"这样的句式造一组句子，概括文章的大意。

从朗读的落点说，有着眼在理解的朗读，理解了课文，朗读便水到渠成；有着眼在技巧的指导，缺乏了技巧，朗读就上不了层次。叶圣陶先生曾经说过，朗读时要能够"激昂处还他个激昂，委婉处还他个委婉"。读出语音，读出语气，读出语调，读出节奏，读出语势，就是读出了情感，也就读出了生命的气息。从朗读的运用说，有和理解品味结伴出场，也有独立支撑一个段落的学习。丁老师在引导学生反复、细致朗读的过程中，让学生读出了艺术化了的生活情景，让学生读出了作家情感生命的存在状况，更让学生读出了自我思想、精神与灵魂生命的成长形态，从而使学生触摸生命的肌体，品尝生命的滋味，体悟生命的魂魄，进而逐步形成生命的意识。

二、悟

体验性是现代学习方式的突出特征，体验性学习强调学生参与，强调"活动""实践""探究"和"经历"。教师要为学生的学习活动创设情境、提供选择。就是要创造性地设计活动，使学生结合自我体验，更深入地与文本对话，并学会与他人交流、共享自己的经验与感受。

从写景散文的阅读来说，我们要引导学生从这样的角度去体悟：一是作者的内心孕育着怎样的一种思想感情；二是作者选择了怎样的画面来表现这种感情；三是这两者的结合自然巧妙的程度如何。一篇优美的散文往往熔铸着作家成熟的思想、独特的个性、美学的追求和艺术才能等多方面内容。一粒沙里见世界，半瓣花上说人情。阅读散文往往能得到多方面的情感、思想的启迪。郁达夫曾经说："现代的散文之最大特征，是每一个作家的每一篇散文里所表现出的个性，比从前的任何散文都来得强……但现代的散文，却更是带有自叙传的色彩了。"

以老舍先生为例。他在济南写作的包括《济南的冬天》在内的许多散文，有着个人经历的特定背景：异国归来，他在济南这片土地上找到了一种文化上的认同感；老舍先生说："在那里，我努力地创作，快活地休息……时短情长，济南就成了我的第二故乡"。对济南冬天的描写，是要表达他对济南这个"第二故乡"的深深热爱和他在这片土地上工作、生活的归宿感、满足感、幸福感，所以我们不能将他在《济南的冬天》中所表达的内涵仅仅理解为"浓浓的人情味"，对其意蕴的品味也不能仅仅止步于"对大自然的热爱、对美好生活的向往"。

《秋天的音乐》一文，有着同样的情况，它所蕴涵的是作者对自然、人生、生命、死亡与再生等的思考，这些思考他是通过音乐的变化和景物的变化表现出来的。教学时，我们若能抓住作者独特的情感内蕴，引导学生将"读"引向深入，并能将饱满的情感反馈出来，也许能收到更好的教学效果。如此，学生在读中得其文辞，更得其意蕴。所以，体会作者对物象细微的观察力和对生活、生命深刻的洞察力，当是教学的主要目标。散文写作的基础是观察，而缺乏发现、不善观察正是学生写作的软肋。关于"对生活、生命深刻的洞察力"，丁老师有意作了忽略，主要是考虑到学生的认知水平。其实，许多文本的意义不是一次阅读、一节语文课所能读得清楚、理解得明确的，需要时日，需要环境，更需要学生对生活的认识与体验。教学中，不妨稍微涉及，以在学生心里播下思想与情感的种子，当然也不要过度阐释。

三、品

语言是存在的家园，文字是我们抵达彼岸的筏。朱光潜说："语言跟着思想情感走。""在文字上推敲，骨子里实在是在思想情感上推敲。"有什么样的语言，就有什么样的思维。语文教师要能够敏锐地抓住文中能引发学生感悟的语言点，带领学生遵循阅读规律品味语言，走向文本深处，触摸作者的心灵，体验文本的意义，感悟作者的情感世界和作品的艺术世界，使学生真正地走进语文。

有人说，散文是用文字绘出的图画。格非说："要将风景写活，要写出它的色彩、温度乃至生命。"所以，就《秋天的音乐》教学而言，我看可以这样来设计教学目标：

1. 感受写景散文情景交融的意境，认识并掌握写景散文"画意"营造的主要方法；
2. 理解散文表达的"诗情"，进一步思考人与自然的审美关系及其丰富性的表现；
3. 关注身边的日常风景，把握风景的独特意义，营造"画意"来表达自己的审美体验。

对写景散文来说，我们可以品味的点还是较多的。

1. 语言的生动性

以朱自清的散文《春》的开头几段为例：

盼望着，盼望着，东风来了，春天的脚步近了。

一切都像刚睡醒的样子，欣欣然张开了眼。山朗润起来了，水涨起来了，太阳的脸红起来了。

小草偷偷地从土里钻出来，嫩嫩的，绿绿的。园子里，田野里，瞧去，一大片一大片满是的。坐着，躺着，打两个滚，踢几脚球，赛几趟跑，捉几回迷藏。风轻悄悄的，草软绵绵的。

桃树、杏树、梨树，你不让我，我不让你，都开满了花赶趟儿。红的像火，粉的像霞，白的像雪。花里带着甜味儿，闭了眼，树上仿佛已经满是桃儿、杏儿、梨儿！花下成千成百的蜜蜂嗡嗡地闹着，大小的蝴蝶飞来飞去。野花遍地是：杂样儿，有名字的，没名字的，散在草丛里像眼睛，像星星，还眨呀眨的。

这几段文字，作家巧妙地通过轻声字、儿化韵的运用，声调、词语的调配，句式的变化，形成了轻松明快的旋律，和谐流畅的节奏，饱含着鲜明的音乐美。

"盼望着，盼望着，东风来了，春天的脚步近了。"四句话都用"着"或"了"收尾，句子简短，语意亲切，给全文定下了轻快、活泼的基调，抒写了作者盼春的热切、喜悦的心情。接着，写"山""水""太阳"一连用了三个"了"字，烘托出活泼、明快的气氛，在读者面前展示出一幅生机勃勃的春景图。小草是"嫩嫩的，绿绿的"，风是"轻悄悄的"，草是"软绵绵的"，桃树、杏树、梨树"开满了花赶趟儿"，"花里带着甜味儿"，"闭了眼，树上仿佛已经满是桃儿、杏儿、梨儿"。

《春》全文六百多字，而轻声字和儿化韵就有五十多个，大部分又用在句尾，读起来轻快、活泼，语意亲切，形成了轻松、明快的旋律，表现了作者欣喜的心情，也引起读者对春的强烈向往。作者注意到声音的组织，不但用语言所包涵的意义去影响读者的感官，还能够调动语言的声音去打动读者的心灵，使语言产生音乐的效果。

2. 语言的丰富性

这种"丰富"，一是内容的丰富，二是情感的丰富。作家在描写某个景物时，往往能从不同侧面，借助于各种表现手法，描画出景物的美。所以，我们引导学生品味写景散文的语言，要结合具体语言环境，品味其用词的准确、鲜明生动，培养学生的语感，增强他们感知美、鉴赏美的能力。

老舍先生被称为"语言艺术大师"，其语言的一贯特色是亲切自然，娓娓道来，就像和老朋友拉家常一般："就是这点幻想一时不能实现，他们也并不着急，因为有这样慈善的冬天，干啥还希望别的呢。"但在平易朴实之中，又时时闪烁着作者非凡的智慧和语言方面的灵气和灵性："对于一个在北平住惯的人，像我，冬天要是不刮风，便觉得是奇迹；济南的冬天是没有风声的。对于一个刚由伦敦回来的人，像我，冬天要能看得见日光，便觉得是怪事；济南的冬天是响晴的。"

《济南的冬天》中有这样一段描写：

最妙的是下点小雪呀。看吧，山上的矮松越发的青黑，树尖上顶着一髻儿白花，好像日本看护妇。山尖全白了，给蓝天镶上一道银边。山坡上，有的地方雪厚点，有的地方草色还露着；这样，一道儿白，一道儿暗黄，给山们穿上一件带水纹的花衣；看着看着，这件花衣好像被风儿吹动，叫你希望看见一点更美的山的肌肤。等到快日落的时候，微黄的阳光斜射在山腰上，那点薄雪好像忽然害了羞，微微露出点粉色。就是下小雪吧，济南是受不住大雪的，那些小山太秀气！

这段文字，作家首先运用拟人手法，把山松比作看护妇，增添了山松的柔情与恬静；接着抓住山不同地形的色彩变化，使山们如同一位位妙龄女郎，可爱、纯情、美丽；最后写风儿的吹动，使山们有了动感之美，飘逸之美，羞涩之美。作者把小雪后的山，刻画得异样的秀美、纯情、飘逸、典雅、娇羞，好似一幅恬淡明丽的春之图，全然没有冬天的寒冷与萧瑟。

写景内容丰富的背后是情感的丰富：老舍先生把对大自然的热爱、对美好生活的向往之情倾注于笔端，让济南的冬天的山山水水富有灵性、多情善感。我们要引导学生关注这一点，让学生知道，写景散文中，作家的喜怒哀乐的情绪，他对事物和现象的认识、看法、态度，往往是要借助于语言来充分表达出来的。冯骥才说："世间还有什么比死亡更庄严、更神圣、更迷人！为了再生而奉献自己的伟大的死亡啊……"这是非常富有情味的语言。这种情味，有时表现在作家着力描写的片段上，如郁达夫的《故都的秋》中有这样几句：

著着很厚的青布单衣或夹袄的都市闲人，咬着烟管，在雨后的斜桥影里，上桥头树底去一立，遇见熟人，便会用了缓慢悠闲的声调，微叹着互答着地说：

"唉，天可真凉了——"（这了字念得很高，拖得很长。）

"可不是么？一层秋雨一层凉啦！"

这一小段文字，可谓充满"秋"味。作家借助所描写片段中人物之口，形象地表达了对秋天来临的感喟，其声苍凉，其音落寞。教学中，教师可让学生反复朗读，特别要读出其语调、音长的特点，仔细咀嚼其中的秋味、秋情。同时，可以采取不同的朗读方式来进行比较，如可用活泼的语调来读，可用轻快的语调来读，可用热情洋溢的语调来读；还可引导学生回顾所读文学作品中的类似片段，采取合适恰当的朗读方式，加强学生对语言情味的感性习得能力。

这种情味，有时还体现在串连全文的感情基调上，朱自清的散文《绿》，满篇洋溢着热烈的赞美，满篇弥漫着浓丽的色彩，作者对大自然美景的赞赏之情喷薄而出，不可遏止。开篇第一句，作者这样写："我第二次到仙岩的时候，惊诧于梅雨潭的绿了。"毫无疑问，梅雨潭绿的美，使作者惊讶，使作者诧异。作者起笔，便给全文定下了情感的基调，赞美之情直抒胸臆，溢于言表。在文章的最后，作者又说："我第二次到仙岩的时候，不禁惊诧于梅雨潭的绿了。"与开篇相比，结束语中多了一个"不禁"。这"不禁"是由衷地赞叹，更是难抑之情的直接吐露，情感上明显上了一个层次。语言上不仅没有重复拖沓之嫌，而且使所表达的情感更为强烈也更为有力。

3. 语言的深刻性

品味散文的语言，要联系作者的心情，体会词语传达出的作者的情趣。要引导学生对文本进行深层次的挖掘，发现文本中的空白，走进文本深处。

鲁迅的《秋夜》，开头是这样一句："在我的后园，可以看见墙外有两株树，一株是枣树，还有一株也是枣树。"看上去，作者好像是要把一句话分成两句来说，但这绝不是语句的重复与拉杂。虽然说成"两株树是枣树"并不影响语意的表达，但却显得急促与匆忙。所以从表达来看，这里的"也"具有舒缓语气、迥环语意的作用。而且这样也写出了视线的转换，作者触目所见就是这两棵树，或者说他所能见到的也就是这两棵树，故而从表现作用看，用一个"也"字显示了作者孤独寂寞、百无聊赖的心境。如果联系一下全文，我们就不难发现，从语意显示来看，作者是为了反复强调这两株"枣树"。作者在文中把他对寒冷黑暗现实的深刻憎恶，对阳光灿烂美好明天的热烈渴望，都寄托在勇敢反抗黑暗现实、热情追求美好明天的战斗者——枣树身上。从这点来理解，就不难认识作者用复沓的句式来写平凡的枣树的真正目的是为了突出它的形象。

由此可见，我们对写景散文的语言品味要关注的是：凝练优美、富有情感的语言，准确形象、特别传神的语言，富有特色的修辞手法。当然，品味写景散文的语言，离不开联想和想象。学生只有调动自己的情感，在接受语言信息时展开联想和想象，才能深入领悟语言美的神韵。丁老师在课堂上，是非常注意对语言的品味的,他始终引导学生围绕描写秋天景物、渗透音乐元素、抒写人生感受的内容来展开。课上,师生对语言的揣摩是很细致的,比如用了一些类似表达与作品中的话进行优劣比较,同时让学生善于用局部的细节刻画来代替整体的评价,进而让他们学会细腻地表达自己的情感。

四、用

学习的目的是为了运用。学生写不好写景散文的症结在于:缺少细致的观察;没有感动,与风景缺乏交流、对话与沟通;表现手法单调。因此,要养成在日常生活中对平凡的景物进行观察、思考的习惯,通过对生活哲理的感悟来发现平凡风景的意义。这就要求我们要引导与启发学生学会观察和发现自然景物的特点,捕捉对自然万物独特的审美感悟,并用恰当的形式表达出来。

有一位老师在教学《济南的冬天》时,安排了这样的环节:

游历了一番济南的冬天,给人们的感受是否还只停留在外界的自然层面——"温晴"上呢?此时如果把"温晴"的"晴"改为"情",用"温情"来形容济南的冬天的特点,可以吗?请联系全文说说理由。

教师明确:可以,因为从游历济南的冬天中,我们的确感受到济南的阳光是温暖的,不是那样"毒";济南的山是可爱的,好像"小摇篮";济南的雪是亲切的,"给山们穿上些带水纹的花衣";济南的水是多情的,"不忍得冻上",要给柳树照个影。总之,济南的山山水水带给人们温馨之感,极具人情味。所以用"温情"来形容济南的冬天是恰当的。

这样的安排使学生的思维不再仅仅停留在原有的程度上,而是全面了解景物描写的特点,把学生的思维引向新的领域。

有一位老师在教学梁衡的《夏》这篇课文时,让学生回顾课堂上所学内容,用一句话来总结自己的学习收获。

这是一篇_____的文章。学生回答:

这是一篇描写夏天紧张、热烈、急促的特点的文章。

这是一篇描写夏天万物勃发、农民勤劳的文章。

这是一篇对夏天表达赞美之情的文章。

这是一篇用优美生动的语言来描写夏天的文章。

这是一篇采用对比手法写出具有独特美感的夏天的文章。

……

这既是帮助学生加深对课文内容的理解，更是训练学生的语言概括能力和个性化的表达能力，充分尊重学生的阅读体验，把课堂学习推向了一个新的高潮。

丁老师在"运用语言"这一环节中，先要求学生具体准确描述画面景物，然后增加难度，要求学生还要渗透进音乐的元素，揭示出独特的感受。这样的安排是有意义的。不仅让学生知道要写出景物的特点的道理，而且让学生知道其方法——仔细观察，用心思考，充分运用想象力，使客观之景成为自己的心中之景，并通过对一些写景方法的基本掌握，在写景中融入自己的感受和思想。这样的设计也符合由浅入深、逐步提升的认知规律，学生乐意参与，也容易获得成功感。

总之，写景散文的教学要抓住"读、悟、品、用"四个节点。以"读"为切入点，以"悟"为突破点，以"品"为落脚点，以"用"为归宿点，从而把握散文的意蕴，培养学生的审美情趣和审美能力。

与文本贴合得再紧一些

——《绝地之音》教学之"文本研习"评析

文本,是阅读教学之"本",有其独特的地位。它是教学任务明晰的主要载体,是教学目标确定的主要依据,是教学内容安排的重要来源。一旦脱离了文本,就没有真正意义上的教学。所以课堂中一切教与学的活动,都应该围绕"文本"来充分展开。我们要在正确、深入理解文本内容,准确把握文本教学意义的基础上,紧密贴合文本组织学习活动。

"文本研习"是阅读教学的重头戏,作为阅读教学的主要形式,在启发和引导学生进行感受、领悟、发现、建构文本意义方面有着极为重要的作用。以此来观察一位青年教师的《绝地之音》教学中的"文本研习",我们也许会有一些感触。

文本研习之一

师:文中直接描写"绝地之音"的是哪一段?写出了怎样的特点?蕴含着怎样深厚的内涵?

学生读第5段中的相关文字:

"突然,那人唱了起来,细听,那歌无词,也无统一的曲调,只有一种内在的音韵连续在一起。如果说有歌词的话,那只有'咧'一个字。咧——咧——咧——,歌声好似被鞭梢越沟撩过来,抑或是被风断断续续扔过来。满地是无边的黄土墼,昏黄的夕阳浮在黄土上,满地好似涂着秦汉边卒那风干的血。那歌声,似情歌却含雄壮,似悲歌却多悠扬,似颂歌却兼哀怨,似战歌却嫌凄婉……那是一首真正的绝唱,无词,而饱含万有,无调,却调兼古今。"

生1：没有歌词，也没有统一的曲调，只有一种内在的音韵连续在一起。

生2：似情歌却含雄壮，似悲歌却多悠扬，似颂歌却兼哀怨，似战歌却嫌凄婉……

生3：那是一首真正的绝唱，无词，而饱含万有，无调，却调兼古今。

师：为什么说"绝地之音"是"情歌""悲歌""战歌""颂歌"？

学生回答不出。

师出示课件：

"情歌"唱出了——绝地中的相互扶持

"悲歌"唱出了——绝境中生存的艰难

"战歌"唱出了——绝境中的斗争精神

"颂歌"唱出了——绝地的壮美和绝处逢生的坚韧

依据文本内容进行问题设计，要求学生从语段中读出核心内容，从语言中读出自己的理解，并说出自己的阅读感受，这是非常正确的做法。但有了一个好的问题设计并不等于就有了一个非常漂亮的思维展开过程，教师有时所做的可能会南辕北辙。当学生用文中的原话来说"绝地之音的特点"时，教师要提示学生用自己的话概括，不然这个问题就没有多少"思维含量"。既然问题从文本中来，那么理解就应该扣住文本，从文本中找根据，依据文本陈说自己的理由，这才是"读文本"，否则所读的就是与其不相干的东西。

教师追问学生："为什么说'绝地之音'是'情歌''悲歌''战歌''颂歌'？"也就是说教师认为那个赶着骡子的人所唱的歌是"情歌""悲歌""战歌""颂歌"。可原文却是这样表述的："似情歌却含雄壮，似悲歌却多悠扬，似颂歌却兼哀怨，似战歌却嫌凄婉……"这组"似……却……"的排比句式，明确无误地告诉读者，他所听到的歌，"好像是"（似）"情歌"，"好像是"（似）"悲歌"，"好像是"（似）"颂歌"，"好像是"（似）"战歌"，但却又都不是，因为它们"含雄壮""多悠扬""兼哀怨""嫌凄婉"，语意的重点明显落在后者上，教师怎么能作出相反的理解呢？这一问把学生的思维拉向了语言的背面。

正因为作者所听到的、所感受到的、所写的不是"情歌""悲歌""战歌""颂歌",所以教师要求回答其中的缘由,学生自然无话可说,不得已,教师只好继续在已经偏离文本的走道上滑行,她直接出示了自己所预设的内容。但是"情歌"表现的只是"相互扶持"吗?"悲歌"表现的就只是"绝境中生存的艰难"?作者在文章的结尾说"绝地之音,并不仅仅传达悲壮哀婉"又怎么理解?"颂歌"就只是歌唱"壮美"和"坚韧"?文本中什么地方写到了人们的"相互扶持""斗争精神"和"绝地的壮美和绝处逢生的坚韧"呢?

其实,正确的途径应是围绕"似……却……"所包含的四个相互对立而又统一的意思来展开,根据文本意义去理解:像情歌那样缠绵却有几分威武雄壮,像悲歌那样忧郁却充满了轻快悠扬,像颂歌那样激昂却又具有悲吟哀怨,像战歌那样激越却又凄婉绵长。喜与悲、乐与哀、达观与无奈、憧憬与茫然、光荣与梦想就这样有机地结合在一起,"无词,而饱含万有,无调,却调兼古今"。它是那样的质朴、野性,呈现着真实的生命,诠释着生命的内涵,演绎着生命的意义,上演着生命的赞歌。这样的歌声里,"失望多于欢欣,失败多于成功,以至歌咏中的幻想色彩也染上一脉悲情"(马立伟、刘惠《领悟阳刚、大气、壮美——〈绝地之音〉荐读》)。

据此,我们可以这样来追问学生:

这到底是什么样的"绝地之音"使作者如此着迷乃至感动得刻骨铭心呢?请结合全文内容思考。

围绕这个问题,学生的思考即使有不够准确之处,但也不会有大的偏颇,因为他们必须结合文本内容才能有自己的理解。

文本研习之二

教师要求学生读第9段:

"过了几年,我闯进了腾格里大沙漠。不知不觉间,满世界只剩下我一条生命。这时夕阳平洒下来,望不断的沙丘便如远古宫殿的金柱,矗满了我的思周。哪一根金柱可供我依靠,哪座宫殿供我憩息,怅然良久,满地都是

与生命无缘的荒漠。那串歌吟这时突然奔入我的心房,我濡湿了干裂的嘴唇,迎着依依下沉的夕阳唱了起来。咧——咧——咧——,哦,是那声音,是那来自古长城线上的声音。我至今也不知道那天我究竟唱了什么,但我肯定,那一次我确切地捕捉住了那串古长城线上的音符。"

师:在腾格里大沙漠这个荒凉、险要、奇特的绝地,"我"体会到的是地绝而人心不绝,地荒而人心不荒,"我"感受到了生命的存在。

师:如果把你置身于一个绝境之中,你的感受会是什么?

学生七嘴八舌,但不得教师所设想的"要领"。

师:从歌声中体味到生命,希望能将自己带出绝境。让我们一起来唱:"咧——咧——咧——"

学生在教师引领下唱。

师板书:绝境中的呐喊。

师:如果在绝境中,你会发出怎样的"绝地之音"呢?

生摇头。

师:这个问题就留待课后让大家思考吧。

教师引领学生像阅读第5段一样,阅读另一个重点段落,并要求学生能结合自己的生活经验谈感受,这既是文本阅读的需要,也是提升思维能力的需要。但这样的阅读必须是精细而有深度的,要能准确把握作者所表达的内容与情感;这样的感受也要建立在学生已有生活经验的基础上,使他们能够获得新的感受与体验。可恰恰在切合文本和贴近学生这两个方面,这一教学内容的安排存在着问题。

当学生读了这段文字之后,不应该由教师直接谈自己的阅读理解或感悟,而应该启发学生思考这样几个问题:

(1)这一段与上一段的关系是什么?

(2)具体写的是什么内容?

(3)这一内容与"我"那天听到的"来自古长城线上的声音"有什么关联?

(4)"我"对此有哪些体会?

(5)作者借此要说明什么?

       经过阅读，学生不难理解这是承上写"我"对绝地之音的"接近"和"捕捉"，是"我"对绝地之音的"自我印证"。在辽阔的大沙漠中，"满世界只剩下我一条生命"，"我"显得很孤独，很无助，很沮丧，这使"我"产生了一种生命自证的欲望，便对着夕阳而"唎"了起来。于是，"我"自然而然地想起了那天听到的"来自古长城线上的声音"，"这是心灵的对接，是心弦的和鸣，是生命的通感，是情境、心境的遥相呼应"（《〈现代散文选读〉教学参考书》）。"我"由此体会到了孤独的生命对苍天的示威呐喊，感受到了旷野荒漠中生命的自娱自慰。"我"为自己完全接近和"确切地捕捉住了那串古长城线上的音符"而高兴，原来它长期以来深深地在"我"的血液骨髓之中，会使"我"感动得"盈满了清泪"，因为这是生命与生命适逢绝地之境的通感和共鸣。这些丰富而复杂的内容，绝不是教师的一句"感受到了生命的存在"所能概括得了的，也不是教师的直接讲解就能使学生明白的，它们需要仔细地阅读，慢慢地咀嚼，深入地品味。

       教师设置某种虚拟情境，让学生谈自己的感受或体会，这是我们经常采用的一种教学策略。但如果这种情境与学生的原有生活经历和体验有很大的距离，学生就不可能有什么感受，即使有也是"为赋新词强说愁"，甚者会无病呻吟。有的教师在教学《背影》时，喜欢对学生说："同学们，你们的生活中肯定也不乏这样的情景，请写一写自己的父亲。"教师的"肯定"与"不乏"对个别学生来说，可能就是极为"罕见"或"从来没有"的。如果一个学生或者是在福利院中长大的，根本就没有父亲，或者父母离异，跟妈妈生活在一起，或者父亲从事极为特殊的工作，多少年来一直在外地……种种复杂情况，又让学生情何以堪？

       这种情况很普遍，如有教师在教学《报任安书》时，让学生说说"如果你是司马迁，你会怎么做"；在教学《渔父》时，让学生说说"你想做屈原，还是想做渔父"。与一些少儿作品不同的是，这些文本都不只是写给心智还未完全成熟、"三观"还未完全形成的青年人看的，读者对象更多的是成年人，其中所表现的生活与学生完全缺乏直接的关联。由于时空距离极其遥远，完整地理解其所表达的情意已有很大的困难，更何况还要去设身处地地想象并谈感受呢？这些情境设置，不但完全离开了文本，更严重脱离了学生的生活实际,在没有任何生活经验的情况下,学生的回答自然是言不由衷、不得要领。

这位教师所设置的情境同样是把学生置身于一个虚拟的绝境之中,让他们谈感受。这样的生活经验绝大多数学生是严重缺乏的,甚至对什么样的情景才算是"绝境"他们也没有清晰的认识,难怪有的学生把考试时不会做题目、下雨天打不到车回家、到商场买东西钱不够等都说成是"绝境",所以他们不可能谈出真正与作者类似的感受,而即使有什么感受,也不需要与文本有任何的瓜葛。即使学生所设想的确实是某种"绝境",但他们的表现也会复杂多样,有的会大声宣泄出来,有的会默默承受下来,不一定都会发出"绝地之音"。在这样的情境下,除了说些言不由衷的假话、不着边际的空话之外,根本不会有高质量的思维活动。倒不如切切实实地让学生贴合文本,在研习文本语言上、把握作者情感上、体会行文构思上多花点功夫。

文本研习之三

师:有一位评论家曾说,马步升是在强制我们体验另一种苦难,我们不需要这种"强体验"。请大家思考:这里所说的"另一种"是什么?(出示PPT)

提示:

另一种风景—— 另一种生存——

另一种精神—— 另一种感动——

生茫然,低头看书,试图从文本中找"答案",课堂沉闷。

师出示:

另一种风景——绝处逢生 另一种生存——千沟万壑

另一种精神——坚不可摧 另一种感动——刻骨铭心

回头再看这个环节,我的脑海里首先闪现出另一个课堂情景,那是一位教师教学《呼兰河传(节选)》,他设计了"借助评论,领悟情感"的环节:

文学家茅盾曾这样评论《呼兰河传》:"它是一篇叙事诗,一幅多彩的风土画、一串凄婉的歌谣。"

请你谈谈对这个评论的看法。

在"课堂总结"环节,她又出示了一段话:

一个人来到世上,听了说了无数的话,但尽头处只发现存下一句话。一句话照亮了一生的命运、秘密,一句话凝聚了一生。当一语道出,这人已悲伤不能自已,如闻思乡还乡之歌,空远、悠扬又惆怅,平静下无尽的忧伤。"呼兰河这小城里住着我的祖父"这句话包含了作品所有的秘密:主题、调子、结构,还有更多无法说清的。整部作品只是这一句话的扩展。

这两个环节中茅盾和另一位评论家的话,是结合整篇小说对《呼兰河传》的评价,而不是对《呼兰河传(节选)》的评价,用在这里学生"领悟"不到或不能准确"领悟""节选"部分的情感,也不能对课堂起到"总结"的作用;后一段话所分析的是"呼兰河这小城里住着我的祖父"所蕴涵的深层意义,但这不是该课的学习重点;这个教学环节不是对小说中的第一句话进行理解,而是对整个课堂教学的收束;同时,评论家把作品中的叙述者"我"与现实生活中的写作者萧红完全等同了起来,忽略了文本的体式特征,而教师却只知道人云亦云。

平心而论,本课教师有自己的教学思考,为了使学生的阅读理解进一步深入,她引入了一位评论家的话,从另一个角度启发学生把前面研讨的主要内容进行归纳与总结。但这样做要考虑几点:一是评论家的话是评论这一篇文章的,还是评论马步升的所有文章的?如果是前者那就很合适,如果是后者就会偏离文本。二是这位评论家的话是自己的"一家之言",还是评论界乃至所有读者的共识?如果把前者作为一种共识来让学生接受,显然不当。三是评论家的话是"不需要这种'强体验'",是对马步升作品主题的排拒,而教师是对这种写作的认可,并且要求学生揣度其中所传达的"另一种",这明显不是一回事。四是评论家说的是马步升强制读者体验"另一种苦难",引发学生思考的应该是:"这'另一种苦难'指的是什么?"而教师要求学生思考的却是"另一种风景""另一种生存""另一种精神""另一种感动",所指向的内容完全不同。至于教师匆忙出示的几个"另一种",也并不完全与文本相契合，如说"另一种生存"是"千沟万壑"，"另一种精神"是"坚不可摧"，与文本所表达的内容有较大的距离，对学生理解文本势必造成干扰和误导。

　　这位青年教师的教学有样本研究价值，她所组织的"文本研习"活动，看上去都是围绕"文本"展开的，而我们对一些偏离文本的教学太习以为常了，毕竟课堂中有许许多多离谱的例子，这让我们有几分欣喜。这也使得其在尊重文本、紧扣文本方面一些明显的不足，因此受到了掩盖。如果本文中所揭示的话题，能够引起同道者的关注，则会使我们感到无比欣慰。

　　让我们的阅读教学，与文本贴合得紧些，紧些，再紧些。

要充分展开思维活动

——《湖殇》教学设计片段评析

就一节课而言，检验学生学习水平与发展状态的一个重要指标是思维方式与思维品质。教语文的目的之一是发展学生的思维，教学生随时能够运用思考、判断和想象，随时拥有自己的理解、感受和体悟。学语文就得学思考、学分析、学揣摩，使思维由模糊到清晰、由零散到集中、由狭隘到全面、由肤浅到深刻、由庸常到创新、由缓慢到敏捷。带着这样的认识，我观察了这位青年教师执教的熊久红的散文《湖殇》（被作为2016年上海市高考试题），对课堂中的一些片段进行了思考。

片段一

学生自由朗读课文，思考：
围绕艾比湖，作者写到了哪些内容？试用一句话来概括。

从课堂观察看，学生读了不到五分钟，教师要求学生回答上述问题，但没有能够"用一句话来概括"，而是教师自己概括的。

这个环节的任务有三个：一是读课文；二是"思考"，要对所读过的内容有较为全面的了解并加以梳理；三是"概括"，这是进行信息筛选，需要对刚才所读到的具体内容进行提炼、浓缩，将其上升到较为抽象的层面。这三个任务都需要一定的时间来完成。但学生只读了四五分钟，教师并没有询问学生读的完成情况，也没有让学生"思考"，即开始提问学生。学生由于没有"思考"的时间，回答的质量普遍不高。特别是第三个任务，需要学生展开充分的思维活动，"概括"既要全面，又要准确，而且还要流畅，所概括的应该是一个较为完整、规范、顺畅的句子，这对思维的精确、严密、精炼等质量方面提出了较高的要求，但却没有得到落实。结果，是教师自己简单梳理了一下文章内容，就匆匆地放过去了。

片段二

教师要求学生读第7段：

"由于道路的崎岖，到湖边时，太阳早已三尺竿头了。虽没赶上看日出，却被眼前一望无际、绵延至深的芦苇荡所震撼，清风拂过，波涛汹涌，一如百万雄兵拥围着这一域的浩淼。湖的浅滩上，密密麻麻布满了野鸭、灰鸭、斑头雁，随便朝水中甩一片卵石，都会惊飞几十只水鸟，空中盘旋两圈，又栖落水中。湖面很宽，即使极目远眺，也看不见对岸的轮廓。靠近水边是一排沙滩，赤脚从上面走过，可以感受到温热潮润的细沙与脚趾间密切接触的惬意。几行浅浅的脚印，一派浪漫的行程。"

师：这些景物给你怎样的感受？
生：美。
师：作者抒发了什么样的感情？
生：喜爱。
师：不是"喜爱"，应该是"热爱"。

这个片段有两点需要思考：

其一，学生的阅读认知是很朴素的，但也是非常模糊的、笼统的，他们只能用一些较为抽象的、概括的词语来谈自己的阅读感受，如"美""妙""好"等，这是一种直觉思维。但这样的认识和感受是非常不具体、不明确的，直觉思维没有经过对语言事实的"验证"，尽管思维的方向是正确的，但却是一种零散的，也是肤浅的认识。当他们下次再读到他们认为"好的"词语或句子时，他们仍然会这样回答。显然，这离真正的"欣赏"有很大的距离。教师要做的是，引导学生深入阅读文章，具体品味语言，看其"怎么个美法"，"你是从哪些方面得出这一印象的"等，笼而统之、大而化之的回答，会使学生的思维始终停留在语言感知的表层，而不可能深入到内部，不可能品尝到语言真正的"美"。

其二，教师要追问的应该是"这位同学的说法对吗？"，或者是"你是从哪些词语或句子中体会到作者这一情感的？"，抑或是"请说说你这样认为的理由"。这才能让学生的思维过程得到具体的展开，在不断的思考中，学生的认识才会逐渐走向全面、准确，乃至深入。但教师却没能抓住这一教学契机，没有将学生思维引导到正确的方向，而是极其简单地阻抑学生思维。这是因为教师要的只是所谓的"答案"，而且是教师预设的"答案"，而不是学生思维品质的形成与能力的提高。如果其中确实表达了作者的"热爱"之情，那么经过共同讨论，学生自然能够体会到这一点。遗憾的是，教师只是把这一结论性认识直接"灌输"下去，并没有调动学生去思考这样认为的依据。

片段三

学生读第3段中的部分文字：

"而我脚下的艾比湖，正在丧失这些青春，就像一个散失了光鲜的干瘪水果，躺成一汪奄奄一息的物证。那些越来越多从湖底裸露出来的丑陋的盐碱污泥，总是让我联想到一具行将风干的木乃伊，一个湖的木乃伊。"

师：这段文字作者运用了什么手法？

生：拟人，把湖比拟为人，说艾比湖正在"丧失这些青春"，说它是即将风干的"木乃伊"，而木乃伊只用来指人。

师：不对，应该是比喻。这是用木乃伊来形容湖的干涸、可怕。

学生说的是拟人，可遭到了教师的否定，但为什么不是"拟人"而是"比喻"，教师却又不作任何的说明与阐释，或者组织学生进行讨论，以明确作者所使用的手法到底是什么。教师所做的是告诉学生一个现成的结论，而且是一个没有论证过程的结论。当学生的回答与教师的预设有矛盾或不尽一致的时候，正是教学的契机，看上去是对修辞手法的认识，其实正是对语言的品味，对所抒发情感的把握，是对学生想象能力与审美能力的检验、培育与提升。可是教师却错失良机，用自己的阅读理解代替了本应由学生阅读后才能得出的认知。这样一来，学生除了被动接受教师的结论外，不可能有思考与探究的余地。

片段四

学生读第5段：

"在蛮荒的疆域里安插一个湖，应该是上帝对自己分配不公的一种补偿，她带给我们的是对绝望灵魂的抚慰，是对生存状态的重估，是能枕着入眠的一个梦境，而这个梦，曾经真真实实地存在过，在记忆的回望里，碧波荡漾。"

师：请大家找出其中的关键词，体会一下作者的情感。

生1："补偿""抚慰""重估"。

生2："绝望灵魂""梦境"。

师：同学们找得很对，这是对"灵魂"的"抚慰"，湖没有了，我们的灵魂就没有了，这样的"灵魂"，指的是"精神家园"。

学生确实找出了文中的"关键词"，但可惜的是他们只是将其找出而已，或者说他们所找的只是词义所表达的某种结果或是状态，如"补偿""抚慰""梦境"等。至于为什么要这样说，或者这样说的根据是什么，教师没有进一步引导学生去深入思考。

以"补偿"和"抚慰"为例，为什么说有这样一个湖，是上帝的"补偿"？因为他"分配不公"，他分配给此地人们的是一个"蛮荒"之地，而他却又好心地"安插"了这样一个湖，这是多么让人感到欣喜的事情啊！可惜的是，上帝的这一好意，却被人类误解了，人类不是把它作为生活、生存的依赖，而是作为利益攫取的源泉。这样的一个湖，对于生活在"蛮荒"之地的人们来说，确实是"对绝望灵魂的抚慰"，是对濒临生活绝境、对生存与发展、对现实与未来而绝望灵魂的极大抚慰。但这样一个能够给人带来物质享受与精神安慰的湖，一个可以安放人类灵魂的湖，一个人们可以永存美好记忆的湖，却正在日渐枯萎而了无生机，正在变得丑陋而不堪入目，正在逐渐消亡而成为僵尸,这是多么让人感到痛心啊!所以,这里表达的不仅是对记忆中的艾比湖的喜爱与赞美,更是从另一个方面宣泄自己的"痛心"与"无奈"!这样"精神家园"一说才能落到实处,而不是直接告诉学生。

片段五

教师要求学生说出题目"湖殇"的含义。

师:湖是艾比湖,那"殇"呢?字典上是怎么讲的?

生:死亡的意思。

师:对,是死亡。《说文解字》中的解释是:"殇,不成人也。可伤者也。"意思是说殇是指未成年的死亡,是可悲伤的。所以"殇"就是"伤"。

师:题目的意思是"为湖而伤"。那么,文章仅仅是为湖而伤吗?除了艾比湖,作者还写到了哪些湖?

生:还写到了许多已经消失的湖,作者用了一系列的数据(读相关文字)。

师:随着湖的消失,还消失了什么?请大家读第12段。

学生读第12段:

"那些缭绕碧波的绿茵,那些水中游戏的鱼鸟,那些湖面泛舟的渔人,那些环湖晚炊的村庄,都随着湖的消失而泯灭了。"

生:消失的有绿茵、鱼鸟、渔人、村庄。

师:对,村庄,就是人们赖以生存的家园。这是人的忧伤,湖的悲凉。

PPT出示:没有了家园、没有了诗意生活、没有了精神慰藉、没有了子孙后代,也就没有了我们自己!所以说湖的悲剧也就是自然的悲剧,是生命的悲剧,是人的悲剧啊!湖殇亦是生命之殇、家园之殇、子孙之殇,是一切美好之殇。

围绕题目教师启发引导学生理解其表面意思和深层意思,这是很有思维梯度的,理解题意的过程,就是理解文意的过程,也是把握主旨与情感的过程。但教师的做法却比较简单,没有能够使其发挥出最大的作用。师生的这段对话,值得思考的有下列几点:

其一,以"殇"的本义而言,学生如果不知道,完全可以通过查字典了解,不需要教师讲。教师所讲的是"殇"的本义,而没有考虑到其引申义:常用于指重大的灾难事故或心理上的剧烈悲痛创伤或事件所折射出的巨大的悲哀遗憾等。所以,"湖殇"之意学生把握得不够准确。教师应该引导学生在掌握这一词语的本义、引申义的基础上,深入思考"殇"在这一特定语境中的含义及其作用:"殇"字所表达出来的是作者对湖泊消亡的悲伤、悲哀与遗憾,是对于湖泊破坏者的愤慨,以"湖殇"为题,准确地揭示了文章的内涵,表达了作者强烈的悲愤之情。

其二,"文章仅仅是为湖而伤吗?除了艾比湖,作者还写到了哪些湖?"这是两个不同的问题,应该分别去认识与理解,不能一下子都抛出来,事实上教师也是引导学生分别理解的。但两个问题的顺序应该颠倒一下,才与文章思路相吻合,也才更加符合学生的认知规律,因为前面一个问题显然要比后面一个有难度。

其三,学生读了文章中所写已消失湖泊"一串痛苦的数字","像宣读阵亡名单",但教师没有抓住这些极有冲击力的数据,没有追问:"在一篇抒情散文中,为什么要用这些数据?""如果不用这些数据,怎么表述?"借此让学生对这些数据有很直观的感受,对其在表情达意上的作用有具体的体认,从中学习这种较为独特的表述方式。正如上海市高考试题答案所表述的:这些数据之间存在着较大的差距,这些年份之间却间隔较短;能够让读者具体地感受到环境遭受破坏的程度之深和速度之快,从而很好地表达作者的情感之深,让读者产生深刻的印象和强烈的共鸣。这些内容应该得到合理的解释,语义应该得到充分的理解。

其四,第12段虽然文字不多,但其在表达上却很有特点,是培养语感的好语料,如它运用排比的修辞手法,使作者的感情表达得更悲痛、更强烈,使文章的语气更通畅、更流利;它的语言顺序也很符合逻辑,由自然景象绿茵、鱼鸟到社会景象渔人、村庄,由物到人,由个别到一般,充分表现了湖泊所陷入的巨大危机及其所带来的严重后果,这对学生有序缜密思维的培育有好处。这些都需要引导学生仔细品味,可惜的是教师只是让学生匆忙地找了几个关键词语,并没有能够展开分析,致使文本语言的魅力得不到充分彰显。

其五，当学生说消失的还有"村庄"时，教师直接表述的是"家园"，但"村庄"与"家园"并非完全相同的意思，这里可以让学生对两者进行比较："村庄"只是乡民聚居的地方，而"家园"则有"家庭或家乡"之意，有时还指"家业"。很明显，"家园"的意思更加丰富，其情感性也比"村庄"强。如果学生不明白这一点，他们就不会理解为什么不能用"村庄"而要用"家园"，这对学生学会概括句意乃至文意，形成语感能力以及丰富自己的词汇，都是有很大作用的。仅是简单的"告知"是不能达到这种效果的。

其六，学生在了解了"湖殇"的字面意思和深层意思后，应该能够对其作出自己的阐释性理解，教师应该趁热打铁，启发学生用自己的语言，把阅读的体会说出来。但教师却又一次越俎代庖，用自己的阅读体会包办代替，没有给学生表达的机会，而是直接用PPT出示，让学生齐声读一遍。这样一来，学生的思维过程被遮蔽了，其中有可能出现的问题也就被掩盖了，思维的成果也得不到显现，教师无从了解学生的认知情况。

片段六

让学生理解"不知道在鱼缸里长大的鱼，会不会朗诵有关海的诗句"一句的含义。

师：大海本应是鱼的家园，但鱼缸里的鱼没有见过大海，只能从传说中听到有关海的故事。这里的鱼是什么？作者运用了什么手法？

生：鱼指子孙后代，用的是比喻，是对他们未来的担忧。

师：对，是比喻，作者把没有见过湖的人，也许是将来的每一个人，我们的子孙比作在鱼缸中长大的鱼。这样写把未来可能发生的子孙的窘境让我们真切地体会到了。是的，如果环境继续恶化下去，我们每一个人，我们的子孙都会成为鱼缸里的鱼。这里，作者又表达出了对未来的深深的担忧之情。

师板书：担忧。

文中的某个重要语句，往往是作者精心选择词句并巧妙组织之处，也是作者情意表达比较集中之处，自有其独特的艺术表现力。对其理解与品味，首先需要把握其表层意思，然后再挖掘其深层意思，最后是体会其运用某种手法的妙处。这些都需要教师引导学生对语言进行仔细的品味，慢慢地咂摸与咀嚼。但教师好像需要学生回答的只是"鱼"的比喻义而已，至于这一语句所蕴含的意思，所表达的情感，全是教师自己说出来的，而不是学生体悟到的。当学生已经回答出"对他们未来的担忧"时，教师没有能够充分运用学生的思维成果，让学生对自己的直觉认识进行内容上的丰富，对认识的结果进行顺畅的阐述，对有可能出现的认识上的偏差进行纠正，错失了一次让学生自我丰富、深入与提升认识水平的良机。

片段七

让学生理解第15段的含义：

"我在为一个湖悲哀的时候，突然想起了那些鸟，那些以湖为生的水禽，它们的翅膀如何才能越过灾难，飞抵梦想的天堂。"

学生阅读、思考。（当时已临近下课。）

师：作者不只是在为鸟、水禽而伤，是所有的依水而生的生命，包括我们人类自己。所以这里作者其实是在问，我们所有的生命如何才能不再消亡，重返幸福的家园？难道鸟儿们注定要腐烂在干涸的湖底？难道我们的子孙就注定了要变成鱼缸中的鱼，注定走向灭亡？这里作者提出对未来的希望，同时也让我们看到了他的思考，他的反思。

师板书：希望、反思。

临近下课，让学生品味这样的文句，显得非常匆忙，所以教师又一次自问自答，这使教学环节的安排与学习任务布置、学习要求提出都成了虚设，更遑论激发学生思考、展示学生理解的成果了。比较切实的做法是，要求学生运用刚才对"不知道在鱼缸里长大的鱼，会不会朗诵有关海的诗句"的理解方法，在课后对这个句子进行理解，请学生写下自己的阅读体会。

教师的理解是有深度的，但这样的深度只是教师自己的，而不能化为学生的，学生并不能从中受到启发，也没有能够在阅读感悟中体会到阅读的愉悦，领悟到阅读、发现、建构的快乐。

细究起来，教师对句意理解也有不够妥当之处，比如作者是对人类行为的一种批判、揭露、控诉、痛恨、惋惜、悲叹，作者的反思是针对人类的愚蠢行为，而不是自我的反思，这一点要能够明确。除了对未来的希望，此句还表达了自己的担忧、无奈、祈祷与祝愿之情，教师理解得不够全面。关键一点是这些深层含意都不是通过直接出示的方式，学生就能全部理解的，而要通过对语言的揣摩才能感受得到，要有学生自我的理解、体悟等内化过程。比如可以从手法上看，这是运用联想的方法，由此及彼，由人联想到鸟，联想到鸟面临的灾难，使环境被破坏的恶劣影响更加具体可感，增强了文章的感染力；这又是运用设问的手法提出鸟要"如何才能越过灾难，飞抵梦想的天堂"这个让人惊心动魄的问题，让读者感受到环境问题的紧迫性，使文章能更好地打动读者。这就不会使学生的思维只是停留在对"写了什么"的认识上，而去关注"怎么写""为什么这样写"的问题，对文本形成较为完整的认识。

片段八

总结全文：

师：我想最后既是作者的反思，也是作者在要求我们反思。老师写了一首诗，表达自己读完文章后的感受，与大家一同分享。

人啊，/你只来人间一趟！/该看看天，看看水/看看过去，看看现在/也看看未来！

人啊，/你只来这一趟！/为何不将自己融化在美好的自然里？/那能让你感受到永恒！

"总结全文"是作者的事情，而不是教师和学生的，师生学完一篇课文，理应对所学习的内容进行回顾与总结，是为"课堂总结"。"课堂总结"的形式有多种，其内容与目标指向也要因课而定，它或者是对学生已经形成的认识进行收束与提炼，或者是对已获得的学习成果进行总结与评价，或者是对思维进一步发展的方向进行启发与引导。但其核心是要与文本紧密联系，关键是要有学生的积极参与，有学生的思维活动。

课前教师确实花了功夫，费了心力，但所出示的这首诗，却没有有效实现课堂总结的功能，教师的感受和体悟与文本切合得很不紧密。其所感受到的是享受自然（以及与此相联的"生活"）、与自然相融，但这不是文本的主旨。作者为美丽湖泊的不幸消失、为美好生活环境的逐渐恶化、为人类精神家园的日趋式微而痛心、悲悯、哀叹，以此警醒人们，希望人们能够觉醒，还生命一个美好的现在与未来。而教师的"总结"非但不能起到其应该发挥的作用，还在一定程度上窄化乃至消解了已经形成的思维成果。

常见有教师在课上展示自己的阅读或写作成果，有时甚至是教师画的一幅画，拍摄的几张照片、一段视频，这诚然是一个非常好的方法，它可以对学生的阅读与写作起到示范的作用，可以更大可能地激发学生的学习欲望，可以对学生的思维方向起到引领与调控的作用。但这种展示，不该是某个学习过程的终结，而应是新的学习旅程的开始，也就是应该以此启发和诱导学生，将文本学习的成果继续扩大，让学生在新的思维跑道上奔跑。也就是说，这种展示要有很强的目的性、指导性和操作性。而这位教师只是对自己阅读成果的一种展示，与学生"分享"的目的与意图不够明确，起不到导引学生思维的作用。而如果是要求学生也像老师这样写一首诗，那又未免为难学生，也不能有效检验或评测学生的学习情况。

课堂学习是思想碰撞和心灵交流的动态过程，作为对文本阅读与理解的支撑，这些片段应着力引导、帮助和促进学生思维能力的培养，思维方式的建立，思维品质的形成，而不是适得其反。课堂上要培养学生自主阅读、独立思考、积极对话的能力，让学生能够敏锐发现和系统建构文本意义，能够富有批判与独创地发现问题，能够深刻、灵活地思考问题，进而树立起高度的学习自信。

附：

湖 殇

熊久红

当一双脚站在干涸的湖底的时候，其实，那种心痛的感觉，就像是自己踩在了自己的骨头上。

我说的是，在西部腹地，看着被戈壁荒漠一寸寸吞噬掉的艾比湖；我说的是，面对一片白色的盐碱，以及狂风掠过时卷起的漫漫沙尘。

对湖而言，它首先带给我们的，应该是那粼粼的波光，是鸥鸟的翔鸣，是蓝天白云的倒映，是渔歌唱晚的恬静，这些特征是湖带给我们的生活体验，也是湖应有的生命品质。而我脚下的艾比湖，正在丧失这些青春，就像一个散失了光鲜的干瘪水果，躺成一汪奄奄一息的物证。那些越来越多从湖底裸露出来的丑陋的盐碱污泥，总是让我联想到一具行将风干的木乃伊，一个湖的木乃伊。

青年时期的艾比湖有着1200平方公里的水面；有着几万乃至十几万只野鸭水鸟嬉戏的场面；有着浩浩荡荡芦苇环卫的辽阔水域；有着长河落日大漠孤烟的宁静致远。这些深深的怀念，使得我对眼前的景象，有着撕心裂肺的悲怆。

在蛮荒的疆域里安插一个湖，应该是上帝对自己分配不公的一种补偿，她带给我们的是对绝望灵魂的抚慰，是对生存状态的重估，是能枕着入眠的一个梦境，而这个梦，曾经真真实实地存在过，在记忆的回望里，碧波荡漾。

那是八十年代中期，一直对巴金的《海上日出》心存缱绻，期待感受红日出海的璀璨景象。新疆离海太远，便只好以湖的水域，模仿海的苍茫了。从首府放暑假回来，邀几位同学，骑车六十里，去艾比湖看日出，以弥补对海的贫瘠和渴望。

由于道路的崎岖，到湖边时，太阳早已三尺竿头了。虽没赶上看日出，却被眼前一望无际、绵延至深的芦苇荡所震撼，清风拂过，波涛汹涌，一如百万雄兵拥围着这一域的浩淼。湖的浅滩上，密密麻麻布满了野鸭、灰鸭、斑头雁，随便朝水中甩一片卵石，都会惊飞几十只水鸟，空中盘旋两圈，又栖落水中。湖面很宽，即使极目远眺，也看不见对岸的轮廓。靠近水边是一排沙滩，赤脚从上面走过，可以感受到温热潮润的细沙与脚趾间密切接触的惬意。几行浅浅的脚印，一派浪漫的行程。

二十多年的时间，都无法淡化湖在往事里的色彩，这幅精美的画面早已长在岁月深处，每一次温故，都在重新涂染一遍色彩，所以，停靠在回忆中的湖，其实，一直都很鲜艳，多少次在梦里，潮涨潮落，清波涟涟。

但眼前的残败，总让人恍然隔世，觉得这个每年被大风从湖底卷起无数沙尘和盐尘的，这个每年以几平方公里的速度一点点消失的，这个在干涸湖底随处可见禽鸟尸骨和枯苇干枝的，不是记忆里的那个湖啊！它与往日被我们时常念想的碧水清波毫无瓜葛。

多么希望艾比湖的枯萎是一次误诊！

但更多时候，我们不得不面对这样一串的数字。近50年，我国失去的湖泊有243个，其中，新疆的数量最多，达62个。罗布泊消失于1972年；台特玛湖消失于1974年；玛纳斯湖消失于1974年；艾丁湖消失于1987年。这听上去多少有些像宣读阵亡名单，但它们确实是从我们眼中一个一个消失的。

那些缭绕碧波的绿茵，那些水中游戏的鱼鸟，那些湖面泛舟的渔人，那些环湖晚炊的村庄，都随着湖的消失而泯灭了。

通过同伴的结局，艾比湖一定看到了自己悲情的归宿，所以，湖才有了泪的咸涩。如果能发出呐喊，我想，湖是一定要向上天控诉的，控诉那贪婪者、破坏者、无知者、傲慢者，控诉他们以自己的短视，替子孙们挖掘着墓穴。

时常看到一些赞美艾比湖的文章，对它仅剩的三分之一的水域，进行热情歌颂，听上去就像是对着一个病入膏肓的人，赞美她美丽的服饰和迷人的发髻，不知道在鱼缸里长大的鱼，会不会朗诵有关海的诗句。

我在为一个湖悲哀的时候，突然想起了那些鸟，那些以湖为生的水禽，它们的翅膀如何才能越过灾难，飞抵梦想的天堂。

（有删改）

"遵路"与"入境"

——《有些路，你并不清楚》课例评析

课例回放

教学目标

1. 引导学生反复诵读，领会文章蕴含的禅意。
2. 探究"有些路，你并不清楚"的深刻意蕴。

教学重点

引导学生反复诵读，领会文章蕴含的禅意。

教学难点

引导学生在诵读的基础上把握"有些路，你并不清楚"的内涵，并借此探究文本的意蕴。

教学方法

诵读法、讨论法。

课时安排

一课时。

教学步骤

一、导入

安徽池州有一座寺庙,其名曰仰天堂,其址于玉屏山,其统传一千年,其声闻八百里。文人墨客仰之、慕之、游之。(投影)仰天堂到底有何魅力,使得游人歆羡仰慕、纷至沓来呢?今天我们就随吴毓福先生的文章《有些路,你并不清楚》一探究竟。(投影)

二、整体感知

思考:由预习可知,本文是一篇游记散文,文章的行文思路是怎样的?明确(投影):

本文以作者的行踪为线索结构全篇,可分为三部分:

第一部分(第1—12段):登仰天堂

第二部分(第13—19段):到仰天堂

第三部分(第20—24段):离开仰天堂

三、文本研习

1.思考:本文围绕"仰天堂"结构全篇,作者去"仰天堂"的缘由是什么?(一读文本)(投影)

明确:寻道问佛,领悟禅意。

让学生齐读第13段:"一到仰天堂,我们,寻道的寻道,问佛的问佛,朝拜的朝拜,赏梅的赏梅……"

讨论1:作者在仰天堂赏梅,能说明他是在寻道问佛,领悟禅意吗?(1分钟)(投影)

生:"许是因了一缕暗香的牵引,在仰天堂禅房左侧,我无意瞥见了我早已心仪的蜡梅。疏朗的梅枝上缀着星星点点的蜡黄,似苞似绽,宛如笑佛。氤氲在梅香里,我不觉浸入佛心。如果不是突然的一声仰天堂里的狗吠,我想,我不知要在梅下痴呆多久呢!""笑佛""佛心"可见禅意。

师补充资料：苏轼是个大才子，佛印是个高僧，两人经常一起参禅、打坐。佛印老实，老被苏轼欺负。苏轼有时候占了便宜很高兴，回家就喜欢跟他那个才女妹妹苏小妹说。一天，两人又在一起打坐。苏轼问："你看看我像什么啊？"佛印说："我看你像尊佛。"苏轼听后大笑，对佛印说："你知道我看你坐在那儿像什么？就活像一堆牛粪。"这一次，佛印又吃了哑巴亏。苏轼回家就在苏小妹面前炫耀这件事。苏小妹冷笑一下对哥哥说："就你这个悟性还参禅呢，你知道参禅的人最讲究的是什么？是见心见性，你心中有眼中就有。佛印说看你像尊佛，那说明他心中有尊佛；你说佛印像牛粪，想想你心里有什么吧！"

生："意欲在山上观赏雪里蜡梅，等了好久，不想下山之后，天才飘起了雪花。"可见确实充满禅意。

明确（投影）：

上得仰天堂，我就在等待，等待雪落，等待雪里蜡梅悄悄开放的倩影，甚至静听雪里蜡梅悄悄开放的禅音。我想，如果果真如此，那一定是一种情致高逸的美遇！不想，天公似逗我一般，就在我沿着蛇形小道下到山脚之后，天空才突然飘来簌簌雪花。于是，我暗悔自己错过了，错过了仰天堂蜡梅傲雪的风姿。其实，人生也是如此。只是因为少了一点点再等待的心清，却让许多美丽的东西与自己擦肩而过。没有等到"梅花枝上雪"，虽有一丝憾意，然而，这次观梅，在仰天堂观梅，于我，多半是我生命里的一次"喜得"！（吴毓福《仰天堂观梅》）

2.仔细研读第一、二部分。（再读文本）

讨论2：除了蜡梅，文中还有哪些人、物、景透露出禅意呢？（先朗读后阐述）（投影）

生：渡船：渡船已被闲置，像一条干死腐烂的鱼……行走乡野，遇到河流，我倒是希望有一只船把我从此岸摆渡到彼岸的……我只觉得摆渡于人生有着它的独特的禅意。

生：宋师太：佛家讲求清修，宋师太76年清寂的生涯，让作者体悟到修行人远离尘世的清净、悠然的禅意。

生：荷莲：虽然是"几支枯荷残梗"，却"在寂寥中酝酿着来年的荷香"。暗合佛家"生死轮回"的禅理。

生：香客、黄大师：更早、更痴。"莫道君行早，更有早行人""莫说相公痴，更有痴似相公者"——虔诚。

明确（投影）：

渡船——此岸到彼岸的自由，天与人的合一（登仰天堂）

宋师太——远离尘世的清净、悠然（到仰天堂）

荷莲——暗合"生死轮回"的禅理（到仰天堂）

香客、黄大师——暗含对佛家的虔诚（离开仰天堂）

（"渡船"一处较为明显，其余两处学生不易理解，引导学生适当展开联想并结合平时所学及传统文化中的核心概念帮助理解。）

补充：丁国强《中国文人的舟居情结》中说舟外观质朴，能以空受盈，能不滞于物，能包容失意，能含养得意，能保全天性，体现"天人合一"思想。

除了这些，还有别的景致蕴有禅意吗？（登仰天堂）

炊烟——想起童年的故乡，想起老屋的烟囱，宁静、祥和，有一种皈依之感

村妇——踏上村妇指引的路，脚底的感觉越来越轻，越来越暖，有一种接近佛门圣地的轻松温暖之感

讨论3：本文处处充满禅机，文章结尾部分许老师说出一句暗含禅意的话："对于我们，有些路，其实，你并不清楚……"（投影）你是如何理解这句话的？（三读全文）

（这句暗含禅理的话是文章的标题，也是本文的主旨句，学生可能有一些感悟，但不可能分析得全面透彻，可通过几个小问题引导学生讨论。）

生：不清楚的路，首先是登仰天堂的路。（"到仰天堂去。虽然二十多年前去过一两次，也知道仰天堂，在秋浦河畔，玉屏山上，芙蓉尖下。但时隔多年，即使旧路，于我，也似乎陌生起来。"）

生：不清楚的路，指宋师太这样虔诚的求佛之路。（"据宋师太说，仰天

堂始建于民国初年。她于1936年，上的仰天堂，现在已有76年了。""我想，76年，76年在清寂的山上，并且几乎都是一个人……对俗世人来说，这是怎样一种概念啊？""不想吧！想，也许也想不通的，尤其对于尘世俗子。"）

生：不清楚的路，还指那些比"我"更早的香客和更痴的黄大师的路。（"在这样的寒冬里，又是元旦后一日，我以为我们是今天早来朝拜的；谁知早已有几位香客先来了。难怪古人有言：莫道君行早，更有早行人。""有一位一直仰慕的大师黄先生，从安庆赶来，在飘雪里从另一条路又一次上得仰天堂，无怪乎，《湖心亭看雪》里的舟子喃喃曰：'莫说相公痴，更有痴似相公者'的……"）在一般人眼里，作者已经是相当虔诚的了，但还有"更早"的香客和"更痴"的黄先生，可见他人虔诚的内心世界我们往往难以揣测。

生：不清楚的路，最后指"我"的参禅悟道之路。登仰天堂途中无法摆渡过河的怅然失落之情……由炊烟，到童年的故乡，自然勾起宁静、祥和的皈依之感……脚踏落叶，越轻、越暖，有一种接近佛门圣地的轻松温暖之感……到得仰天堂：静心、净心，不觉浸入佛心。……离开仰天堂："对于我们，有些路，其实，你并不清楚……"怅然若失。作者的参禅悟道之路，他预先也并不清楚。

明确（投影）：

（1）登仰天堂之路不清楚：即使以前走过的路，也常有陌生之感。

（2）参禅悟道之路不清楚（不同的对象，有不同的悟道之路）：

①宋师太的虔诚之路：远离尘世的修行人的清净、悠然，凡夫尘子难以体会。

②早行的香客和飘雪里上仰天堂的黄先生："莫道君行早，更有早行人""莫说相公痴，更有痴似相公者"，他人虔诚的内心世界往往难以揣测。

③作者的悟道之路：从怅然失落到浸入佛心、悟得禅机，颇费周折。

小结：虽然很多路我们都不清楚，但我们清楚的是文中的每个人都对佛法有一颗虔诚之心。无论佛还是禅，并非有多高深，只要拥有一颗佛心，生活中处处有禅意。

四、拓展延伸

国学大师王国维在其经典著作《人间词话》中说:"有我之境,以我观物,故物皆著我之色彩。"吴毓福先生以佛心观照万物,故处处皆有禅悟。

作者参禅悟道的经历对你的人生有什么启示呢?请谈一谈。

明确(投影):

(1)拥有一颗佛心,生活中处处有禅意。
(2)"不清楚"是生活的常态,"不清楚"也应毅然前行。
(3)心里有,眼中就会有,以乐观的心看待生活中的不如意。

五、课堂总结

同学们,对我们而言,也许重要的不在于清不清楚哪些路,不在于悟出什么禅理,而在于我们的这颗虔诚的心。我们不是佛法高人,亦非得道高僧,我们说不出"菩提本无树,明镜亦非台"的经典禅语,但是我们可以通过这颗虔诚之心,于自己的内心"修篱种菊",于喧嚣的世界中求得一份宁静,求得一份豁达。

六、课后作业

请自主阅读林清玄的《木鱼馄饨》,比较两篇文章对你的启示有何异同。

附板书设计:

有些路,你并不清楚

登仰天堂——领悟禅意

寻道问佛,领悟禅意　　到仰天堂——浸入佛心　　生活中处处有禅意

离开仰天堂——悟得禅道

(江苏省泰兴中学　张婧)

课例评析

叶圣陶先生的《语文教学二十韵》中有这样的两句话:"作者思有路,遵路识斯真。作者胸有境,入境始与亲。"文本教学的过程,要解决的正是引导学生"遵路"和"入境"的过程。既然如此,我们要认识的基本问题应该是:作者在文本中说了什么?他为什么要这样说?他是怎样说的?还可以怎样说?仅以散文教学内容的明确而论,我们需要引导学生从作者的表述中,理解与把握文本的结构特征、语言特色、表现手法及其意蕴。这其中的每一个方面,都需要有完整的思考与衡量,都需要有具体的操作与展开,都需要有基本的策略与艺术,否则文本教学意义就不能得到有效的实现。以这样的视角来观察与思考青年教师张婧执教的吴毓福的散文《有些路,你并不清楚》,我们也许会有一些新的认识和看法。限于篇幅,我们只选择这堂课的"整体感知"和"文本研习"两大环节进行观察与思考。

一、关于"整体感知"环节

师:本文是一篇游记散文,文章的行文思路是怎样的?

学生阅读,思考。

生:作者先写到了仰天堂。

师:哪一段提到的?

生:第1段。

师:哪一段提到离开仰天堂的?

生:第20段。

师投影出示:

本文以作者的行踪为线索结构全篇,可分为三部分:

第一部分(第1—12段):登仰天堂

第二部分(第13—19段):到仰天堂

第三部分(第20—24段):离开仰天堂

教师的本意是以把握行文思路而让学生整体了解全文内容,这个想法很正确，问题是分析写景抒情散文"行文思路"的基本方法是什么，或者说学生是否已经掌握了一些分析的方法。在学生回答问题之前，教师首先要帮助学生唤起相关的知识回忆，以进一步明确一些认识，然后才能回到文本中去，让学生有理有据地回答。所以，怎样引导学生去找一些能够显示文本"思路"的关键词和句子就显得比较重要了。

就这篇散文而言，可以引导学生寻找表示时间和空间变化的一些词语和句子，把握作者的游踪，明确文本的纵式结构。阅读时，要明确作者的立足点和观察点，看他是如何运用移步换景法，使景物呈现变化的动态，又使景物与景物之间的衔接自然而有层次感的。顺次可以让学生思考：从中我们可以发现本文行文上的特点是什么？遗憾的是，这一切并没有发生，教师需要学生回答的只是非常粗略的游踪起讫，没有具体到文字中去。甚至连"本文的线索是什么"都没有让学生思考、讨论，而直接由教师"告知"，失去了引导学生把握本文谋篇布局特点的良机。

从教师所出示的内容可以看出，她想让学生了解的还停留于"课文中写了什么"，而没有引导学生思考作者"为什么这样写"，更没有去思考"这样写有什么好处"，这就使学生的思维始终踯躅在一种较为肤浅的层次上。即以所出示的内容而论，这样来看"行文思路"也太粗疏了，因为这只是概略的"游踪"，而不是文章内在的"脉络"。如果能够让学生充分思考，学生的"答案"肯定会有所不同，会涉及文本外在与内在之"路"的。

二、关于"文本研习"环节

在这个主要环节中，教师安排了四次思考、讨论活动：

思考、讨论之一：

师：本文围绕"仰天堂"结构全篇，作者去"仰天堂"的缘由是什么？

学生齐读第13段："一到仰天堂，我们，寻道的寻道，问佛的问佛，朝拜的朝拜，赏梅的赏梅……"

师：由此可见作者去"仰天堂"的缘由是寻道问佛，领悟禅意。

作者非常明确地说到了仰天堂之后，有人寻道，有人问佛，有人朝拜，有人赏梅……这是到了目的地后同游者的行为表现，虽然包括了"我"在其中，但却不能都认为是"作者"的行为。所以寻道、问佛、朝拜、赏梅等不能全部说成是"我"去仰天堂的缘由。而寻道、问佛、朝拜、赏梅等行为，也不能简单概括为"寻道问佛，领悟禅意"，因为除此，还有作者在文章第3段中所说的"带着仰望仰天堂的盎然冲动"，而"朝拜"正是"仰望"的具体表现，乃至这一切行为都是"仰望"的外化。此次登仰天堂，是作者时隔二十多年后再次探访，他虽没有明确说去的"缘由"，但"仰望"应该是主要原因。更何况，作者去的"缘由"与到了之后所见、所闻、所为、所思、所感也不完全是一回事。这正如这篇散文的写作一样，不是先带有写作的任务，而是游历之后的感触促使其记录下自己的心路历程。应该引起师生关注的关键词"仰望"被无意忽略过去了，学生的思维也因为被教师匆忙所下的"寻道问佛，领悟禅意"的断语而与文本隔离开来，他们所接触的不再是具体、形象而富有韵味的表述，而是笼统、抽象而枯燥难懂的"禅意"了。

对此，我们可以引导学生思考这样的问题：

作者说他们是"带着仰望仰天堂的盎然冲动"而登上仰天堂的，请同学们认真阅读课文，思考：

（1）在作者笔下，仰天堂是一个怎样的地方？（或"仰天堂具有怎样的特点？"）

（2）作者为什么要去"仰望"仰天堂呢？

（3）围绕"仰望"，在仰天堂里，作者有哪些所见、所闻、所感？

（4）"仰望"一词在文中具有怎样的作用？

思考、讨论之二：

师：作者在仰天堂赏梅，能说明他是在寻道问佛，领悟禅意吗？

学生读第18段："许是因了一缕暗香的牵引，在仰天堂禅房左侧，我无意瞥见了我早已心仪的蜡梅。疏朗的梅枝上缀着星星点点的蜡黄，似苞似绽，宛如笑佛。氤氲在梅香里，我不觉浸入佛心。如果不是突然的一声仰天堂里的狗吠，我想，我不知要在梅下痴呆多久呢！"

生："笑佛""佛心"可见禅意。

师：（讲述苏轼与佛印的故事）参禅的人最讲究的是什么？是见心见性，你心中有眼中就有。作者看到了蜡梅，就自然体会到了其中的禅意。

生：第23段中作者说"意欲在山上观赏雪里蜡梅，等了好久，不想下山之后，天才飘起了雪花。"可见确实充满禅意。

师投影出示：

上得仰天堂，我就在等待，等待雪落，等待雪里蜡梅悄悄开放的倩影，甚至静听雪里蜡梅悄悄开放的禅音。我想，如果果真如此，那一定是一种情致高逸的美遇！不想，天公似逗我一般，就在我沿着蛇形小道下到山脚之后，天空才突然飘来簌簌雪花。于是，我暗悔自己错过了，错过了仰天堂蜡梅傲雪的风姿。其实，人生也是如此。只是因为少了一点点再等待的心清，却让许多美丽的东西与自己擦肩而过。没有等到"梅花枝上雪"，虽有一丝憾意，然而，这次观梅，在仰天堂观梅，于我，多半是我生命里的一次"喜得"！（吴毓福《仰天堂观梅》）

看上去教师是在询问学生作者赏梅的行为，是不是在"寻道问佛，领悟禅意"，但实际上这正是教师的预设，因为教师的提问完全是一种设问。教师从自己的理解和认识出发，已经给作者这一欣赏美景的行为戴上了一顶现成的帽子，学生所做的只是从文中找出相关的词语和句子，去进一步验证教师的判断而已。事实上，当学生找出"笑佛""佛心"以及"意欲在山上观赏雪里蜡梅，等了好久，不想下山之后，天才飘起了雪花"之后，并说"可见确实充满禅意"时，教师除了充分的肯定，并没有让学生深入思考这样一些问题：

（1）这含苞待放的蜡梅究竟与禅意有什么关系？作者是通过怎样的语句来表现的？

（2）作者"意欲在山上观赏雪里蜡梅，等了好久，不想下山之后，天才飘起了雪花"，又怎么见得"充满禅意"了？他又是如何体会到了其中的禅意？

（3）对此，你们的认识是什么？

对这几个问题思考、探究的过程，就是深入阅读、研习、理解文本意蕴的过程，可以打开学生的思维，呈现发现、认识的过程。学生的认识也就不至于停留于浅表层次上，不会满足于回答出教师预设的"答案"，能够引导他们的思维向文本更深处漫溯，进而得出自己的认识，拥有属于自己的判断。

结合文本整体内容，教师需要引导学生具体、深入理解的内容至少应有下列几点：

（1）从比喻来看，含苞待放的梅树花骨朵恰似佛的笑脸，作者因在佛院，就自然联想到佛；静静生长的梅树，疏密有致，清姿丽质，在百花肃杀的季节，独自呈现生命的灿烂，虽甘于寂寞却含笑于天地之中，这与佛的形象何等相似！

（2）低调开放的梅花，在寒风中微笑，其姿态随缘，"既不拒人于千里之外，又不诱人以艳色俗眼"，那份自在与自得与佛相似乃尔！那清幽绝俗、浮动的暗香令作者陶醉，他整个人都好似"氤氲"其中，这又好似"佛心"在侧，亲近、愉悦而有情趣。它温暖着作者的视线，更温暖着他的心灵，如醍醐灌顶，心也顿时澄明净觉起来，又是何等惬意！

（3）正如作者所言，虽然最能体现梅花傲霜斗雪精神和灵魂的一面没有能够在作者的面前显现出来，但他却由此悟到了一个人生道理："只是因为少了一点点再等待的心清，却让许多美丽的东西与自己擦肩而过。"这是作者的"喜得"，更是禅意的体现。

（4）作者从梅花的"形"到它的"味"，再到它的"意蕴"，充分调动自己的视觉、嗅觉、味觉和心理感受，从一个非常独特的视角写出了自己的所见、所闻、所感，正如苏轼诗云："天工点酥作梅花，此有蜡梅禅老家。"

文本如此丰富的内容没有能够得到教师的重视，也没有能够让学生仔细地揣摩和体会。在这样的课堂上，教师好似一个篮球教练，预设的"答案"好比篮筐，学生回答问题就成了"投篮"，教学好像就是为了把学生思考之

"球"投到篮筐里，就算完成了任务。而文本却被弃之一旁了。

思考、讨论之三：

师：除了蜡梅，文中还有哪些人、物、景透露出禅意呢？

生：渡船：渡船已被闲置，像一条干死腐烂的鱼……行走乡野，遇到河流，我倒是希望有一只船把我从此岸摆渡到彼岸的……我只觉得摆渡于人生有着它的独特的禅意。

生：宋师太：佛家讲求清修，宋师太76年清寂的生涯，让作者体悟到修行人远离尘世的清净、悠然的禅意。

生：荷莲：虽然是"几支枯荷残梗"，却"在寂寥中酝酿着来年的荷香"。暗合佛家"生死轮回"的禅理。

生：香客、黄大师：更早、更痴。"莫道君行早，更有早行人""莫说相公痴，更有痴似相公者"——虔诚。

师投影：

渡船——此岸到彼岸的自由，天与人的合一（登仰天堂）

宋师太——远离尘世的清净、悠然（到仰天堂）

荷莲——暗合"生死轮回"的禅理（到仰天堂）

香客、黄大师——暗含对佛家的虔诚（离开仰天堂）

炊烟——想起童年的故乡，想起老屋的烟囱，宁静、祥和，有一种皈依之感（登仰天堂）

村妇——踏上村妇指引的路，脚底的感觉越来越轻，越来越暖，有一种接近佛门圣地的轻松温暖之感（登仰天堂）

佛教的宗旨就是把沉迷于各种世俗利益之中的人"解脱"出来，"度"人们到一个清心寡欲、悠闲自在的所在，由此岸到彼岸，所以"渡船"所蕴含的禅意是比较明显的，学生本来是不难理解的。但教师却把作者登上仰天堂说成是"天人合一"，反而使学生糊涂了。因为"天人合一"不是佛教思想，它是由道家代表人物庄子提出并经儒家杰出人物董仲舒所发展的中国传统哲学思想。教师的理解发生了偏差，与文本表述有了明显的冲突，与学生的认知也有很大距离。宋师太远离尘世、悠然自得的生活，荷莲的"生死轮回",香客、黄大师的虔诚态度,确实都体现出了一定的禅意,抓住这几点可以加深对文本主旨的理解。但炊烟是不是有一种"皈依之感"?村妇是不是有一种"接近佛门圣地的轻松温暖之感"呢?如果这样理解,可能会使文本中的所有内容被所谓的"禅意"泛化了,使学生原本可以理解的东西,变得非常玄虚起来,无形中增加了阅读理解的难度。

从文本的教学意义看,这样的理解,仍然还是囿于"写了什么"这一内容本身,没有能够沿着作者写作的路径,作全面而深入的探求,如"作者此次来仰天堂可写的内容很多,为什么只写了这几个人、物、景?""这样写有什么作用?""从中我们可以发现作者行文有什么特点?""这对我们写作游记散文有什么启发?"只有这样,才能全面激发和充分调动学生的思维,才能完整体现文本的教学价值。

思考、讨论之四:

师:对本文的标题"有些路,你并不清楚"你是如何理解的?

生:不清楚的路,首先是登仰天堂的路。("到仰天堂去。虽然二十多年前去过一两次……但时隔多年,即使旧路,于我,也似乎陌生起来。")

生:不清楚的路,指宋师太这样虔诚的求佛之路。("……76年在清寂的山上,并且几乎都是一个人……对俗世人来说,这是怎样一种概念啊?"……)

生:不清楚的路,还指那些比"我"更早的香客和更痴的黄大师的路。……可见他人虔诚的内心世界我们往往难以揣测。

生:……作者的参禅悟道之路,他预先也并不清楚。

师:同学们的回答都很好。

师投影:

(1)登仰天堂之路不清楚:即使以前走过的路,也常有陌生之感。

(2)参禅悟道之路不清楚(不同的对象,有不同的悟道之路):

①宋师太的虔诚之路:远离尘世的修行人的清净、悠然,凡夫俗子难以体会。

②早行的香客和飘雪里上仰天堂的黄先生:"莫道君行早,更有早行人"

"莫说相公痴,更有痴似相公者",他人虔诚的内心世界往往难以揣测。

③作者的悟道之路:从怅然失落到浸入佛心、悟得禅机,颇费周折。

师:(小结)虽然很多路我们都不清楚,但我们清楚的是文中的每个人都对佛法有一颗虔诚之心。无论佛还是禅,并非有多高深,只要拥有一颗佛心,生活中处处有禅意。

对题目意思理解的过程,就是对文本主旨认识与把握的过程。从内容的认识来看,这一环节教师的引导很成功,符合教师预设的发言,"质量"也比较高。虽然课上出现了个别"冷场",但学生毕竟把题意基本的几个方面都读出来了,当然他们更多的是从文本中找现成的句子,而缺少自己的概括;这种概括又主要来自阅读的直觉,而缺少文句上的佐证,这正应该需要教师进行指导。可惜的是教师没有对这个方面予以注意,也缺乏诱导和深入,使得学生的认识还是落在文句、段落的表层意思上,并没有自己的阅读感受与体会。

从学生的发言看,他们对文本中一些关键的内容还缺乏深刻的理解,如没有发现文本中所写到的蜡梅、荷莲等的生长之路所蕴涵的道理,甚至教师也将其忽略了过去,而不知道这些花、叶所代表的生命,人们喜欢它们的鲜艳与喧闹,而不欣赏它们的残败与沉寂。这些生命中许许多多的"不清楚",没有得到具体的体认,带来的必然是对文本理解的不够全面与透彻。

教师在课上不停地用"好""不错""是的"等话语评价学生的发言,但到底怎么个"好"法、"不错"在哪里、为什么"是的"等却没有具体的分析,"好""不错""是的"这些评价的"标准"也不清楚。对学生的发言当然需要有及时的评价,但评价的权利不能仅仅归教师所有;对学生的发言还需要有提炼性的归纳与总结,但总结的任务也不应该只是由教师来完成,教师的越俎代庖、包办代替,换来的只能是"接受",而不是自我阅读与欣赏成果的显现。学生的思维没有纠偏的机会,也没有提升的可能。当教师在进行总结的时候,学生只是一个个听众,而没有思维的参与。

从文本结构特点看,题目在结构全篇、前后照应上也有很重要的作用,但这一特点的命运与文本选材特点、构思特色、语言风格相同,也被教师抛弃在一旁，而使学生失去了一次"向文本学习"的机会，学生始终触摸不到文本写作的精粹之处，无法找到文本写作的基本路径。

散文阅读课上，学生学习到的应该是文本作者细致入微观察事物的方法，体察自然、社会独特的眼光与视角，体悟生活感悟人生的境界与意义，缜密、精巧的谋篇布局，精妙、形象的语言表达。而这其中，最需要让学生感受和认识到作者的思路与胸境；也唯有如此，才能达到如叶老所提出的"遵路"与"入境"的要求。因为只有"遵路"，才能"识斯真"，也才可"入境"；而唯有"入境"，方可"始与亲"，从而真切体验到阅读的真趣、意趣、情趣和乐趣。

附：

有些路，你并不清楚

吴毓福

有些路，你并不清楚。譬如：到仰天堂去。虽然二十多年前去过一两次，也知道仰天堂，在秋浦河畔，玉屏山上，芙蓉尖下。但时隔多年，即使旧路，于我，也似乎陌生起来。

新年伊始。元旦黄昏，我与散文家许俊文先生为上仰天堂而提前夜宿灌口。

次日，早起，看天，特阴，特寒。预报，天欲小雪。可是，我们依然带着仰望仰天堂的盎然冲动，我们行走在乡间，行走在寒风里。

原先上仰天堂，都是坐船过渡去的。不想，这次，走着走着，就上了一座窄窄的钢混桥梁。我站在新架的桥上，向河的上游早先过渡的地方看去，谁知，早先的渡船已被闲置在河岸边的沙丘上，像一条干死腐烂的鱼。这，不由让我想起古人的喟叹：野水无人渡，孤舟尽日横！说实在的，行走乡野，遇到河流，我倒是希望有一只船把我从此岸摆渡到彼岸的。对于我，这不是好奇，也不是新鲜。我只觉得摆渡于人生有着它的独特的禅意。

没有了摆渡，我们就那样径直地过了桥。过桥的时候，我确乎顿生了一丝怅然和失落。

于是，沿着秋浦河堤行走，也许时候已然是寒冬，沿路几乎没有扣眼的风景，除了一片又一片的嫩绿的油菜之外。然而，当我们途经旧溪村时，我们不觉被远远的骆驼峰下旧溪村庄的炊烟所吸引。其实，炊烟，对我来说，早已是一道令人怀想的风景了。看到炊烟，袅袅的炊烟，我自然想起了童年的故乡，想起了老屋的烟囱……

到了山脚下，我们遇到了一位早晨放牛的村妇。于是，问路。那村妇说，你们这么走要方便一些。于是，我们，就顺着那村妇的指引，朝前方慢慢走去……

走在山道上，遇到了一丛猫儿刺。瞧！那么多刺儿，逼向我，我不敢靠近，只远远地举起了相机。当我转背上路的时候，许老师突然告诉我，猫儿刺也是一种中药，值得敬畏！

登上山腰，陡见一块巨大的峭壁，我想，这样青灰色石壁，我还是头一回看见啊！你看！那光洁平整的石壁中间，却冒出了两小丛班茅来。看来班茅，作为一种草本植物，它的生命力是多么的顽强。许老师却一语破的："与其说是'班茅'，不如说是'霸茅'！"是啊，在冬天里，登山，其实，我们满眼里看到的几乎都是那霸道的班茅。

站在高处，眺望远景。这不，那霸道的班茅，又挡去了我的镜头……

还没有抵达仰天堂，登山途中，边走，边看。玉屏山，虽以"玉屏"命名，但我以为它并不以怪石称奇。如果说奇，除了刚刚看到的青色壁，就是山道中间凸显的状似恐龙的那块巨石了。上仰天堂，邂逅"恐龙"，我们似乎默契地停下脚步，都希望与这远古的"恐龙"化石留个影！

接着再行，向上，再向上。呵呵，一路走来，虽有些许登山之累，但踩着厚积的落叶，脚底的感觉自然越来越轻，越来越暖。转过一道山嘴，穿过一片林木，仰望，仰天堂不觉就在眼前了。

一到仰天堂，我们，寻道的寻道，问佛的问佛，朝拜的朝拜，赏梅的赏梅……

据宋师太说，仰天堂始建于民国初年。她于1936年，上的仰天堂，现在已有76年了。

我想，76年，76年在清寂的山上，并且几乎都是一个人……对俗世人来说，这是怎样一种概念啊？

不想吧！想，也许也想不通的，尤其对于尘世俗子。

出得禅房，我们又在槛前的小小天池绕了一圈，天池，池清如碧，虽是寒冬，潭面却依稀可见几支枯荷残梗，在寂寥中酝酿着来年的荷香。于是，我遐想着来年夏天，这里的荷莲，一定煞是悦目，煞是净心。

许是因了一缕暗香的牵引，在仰天堂禅房左侧，我无意瞥见了我早已心仪的蜡梅。疏朗的梅枝上缀着星星点点的蜡黄，似苞似绽，宛如笑佛。氤氲在梅香里，我不觉浸入佛心。如果不是突然的一声仰天堂里的狗吠，我想，我不知要在梅下痴呆多久呢！

在仰天堂，除了我们一行，其实还有几位。我们来时，他们正与师太告别，决定下山去了。在这样的寒冬里，又是元旦后一日，我以为我们是今天早来朝拜的；谁知早已有几位香客先来了。难怪古人有言：莫道君行早，更有早行人。

在仰天堂四围，我们慢慢地转悠，穿竹林，看苍松，听禅音……转过仰天堂前的山道，即是下山的小路，回首仰天堂时，许老师轻轻地说出一句暗含禅意的话来："对于我们，有些路，其实，你并不清楚……"

想想也是，有些路，我们的确并不清楚！

譬如宋师太在仰天堂，一个人的仰天堂，那清寂的生涯……

譬如意欲在山上观赏雪里蜡梅，等了好久，不想下山之后，天才飘起了雪花。

譬如回来的当晚上网，才知道我们从小道下山的时候，有一位一直仰慕的大师黄先生，从安庆赶来，在飘雪里从另一条路又一次上得仰天堂，无怪乎，《湖心亭看雪》里的舟子喃喃曰："莫说相公痴，更有痴似相公者"的……

精读　细读　深读
——《台阶》教学设计评析

课例回放

一、导入新课

师：首先请同学们看投影，大家一起来朗读这段文字："他只是摇头……"

生：(齐读)他只是摇头；脸上虽然刻着许多皱纹，却全然不动，仿佛石像一般。他大约只是觉得苦，却又形容不出，沉默了片时，便拿起烟管来默默地吸烟了。

师：文段中的"他"是谁？

生：(齐答)闰土。

师：对，是闰土。是中年的还是少年的？

生：(齐答)中年闰土！

师：鲁迅在小说《故乡》中让我们看到了辛亥革命后十年中年闰土这样的农民形象，今天就让我们沿着当代作家李森祥搭建的《台阶》，一起去感受上世纪80年代的中国农民形象。

二、整体感知，了解故事情节

师：请同学们诵读全文，思考：本文围绕台阶写了关于父亲的哪几件事？请仿照示例补充概括。

生轻声诵读全文。

师：好，请同学们仿照示例补充概括其他几个部分。示例是第三部分：17段到24段，建造新台阶。

生：第1段到第9段是父亲想要建造台阶。

师：1到9段是父亲想要建造台阶，能不能也用五个字的短语概括？

生：想要高台阶。

师：想要高台阶，有没有更好的表述？把"想要"换一个词。

生：渴望。

师：渴望高台阶（板书），然后呢？

生：第10段到第16段是准备造台阶。

师：准备造台阶（板书），17到24段是建造新台阶，最后呢？

生：建完台阶，父亲也老了。

师：我们要围绕台阶说，这时候父亲怎么样？

生：（齐答）拥有高台阶（师板书）。

三、赏读细节，揣摩人物内心

师：小说以塑造人物形象为中心，细节描写是本文塑造父亲形象最成功的地方。下面，请同学们赏读文中关于父亲的语言、神态、动作等经典细节，揣摩这些细节背后父亲的内心世界。由于文章比较长，我们采取分组合作的方式，第一部分"渴望高台阶"请第一小组品读，第二部分"准备造台阶"请第二小组品读，第三部分"建造新台阶"请第三小组品读，第四部分"拥有高台阶"请大家共同品读。开始！

生小声讨论交流。

师：好，我们一起来看第一部分。在这一部分中，最能反映父亲内心世界的是哪一处细节描写？

生：第6段：我们家的台阶低！

师：这一处细节应该怎么读？你读读看。

该生读。

师：从这一处细节你能看出父亲在想什么？

生：父亲渴望高台阶。

师：这句话，父亲是对谁说的？

生：父亲又像是对我，又像是自言自语地感叹。

师："父亲又像是对我，又像是自言自语地感叹"，他感叹的这句话不知道说了多少遍，其实就能看出父亲的一种渴望，他非常渴望高台阶。那么父亲渴望通过建高台阶来干什么？

生：（齐答）提高自己的地位。

师：希望通过高台阶提高自己家的地位。因为有一种说法："台阶高，屋主人的地位就相应高。"这种心理通过语言上的细节反映出来。那么在准备造台阶部分，哪一处细节描写最能反映父亲的内心世界？

生：第11段。有很多描写时间的词，"七个月""四个月""半个月"，突出了父亲为了准备造台阶付出了很多努力。

师：一年四季全在忙碌。实际上在这一处，我们可以看出父亲什么样的优秀品质？

生：舍得吃苦。

师：他舍得吃苦，很勤劳。那么此处最经典的细节描写反映父亲心理活动的是哪一句？

生：第13段："父亲坐在绿阴里，经常望出去，那里能看见别人家高高的台阶，那里栽着几棵柳树，柳树枝老是摇来摇去，却摇不散父亲那专注的目光。"可以看出父亲内心对别人家高台阶的羡慕。

师：对，这里可以看出父亲内心对别人家高台阶的羡慕，抓住父亲的什么细节？

生：神态描写。

师：这个目光怎么样？

生：专注。

师：专注。他为了体现目光的专注还用了一个动词从侧面来体现，是哪一个？

生：摇来摇去。

师：哦，柳树枝老是摇来摇去，这是实景，由实到虚，哪一句是虚写？

生:"却摇不散父亲那专注的目光"。

师:这个地方我们读的时候就在哪个字上做文章?

生:"摇"!

师:你能不能把它读一下?

生:那里栽着几棵柳树,柳树枝老是摇来摇去,却摇不散父亲那专注的目光。

师:读的时候要想象父亲那种羡慕、专注的目光,语速要慢。你刚刚读的时候稍微快了些,我们再请一个同学来品读一下。

生:父亲坐在绿阴里,经常望出去,那里能看见别人家高高的台阶,那里栽着几棵柳树,柳树枝老是摇来摇去,却摇不散父亲那专注的目光。

师:这里除了对别人家高台阶的羡慕以外,父亲内心还有一层什么?

生:渴望,坚定,相信能够建造高台阶。

师:他既有对别人家高台阶的羡慕,也有一种自信,自信不久的将来,自己也会有这么高的台阶。大家一起来朗读一下,体会父亲的这种心理!

生齐读。

师:那么在建造高台阶当中,最能体现父亲内心世界的是哪一处细节描写?

生:第17段:"然而,父亲的精力却很旺盛,脸上总是挂着笑容,在屋场上从这头走到那头,给这个递一支烟,又给那个送一杯茶。终于,屋顶的最后一片瓦也盖上了。"运用动作描写、神态描写写出了父亲内心的兴奋。

师:新屋造好以后,紧接着马上就要有新台阶了,显示了父亲的兴奋,在反映内心的兴奋的同时,还体现了父亲什么样的性格?

生:朴实,热情。

师:那么再找找看,父亲的兴奋还体现在哪个方面?这是造新屋的兴奋,那么在造台阶的时候,有没有这么反映他内心兴奋的细节?

生:第24段:"隔天,父亲就用手去按一按台阶,说:'硬了,硬了。'再隔几天,他又用一只细木棍去敲一敲,说:'实了,实了。'又隔了几天,他整个人走到台阶上去,把他的大脚板在每个部位都踩了踩,说:'全冻牢了。'"

师:大家看这几个细节,第一个细节:按一按;第二个细节:敲一敲;

第三个细节：踩一踩。这三个动作，动词的变化反映了父亲内心的兴奋。还有什么细节呢？

生：第19段："那时已经是深秋，露水很大，雾也很大，父亲浮在雾里。父亲头发上像是飘了一层细雨，每一根细发都艰难地挑着一颗乃至数颗小水珠，随着父亲踏黄泥的节奏一起一伏。晃破了便滚到额头上，额头上一会儿就滚满了黄豆大的露珠。"这里写出父亲很卖力，忘我地投入。

师：为什么说父亲忘我地投入呢？

生：因为他对高台阶和自己地位提高的渴望。

师：他此时其实也有一种兴奋吧，人在兴奋的时候，最容易忘我，最容易投入。这里除了能看出他内心的兴奋，还能看出父亲这个农民的本质，很朴实，很勤劳。我们一起把这一段朗读一下。

生齐读。

师：在这一小节中还有一处经典细节，能找到吗？

生："那天早上父亲天没亮就起了床，我听着父亲的脚步声很轻地响进院子里去。"

师：这个地方，作者抓住了一个细节，父亲是什么时候起床的？

生：天没亮。

师：天没亮就起来了，你看，人兴奋的时候容易睡不着。但这里有一处看似矛盾的词语，同学们能发现吗？

生："很轻"与"响"矛盾。

师：父亲的脚步声，很轻地，又响进院子里去了，很轻就不应该响，响就不应该很轻，这不是矛盾吗？哪位同学能解读一下？

生："很轻"，写出父亲对家人的一种关心。

师：对了，"很轻"显出父亲对家人的关心，而"响"呢？

生："响"是因为当时很早，周围很静。

师：另一方面也显示了父亲怎样？

生：兴奋。

师：在建造高台阶的时候，父亲内心所体现的是一种兴奋，真正拥有高台阶以后，父亲又是怎样的呢？我们来看看父亲的内心世界，从哪些细节能够看得出来?

生：第 25 段："他抽了一筒，举起烟枪往台阶上磕烟灰，磕了一下，感觉手有些不对劲，便猛然愣住。他忽然醒悟，台阶是水泥抹的面，不经磕。于是，他就憋住了不磕。"

师：抓住父亲的一个什么细节?

生：磕烟灰。

师：这个细节写出父亲什么样的心理?

生：对新台阶的珍惜。

师：珍惜。这个新台阶是水泥抹的，不经磕，他对新台阶非常珍惜。还能读出什么?

生：父亲建完新台阶，坐在新台阶上，他不自在，非常不习惯，他不适应新台阶。

师：对，从哪几个词看出来父亲很不适应?

生：猛然愣住，忽然醒悟。

师：原来的台阶他适应吗?

生：适应。

师：他磕烟灰这个细节跟上文形成了鲜明的对比，找找看在哪儿。

生：在第 14 段："父亲磨好了'刀'。去烟灰时，把烟枪的铜盏对着青石板嘎嘎地敲一敲，然后就匆忙地下田去。"

师：好，哪几个词看出他非常自然?

生：嘎嘎地敲一敲，匆忙下田去。

师：敲就敲吧，还要嘎嘎地敲一敲；敲完后看都不看就匆忙下田去了。而现在呢，愣住啦，醒悟啦，除了是对新台阶的一种珍惜，更重要的是坐在新台阶上不适应！父亲坐在新台阶上不适应，还表现在哪些细节上?

生：在第 26 段："正好那会儿有人从门口走过，见到父亲就打招呼说，晌午饭吃过了吗？父亲回答没吃过。其实他是吃过了，父亲不知怎么就回答错了。"

师：从什么细节看出他坐在高台阶上的不适应?

生：从他的语言。

师：我们想一想，假如他坐在原来的台阶上，人家经常性地问他一个问题："晌午饭吃过了吗？"他吃过，肯定说："吃过了！"那么他这次怎么就回答错了呢？

生：因为他坐在高台阶上跟别人打招呼有些不自在。

师：哦，他有些不自在，除了不自在以外，大家再揣摩揣摩，父亲这时候坐在高台阶上，注意坐在哪儿，最高的一级上面吧。当他看到别人过来，他心里可能还在想什么？

生：别人赞美他的台阶高。

师：你来赞美看看，他希望别人怎么说？

生：啊呀，你家台阶好高呀！

师：可是别人这么说了吗？

生：没有。

师：啊呀，他当然回答错了。非常不适应呀！再找找看，还有哪些细节？

生：还是 26 段："第二次他再坐台阶上时就比上次低了一级，他总觉得坐太高了和人打招呼有些不自在。然而，低了一级他还是不自在，便一级级地往下挪，挪到最低一级，他又觉得太低了，干脆就坐到门槛上去。但门槛是母亲的位置。"

师：在这里，文中抓住一个什么细节？

生：他不断地往下挪。

师：一个字"挪"！是不是不适应高台阶呀？坐在原来的低台阶上适不适应？这不也形成了一个鲜明的对比？大家找找看，他坐在以前那个低台阶上是什么感受？

生：第 5 段："他觉得坐在台阶上很舒服"。

师：舒服，也很自然，把屁股坐在最高的一级上，两只脚板就搁在最低的一级。是不是很自然，很舒服呀？而现在坐着却不自在，说明他非常不适应，对吧？由于不适应，父亲最后一直坐到哪儿去了？

生：门槛上。

师：门槛是母亲的位置，注意呀，那个时候还是有什么思想的？

生：封建思想。

师：男尊女卑的思想。还有没有哪些细节反映了父亲的不适应？

生：第 27 段："有一天，父亲挑了一担水回来，噔噔噔，很轻松地跨上了三级台阶，到第四级时，他的脚抬得很高，仿佛是在跨一道门槛，踩下去的时候像是被什么东西硌了一硌，他停顿了一下，才提后脚。"

师：他到第四级为什么把脚抬得很高呀？

生：因为他以为是原来的三级台阶。

师：因为他心里以为还是原来的三级台阶！根本就没有想到现在是九级台阶，从这个细节中也显示出父亲的不适应。

四、深度阅读，挖掘文本主题

师：读到这里，我们发现，父亲为"拥有高台阶"这个曾经梦寐以求的愿望一辈子努力奋斗着，但愿望实现以后，当他真正拥有了九级的高台阶，表现出来的却是种种的不适应，反而有些失落。按常理说，我们的愿望实现以后，我们应该感觉到怎样？

生：（齐答）高兴。

师：文中的父亲，为什么在九级高台阶筑好之后，感到失落呢？

生讨论。

生：首先，虽然他的台阶建好了，但是他的地位没有改变，别人没有羡慕他；还有就是他台阶建好了，人也老了。

师：还有其他原因吗？刚刚说建造高台阶是父亲一生的愿望，父亲为之奋斗了一辈子，也就是说，他有人生的目标，人生的追求，但现在呢？

生：没有目标了，没有人生追求了。

师：没有什么追求了，而且他已经老了，所以他感到失落。"台阶高，屋主人的地位就相应高"，这句话其实是在当时农村里一种通俗的说法。现在回头想想，这句话是否正确？

生：（齐答）不正确。

师：但是父亲作为一个普通的农民，他信奉这个说法，他的思想完全被这种说法束缚，所以当他建成九级高的台阶以后，他的地位并没有也不可能提高，因而感到失落。父亲的失落，最后凝聚在五个字上，凝聚在一个细节上，找找看。

生：第30段："好久之后，父亲又像问自己又像是在问我：'这人怎么了？'"

师：这人怎么了？注意一下，似乎跟文章开头说"我们家的台阶低"一样，又像问我又像问自己，这里是什么意思？

生：因为父亲已经老去，而这时候他非常失落，却不知道为什么。

师：其实我们再想一想，"这人怎么了"是不是也是指"那些农民怎么了"？我台阶高了，你们怎么没有羡慕我呢？你们怎么没有认为我的地位高呢？这一切的一切，父亲都不能找到答案，所以他只能问"我"。

师："我"并没有给他直接的回答，但文章的结尾，给出了明确的答案：怎么了呢——

生：（齐答）父亲老了。

师："怎么了呢"，后面应该是问号；"父亲老了"，后面应该是感叹号。而作者为什么用逗号和句号呢？我们能不能把这逗号和句号分别改成问号和感叹号？

生：我认为不能，这里用逗号和句号更能体现"我"内心的无奈。

师：是"我"内心的无奈吗？

生：父亲内心的无奈。

师：父亲内心的无奈，那"我"呢？

生："我"是同情。

师：逗号、句号是非常平淡的，如果我愤慨的话，就不这样用。实际上，在淡淡的语气中更能流露出"我"对父亲的同情，对父亲最终命运的一种惋惜。

师：正如作者李森祥自己所说：关于小说的结尾，当初我的确没有把它当作悲剧来处理。在中国乡村，一个父亲的使命也就那么多，或造一间屋或为子女成家立业，然后他就迅速地衰老，并且再也不被人关注。我只是为他们的最终命运而惋惜，这几乎是当时乡村农民最真实的一个结尾。（投影显示）

师：（小结）由此可见，本文以一个儿子的视角塑造了一位既可敬又令人心酸的中国农民形象，在表达对父亲吃苦耐劳、勤劳俭朴、自信要强、坚忍不拔等精神品质的赞美与敬重的同时，更多的是流露出对父亲辛苦一辈子日渐衰老而命运依旧、地位依旧的丝丝怜悯。

五、拓展延伸，关注农民命运

师：同学们，鲁迅笔下的中年闰土是上世纪20年代旧中国农民的典型代表，他们思想愚昧、精神麻木，他们知道自己的生活苦，但不知道为什么苦，他们只有将改变命运的希望寄托在哪儿？

生：（齐答）神灵。

师：这是由于封建压迫造成的！而文中的父亲是上世纪80年代中国农民的代表，当时正处于改革开放初期，他们的思想已经有所觉醒，他们也想通过自己的努力去改变自己的命运，提高自己的地位；但他们当时将改变命运的努力寄托在哪儿？

生：一种封建说法，建造高台阶。

师：这其实是由于当时还比较落后的社会生产力造成的！如今，改革开放已经40年了，新时代的农民又是怎样的？请大家看这样这一组图片（①鲜嫩草莓令人垂涎 ②丰收场面忙碌喜人 ③养老保险温暖人心 ④文艺演出再现青春 ⑤跳起绳来活力四射 ⑥挥动红袖激情洋溢 ⑦乡村婚礼幸福喜庆 ⑧龙的传人舞出希望 ⑨民俗风情气势恢宏）。（投影显示）

师：同学们看了这组图片，结合本文内容，你们认为要想改变贫穷落后的命运，提高自己的地位，必须具备哪些要素？

生：社会发展，提高社会生产力。（师板书：社会的进步）

师：社会要发展，整体地向前进步，但只有社会进步、提高生产力行吗？

生：不行，还要有个人的奋斗。（师板书：个人的奋斗）

师：当然离不开我们文中父亲这种个人的奋斗，要将个人的奋斗与社会的进步结合起来，将个人的奋斗建立在提高社会生产力的基础上。

六、课堂总结

师：同学们，尽管文中以父亲为代表的中国农民有令人心酸和同情的一面，但他们血管中流淌着的吃苦耐劳、勤劳俭朴、坚忍不拔等优秀品质，是我们追求一个又一个人生目标的精神支柱，他们永远值得我们尊重。最后，赠送一副对联给文中的父亲，给千千万万的中国农民，也与大家共勉。（投影）

上联：回眸沧桑历史，反思辛酸人生
下联：展望美好未来，把握时代脉搏
横批：做命运的主人

生齐读。

师：愿我们大家都能做命运的主人。这节课就讲到这里，下课。

（江苏省泰州市姜堰区励才实验学校　章林）

课例评析

　　小说是以人物形象刻画为主的艺术，阅读小说的主要任务之一就是把握作品中的人物形象。对形象的把握是否准确，认识是否独到，评价是否公允，往往体现了一个阅读者的阅读水平的高低。而要准确把握小说中的人物形象，我们的阅读、认识、评价的维度有很多，比如小说中对人物的描写艺术，比如小说中通过对故事情节的刻画以充分体现人物性格的艺术，比如小说中通过对环境的展现来丰富人物形象的艺术等等。教师的主要任务，就是要通过对小说的阅读，引导和启发学生如何去认识人物，如何去理解环境对表现人物的作用，如何去分析故事情节对人物性格特点的揭示作用。在这方面，江苏省泰州市姜堰区励才实验学校的章林老师为我们如何进行小说教学提供了一个很好的范本。

　　正如有的评论者所分析的，《台阶》是一篇反思地方文化习俗对人的生活影响、农民怎样才能摆脱低下地位的小说，为此，小说塑造了一个典型的中国农民形象——"父亲"。这位父亲一直羡慕别人家的高台阶，总觉得自家的台阶低，他要改变自己以及全家在村子里的低下地位；他不甘心低人一等，立下宏愿，也要造一栋有高台阶的新屋。体壮如牛、吃苦耐劳、自信执着的他一旦确立了生活的目标，就下定决心，开始了漫长的准备。他终年辛苦，持之以恒，努力了大半辈子，终于造起了有九级高台阶的新屋，一辈子的心愿得以实现。然而，父亲为此却付出了沉重的代价：人老体衰了，心情倍感失落了。

精读　细读　深读
——《台阶》教学设计评析

无疑，学生对本文的情节把握并没有什么困难之处，但要想细读和深读下去，并借以把握小说的深刻意蕴及其所要表达的某种民族文化心理，却是不大容易做到的。为此，章老师把小说在塑造人物形象方面所运用的细节描写和对比手法作为教学的重点，一读文本，二读父亲，三读台阶，引导学生在精读中体会小说的表现艺术，在细读中把握人物的形象特征，在深读中探究小说的丰富意蕴。教学中，他重点引导学生品读文中关于父亲的语言、神态、动作等经典细节，揣摩这些细节背后父亲的内心世界；同时通过对比分析，探究中国农民的命运。应该说，这样的教学定位是准确的，教学内容的确定是有效的，教学实施的过程是充分的，教学的效果也是非常显著的。从实施来看，章老师的这节课主要有如下几个特点。

一、在精读中体会小说的表现艺术

小说的篇幅很长，如果按照传统的小说"三要素"来指导学生学习的话，那势必要花上几个课时，且教学效果还不一定理想。小说是通过对人物的直接描写，通过讲述发生在人物身上的故事及其各个环节，来表现人物形象。章老师删繁就简，选择了最能突出人物形象、展现人物命运、传达作者情感态度的一些看似矛盾的描写性语言，有机引导学生品读，揣摩人物的独特心理，从而体会小说的构思艺术。

章老师引导学生品读的第一处是："台阶高，屋主人的地位就相应高"。

台阶高，屋主人的地位就会相应高吗？很显然，这种说法是较为片面的。但小说中的父亲作为一个普通的农民，他偏偏信奉这种说法，他的思想已经完全被地方的这种非常特殊的传统文化所影响。这种思想，对父亲的悲剧命运的形成有着极为致命的作用。教学中，章老师两次引导学生品读这一细节，第一次并不揭开这种说法的不尽合理之处，而是作为理解父亲渴望高台阶的直接原因；第二次是在引导学生挖掘文本主题时揭开这种说法的"矛盾"真相，学生自然而然地就能明白父亲最终感到失落的根本原因之所在。对这句话理解的处理充分反映出章老师的教学机智。当然，在对该句的理解上，可以引导学生对"父亲"予以更多的一些同情与欣赏，而不一定都要上升至对其所谓的"错误的、矛盾的乃至有些愚昧的说法"的批判。因为在某种程度上,"父亲"追求高一点的地位并没有错,他为此付出的种种努力更加令人尊敬。如果把阅读的评价着眼于对"父亲"的批判上,容易削弱父亲的正面形象。

章老师引导学生品读的第二处是:"那天早上父亲天没亮就起了床,我听着父亲的脚步声很轻地响进院子里去。"

句中父亲的脚步声既然"很轻",为什么又"响进院子里去"?看似矛盾的细节,恰恰是作者有意而为之。老师引导学生品读,进而揣摩出父亲的精神品质和内心世界的双重性。"很轻"既照应了"天没亮"这一细节,虽然脚步声"很轻",但由于"天没亮",周围还很安静,"我"听得真切;同时也突出了父亲吃苦耐劳而又关爱家人这种农民特有的品质。一个"响"字更让我们读出了父亲建造高台阶时内心的兴奋。这样品味语言是非常到位的,为学生如何通过对描写性的语句进行细致揣摩,进而去把握人物形象,提供了很好的借鉴。

章老师引导学生品读的第三处是:"正好那会儿有人从门口走过,见到父亲就打招呼说,晌午饭吃过了吗?父亲回答没吃过。其实他是吃过了,父亲不知怎么就回答错了。"

明明吃过了晌午饭,父亲却回答错了!老师引导学生品读这一细节,让学生设想如果当时父亲坐在原先三级的低台阶上,父亲一定不会回答错的。由此可见,父亲坐上九级高的台阶反而不适应。同时,学生们还揣摩出当时父亲没有想到别人还会问他"晌午饭吃过了吗"这样的问题,父亲当时坐在九级的高台阶上,可能正准备享受别人"你们家的台阶真高"这样的赞许呢,这恰恰又为文末父亲倍感失落的悲剧命运埋下伏笔。通过这样的品读,既准确把握了人物的心理,又使学生了解了故事情节的有机性与连续性,进而领会小说的构思艺术。

当然,精读的同时,章老师并没有忽视对小说的整体阅读,在课堂教学的开始阶段,他舍得拿出时间,让学生在课上通读全文,然后让学生围绕"写了关于父亲的哪几件事"这一中心问题请学生归纳小说的主要情节。为了降低问题回答的难度,章老师先准备了一个"示例"让学生模仿,在他的循循善诱下,学生归纳出了小说的主要情节:渴望高台阶,准备造台阶,建造新台阶，拥有高台阶。略显不足的是，由于时间匆忙，师生的这个概括，没有能够涉及小说所写的具体内容，没有让学生陈述其如此概括的"理由"；从句式的整齐考虑，"建造新台阶"应为"建造高台阶"；从小说所写的内容看，用"拥有高台阶"似乎并不确切，因为"拥有"只是一种过去的状态，而小说中所写的却是"父亲""拥有高台阶"之后的一些举动及其心里感觉，而不是"拥有"中的种种状态，用这样的句子来概括是否妥当，还可以继续斟酌。

二、在细读中把握人物的形象特征

《台阶》这一小说虽然篇幅较长，但语言却极其精炼。有许多话非常含蓄，给读者以充分的理解与再造空间。章老师在教学中巧妙地抓住了小说中的一些语言，引导学生细细品读，从而把握人物的形象特征。

章老师主要引导学生细读了这样几处描写的语句：

一是"我们家的台阶低！父亲又像是对我，又像是自言自语地感叹。"

老师首先让学生来读这两句话，从中读出"父亲"沉重的语气，凸显出父亲那颗沉重的心。然后又让学生抓住"又像是对我，又像是自言自语地感叹"这句话来理解，其实这是"父亲"想通过造高台阶来改变自己命运、提高全家地位的一种心灵告白，建造高台阶是父亲提高一个农民家庭地位的宏伟愿望，这里实际上也寄托了对儿子的一种殷殷期望。其实，此处还照应了下文："父亲老实厚道低眉顺眼累了一辈子，没人说过他有地位，父亲也从没觉得自己有地位。"可惜的是老师没有留意，遗憾地忽略过去了。如果前后对照来读，学生会对"父亲"的形象理解得更加具体一些。

二是小说中的一个非常传神的描写片段："父亲坐在绿阴里，经常望出去，那里能看见别人家高高的台阶，那里栽着几棵柳树，柳树枝老是摇来摇去，却摇不散父亲那专注的目光。"

对此，章老师先是让学生明白描写的角度及其特征，这是相机传授一些基本的写作知识。章老师要求学生反复读"柳树枝老是摇来摇去，却摇不散父亲那专注的目光"这句话，引导学生思考：摇不散的仅仅是父亲专注的目光吗？学生细细揣摩发现，其实这里摇不散的还有父亲内心深处隐藏着的建造高台阶的自信和执着。他又让学生齐读这句话，要求读出"父亲"的那份渴望、坚定、自信的心理。这种读中理解、理解后再读的方式，对学生揣摩"父亲"的形象，窥探人物的内心世界极有帮助，有助于学生丰富阅读的内容，为学生提供广阔的思维和想象空间，培养学生的审美趣味。

三是让学生找在"建造新台阶"过程中，能够充分体现父亲内心世界的一些细节。

在章老师的循循善诱下，师生共同对这样几个片段进行了欣赏：

1. 然而，父亲的精力却很旺盛，脸上总是挂着笑容，在屋场上从这头走到那头，给这个递一支烟，又给那个送一杯茶。终于，屋顶的最后一片瓦也盖上了。

2. 隔天，父亲就用手去按一按台阶，说："硬了，硬了。"再隔几天，他又用一只细木棍去敲一敲，说："实了，实了。"又隔了几天，他整个人走到台阶上去，把他的大脚板在每个部位都踩了踩，说："全冻牢了。"

3. 那时已经是深秋，露水很大，雾也很大，父亲浮在雾里。父亲头发上像是飘了一层细雨，每一根细发都艰难地挑着一颗乃至数颗小水珠，随着父亲踏黄泥的节奏一起一伏。晃破了便滚到额头上，额头上一会儿就滚满了黄豆大的露珠。

通过对描写"父亲"的语言、动作、肖像及其细节的品味，特别是章老师让学生去抓住父亲动作的那几个词语，让学生认识到父亲建造高台阶的那种兴奋的情绪，由此体现出来父亲的朴实与热情、忘我和勤劳。这样对人物形象的把握不是一种直接"贴标签"，而是非常具体与形象。

四是造好高台阶后，小说中对"父亲"挑水的描写。老师问学生："他到第四级为什么把脚抬得很高呀？"引导学生思考，已经拥有九级高台阶的父亲还习惯于原来的三级低台阶，无论是从思想上还是行动上，他都没能适应九级高的新台阶，读来让人有一种隐隐的辛酸。这对学生理解"父亲"形象的某种转变有铺垫的作用。

五是小说的结尾处："好久之后，父亲又像问自己又像是问我：这人怎么了？"

章老师先让学生找描写"父亲"失落的最主要的一句话"这人怎么了"，接着追问学生，这句话"又像问我又像问自己，这里是什么意思？"引导学生反复揣摩这五个字的丰富内涵：其一，父亲问自己"我怎么了"，怎么就这么不中用了？以前能背三百来斤重的青石板，而且背三趟还没觉得花了太大的力气，现在咋就连一担水都挑不动呢？已经拥有九级的高台阶了，我的地位怎么没得到提高呢？其二，父亲问乡邻们"你们怎么了"，我已经拥有九级的高台阶了，你们怎么没有尊重我、羡慕我呢？怎么还和以前一样看待我呢？这一切的疑问父亲自己无法找到答案，显得无比的失落和无奈，所以"又像是问我"，想从"我"这里得到答案。这样的品读是非常细致的，而且又是切合小说的本义的。

　　对这最后一句话的欣赏，章老师还有一个非常精彩的举动，他问学生："'怎么了呢'，后面应该是问号；'父亲老了'，后面应该是感叹号。而作者为什么用逗号和句号呢？我们能不能把这逗号和句号分别改成问号和感叹号？"这样的问题，好像说的是标点符号的问题，其实指向的仍是对人物性格的把握。章老师不仅让学生去具体理解标点的不同对所表达意思的影响，而且直接融入自己的阅读认识："逗号、句号是非常平淡的，如果我愤慨的话，就不这样用。实际上，在淡淡的语气中更能流露出'我'对父亲的同情，对父亲最终命运的一种惋惜。"把自己放进去，这是阅读的根本要求，章老师无疑是深得其中之味的。当然，对这个问题的出示似乎可以作些变动，章老师是不是可以这样问学生："'怎么了呢'的后面作者用的是逗号，而'父亲老了'后面用的句号，你认为这两处标点恰当吗？为什么？如果是你，用什么标点？请说说你的想法。"可以更大可能地激发学生的求知欲望，充分激发出他们的想象力和形象再造能力。

三、在深读中探究小说的丰富意蕴

　　目前，在小说教学中有一种"浅阅读"现象，教师往往借用现成的小说阅读理论，停留于运用所谓的"三要素"理论去浅表性地解读小说，不注意引导学生去探究小说的丰富意蕴，从中探寻蕴涵其中的民族文化心理与民族精神因素。在这方面，章老师做得比较好，他不仅引导学生去探究小说的独特主题，还在对小说主题的把握中，进而让学生去进一步思考现实世界中中国农民的命运。为此，他主要采取了对比分析的方法，引导学生深入探究。

章老师指导学生探究的第一处对比是：高台阶建成前后父亲身体状况的对比。

小说中写到，当高台阶建成后，父亲连一担水都挑不动了，但他曾经那么的身强力壮、精力旺盛。透过父亲前后身体的对比，学生在老师的引导下发现，父亲除了年龄日趋衰老以外，当他真正拥有九级高的新台阶后，突然间也失去了人生追求的目标，所以他倍感失落。在这个环节，略显不足的是，章老师没有能够让学生在文中找"过去"的父亲是怎样的一个人的那些片段：三百来斤重的青石板一口气背回家，背三趟还没觉得花了太大的力气；一年中七个月种田，四个月去山里砍柴，半个月在大溪滩上捡屋基卵石，半个月编草鞋和过年；白天，他陪请来的匠人一起干，晚上他一个人搬砖头、担泥、筹划材料，干到半夜；早上天没亮就起来去院子里踏黄泥……而这些描写，才能让学生认识到父亲身体的巨大反差，进而去探究其深层的原因。

章老师指导学生探究的第二处对比是：父亲坐高台阶和原来坐低台阶的对比。

搬进新屋的当天，父亲就坐到台阶上去抽烟。当他抽了一筒烟，举起烟枪往台阶上磕烟灰时，突然"感觉手有些不对劲，便猛然愣住"，原来他发现"台阶是水泥抹的面，不经磕"，"于是，他就憋住不磕"；这与原来父亲"去烟灰时，把烟枪的铜盏对着青石板嘎嘎地敲一敲，然后就匆忙地下田去"形成鲜明对比。再者，父亲坐在高台阶上"总觉得坐太高了和人打招呼有些不自在"，以至于一级一级往下挪，一直坐到门槛上去了；这与原来"父亲的个子高，他觉得坐在台阶上很舒服"，而且"把屁股坐在最高的一级上"形成鲜明对比。

这一个环节，章老师做得比上一个充分，他让学生细细找出这些前后不一致的地方，让学生在对比中去自我发现，当父亲拥有高台阶后，表现出的是种种不适应，感到无比的失落。不仅如此，他又乘势而上，引导学生探究父亲感到失落的另一层原因：父亲作为普通的中国农民，他的地位并没有随着台阶的提高而提高。这就涉及小说的个性化主题的把握了。

章老师指导学生探究的第三处对比是：小说中主人公"父亲"和叙述者不同语气之间的对比。

面对父亲的失落："这人怎么了？"文章结尾处给出答案："怎么了呢，父亲老了。"句中分别使用了逗号和句号。这明显不符合常理，章老师及时引导学生探究：能否将句中的标点符号分别改为"问号"和"感叹号"？学生们通过对比发现，原句平淡的语气中流露出对父亲的同情，更能表现对父亲辛苦一辈子日渐老去而地位依旧、命运依旧的惋惜和怜悯。当然，这个环节还略显匆忙，其实完全可以让学生充分地表达自己的意见，激活他们的思维。

章老师指导学生探究的第四处对比是：不同时代农民命运之间的对比。

章老师在查阅大量资料的基础上，对学生有这样的介绍文字：文中的父亲是上世纪80年代中国农民的代表，当时正处于改革开放初期，相对于鲁迅笔下20年代中国农民的代表闰土而言，他们已经有所觉醒，想要通过自己的努力去改变自己的命运；但由于受着落后的地方文化（"台阶高，屋主人的地位就相应高"）的影响，更由于落后的社会生产力的限制，他们并没有能够改变自己的命运，提高自己的地位。

为了强化这样的认识，章老师还引导学生走进现实生活，对比改革开放40年后中国农民生活的图片，带给学生最直观的感受，使学生们认识到要想改变贫穷落后的命运，提高自己的地位，首先必须有社会的进步，提高生产力，在此基础上加上个人的奋斗方能实现，进一步引导学生把握时代脉搏，努力学习掌握本领，确立正确的人生目标，做自己命运的主人，从而实现自己的人生价值！

单纯从章老师的设计看，这样的环节是完全可以的。问题是对小说所蕴涵的丰富意蕴如此解读，可能会有类型化和概念化之嫌，关于这一点，章老师在课后的反思中也意识到了。其实，深入地去解读小说，我们不难发现这是一个有关"父亲"的悲剧故事，这一人生悲剧有这样几层意思：一是父亲生活得极其艰难；二是父亲建造房子的极度不易；三是父亲由于地位低下的精神痛苦；四是虽然有了新房子和高台阶，但给父亲带来了许多的生活烦恼，他的生活状况并没有得到改变，他的精神很不自在。

对此，徐江教授曾经作过这样的分析：在这个悲剧中，父亲是一个"不顾自己的实力，去追求某个目标的人"。他追求的目标是"高台阶"，而"高台阶"虽然追求到了，但自己的人生却过得很暗淡，很痛苦。所以小说给我们的启示是：如果一个人超越他自己的实力去追求不该追求的虚浮东西，那么，这种追求必将使自己的人生失去生存的光泽，不论成功与否。所以，要给自己的人生实事求是地作好定位，自己是活给自己的，而不是活给别人看的。当然，这是他的一家之言。

那些把《台阶》中的"父亲"与《背影》中的"父亲"，与《故乡》中的闰土等同起来进行比较分析的人，都是只看作品中人物身份的类似或相同，而没有结合独特的文本，给出符合文本意义的解读。至于运用"与时俱进"的思维方式，说"父亲"为"上世纪80年代中国农民的代表，当时正处于改革开放初期，他们的思想已经有所觉醒"，他们之所以有自己的生活追求，"是由于当时还比较落后的社会生产力造成的"，这些说法把小说对"父亲"的认识和评价仅止于对"父亲优秀精神品质的敬重"，与文本的本来意义有一定距离，值得我们注意。如果再进一步用所谓改革开放后"新农民"的一组生活图片来印证这样的认识，那就走得更远了。

所以，在这个环节里，我们不妨设计为开放性问题，让学生思考：

1. 父亲试图改变的是什么样的命运？
2. 经过多少年的努力，他付出了很多，但他的命运得到改变了吗？
3. 这是为什么？

无疑，这样的问题可以更大可能地激发学生思考的热情，也因此能够把学生的认识引向更加广阔、更加深入的空间。

关键是要提高"学的活动"质量
——《骑桶者》教学设计评析

课例回放

设计意图

这是一篇经典课文,被无数普通教师和专家在公开课上解读。许多人从走近作者开始,认为不知人论世难以理解本文的深刻;也有许多人用预设的、串问式教学完成本文的解读。笔者的阅读经验是在不知人论世的情形下有时能解读出更丰富的意蕴。而这类虚构的小说,学生很感兴趣。那么不妨看看他们能读出个什么,又有哪些读不懂的地方。如果课堂全程能以学生的问题为抓手岂不很轻松?如果能让学生在不了解作者的情形下读出深刻的题旨,如果在没有参考任何外部资料的情形下引导学生对文本"素读",最好能读出许多专家们的解读甚至超越常见的权威解读——我们的教学岂不更有意义?

教学目标

1. 带着疑问走进文本,通过对有疑之处的讨论深入文本。
2. 感受文本"虚构"的魅力,探讨文本"虚构"的价值。
3. 享受逐步深入文本的乐趣。

教学重难点

感受文本"虚构"的魅力,探讨文本"虚构"的价值。

教学方法

1. 布置预习，作好学情调查。
2. 以学生的困惑为主线引导学生加深对文本的解读。

教学过程

一、布置课前预习，上交预习作业

1. 静下心读一遍小说，你读懂了吗？读出作者想要表达什么了吗？
2. 你对本文有哪些困惑？

二、导入

简单反馈学生预习作业的整体情况：对文本存在多种解读和困惑。请同学们再次走进小说，看看几番相遇后的《骑桶者》是否还是当初令你心动的模样。（设置悬念，引发关注。）

三、整体感知

1. 请学生用最简洁的语言告诉大家读到了一个怎样的故事。

明确：要抓住故事的核心内容——一个极度贫困的人"骑桶"飞去"赊煤"最后却被扇到冰山区域。

（教师要准确捕捉学生对情节的概括是否遗漏了重要信息）

2. 请学生思考卡夫卡讲述这么一个故事想要表达什么。

PPT概括显示不同层次的学生对文本的初步、浅层的解读：一般认为主题是"批判与赞扬""揭露与控诉"。

（以上内容重在呈现，教师不必解读、强调对错。）

3. 师追问这种控诉批判社会黑暗、人性冷漠的题旨在许多作品中都可以感受得到，试举例。（允许学生七嘴八舌举出一些例子）

明确：由此可见，不同的艺术形式可以表达相同的情感。那么卡夫卡是否也不例外要表达出对社会的批判与控诉呢？（质疑但不要求作答）

四、质疑与释疑：虚构的困扰

1. 对比刚才提到的那些作品，思考卡夫卡的小说在构思上有什么明显的特征。

明确：虚构。

2. 思考作家虚构的这个骑着桶飞翔的形象如何嵌入现实，让人倍感真实。

明确：很多生活细节、环境、寒冷的心理感觉、人物的语言等让人倍感真实，所以相当一部分读者都读出了对现实的批判意味。

3. 这个虚构的形象给大家带来了极大的困扰，PPT显示学生的困惑。

（1）关于最重要的道具"桶"的疑问：为什么选择骑桶？为什么不是"提""拿"或"拎"？为何一个有重量的桶能够飞起来当坐骑？这样会不会比较荒诞？

（2）关于故事背景的疑问：故事到底发生在什么时候？

（3）关于标题的疑问：为什么标题不是"可怜的讨煤人""骑桶人"？

（4）关于"骑桶者"的疑问：为什么骑桶者不进入地窖中直接与老板谈？为什么原先骑桶者能见到老板但这次却不行？骑桶者到底有没有被老板娘看见过？为什么反复提到煤店老板听见了"我"的叫喊而老板娘没听见？老板娘到底听清"我"的话了没有？为什么"我"和老板娘的对话有些要重复两遍？为什么"我"最后浮升到"冰山区域"？"冰山区域"又是指什么？为什么结尾写"我""不复再见"？"我"去哪了？未来"我"能否抵抗住寒冷？

（5）关于煤店老板夫妇形象的疑问：为什么要刻画一个善良的老板？如果文本中老板和老板娘的形象都是势利的，岂不是更能体现贫富差距？老板的性格特点并不明显，这个人物有存在的必要吗？如果是老板看到了"我"，会给"我"煤吗？

（6）关于谋篇布局的疑问：结尾最后一段写老板娘把"我"扇走之后为什么不增加一段文字交代"我"的处境引发人们对底层人民的同情呢？

（教师在整理学生预习作业时可以按文本顺序排列）

给学生一定的思考时间。此环节有交流讨论，更会有学生的质疑反驳。可他们最终发现许多问题得不到明晰的解释。不过大家可以取得一致认识的是——

（1）煤桶的功能被异化了。

（2）"我"从来没有与老板娘正面交流过。

（3）"我"一开始就畏惧借煤失败，但即使最后失败了也未从桶上溜下来当面采取积极补救的乞讨措施。

（4）"我"其实是要尊严的，但即使提出最卑微的要求也是战战兢兢的。

（5）"骑桶者"的最终命运不得而知，但令人深思。

（6）小说无论从细节还是谋篇布局上都没有强调老板娘的狠心，煤店夫妇并不是作者刻意批判的对象。

（7）身份和外貌模糊的骑桶者似乎是一种象征，煤桶或许也有象征意味。

（此环节是课堂的高潮，教师要积极引导学生回归对文本的细读。）

五、再解小说题旨

作者对文本多处进行了变形、扭曲，让本文区别于其他控诉型作品。思考：卡夫卡想通过这种方式表达什么？

此刻，PPT呈现学生提出的更有深度的一些题旨，比如"人与人之间的不信任""人与人之间交流的障碍""人与这个世界并不是通融的"……从而引导其他同学进一步在同学有深度的解读的启示下读出更多信息。

（在呈现以上解读的启示下，鼓励其他同学大胆表达对文本更深更广意蕴的解读，也许，无限精彩和惊喜会在此刻呈现。）

六、再品虚构的魅力

1. 链接介绍卡夫卡的几部虚构作品。思考：你如何看待卡夫卡作品的虚构？

2. 呈现作者卡夫卡的相关介绍。再读《骑桶者》，你对文中的虚构和变形是否有了更多的感受？

对于这些问题，可以把讨论留在课外。教师阐明以下几个观点，或许可以帮助学生更进一步走近卡夫卡，让学生"观文识人"：

（1）作家的虚构满足了读者不一致的心理期待。

（2）读一读卡夫卡其他的一些小说，如《城堡》《变形记》《审判》《饥饿艺术家》等，会发现卡夫卡的很多作品中人物形象是模糊的，甚至只有一个代号，可见他有意识地把人物符号化、类型化；他的许多小说也是论者甚众、歧义甚多、众说纷纭的象征性作品。

（3）课外读一读卡夫卡给父亲的超长家书《致父亲》，我们会理解卡夫卡在一个只会用"武力、咆哮、暴怒来对待每一个孩子"的父亲面前，是如何"从能思考那天起，就一直为维护精神的存在而忧虑"，他"对任何事情都没有安全感，每时每刻都需要一种对自我的存在的新的认可"的自卑、羸弱胆小、犹豫不决、惴惴不安等性格是如何体现在作品中的。最后可以读一读《"地狱"里的温柔：卡夫卡》；可以读一读深受卡夫卡影响、被誉为与卡夫卡比肩的天才作家布鲁诺·舒尔茨的作品，可以更好地理解虚构与变形。

（4）卡夫卡是谁？——他可能是每一个人，他的小说总是表现每个人的生存境况；他也许只是在写他自己，却无意中写出了全人类的困境。

（此环节视教学情况而定，如能在学生的讨论交流中、教师的追问中适时完成对某些问题的思考更好。）

七、总结

1. 虚构是小说的灵魂，有时候，虚构比真实更真实。

2. 真正的好东西总是让人回味无穷的，对这篇小说的不同解读、不尽解读恰好证实了这是一篇值得回味的好小说。好的小说往往能超越时空，传达出共通的人性和生命体验。

3. 所谓"读懂"，是有层次之分的。学会带着疑惑不断揣摩文本，才有可能体味出文本更多的意蕴；多阅读，勤思考，才有可能提升自己的阅读水平。

（浙江省象山中学　田桂娟）

课例评析

　　课堂教学的主要活动应该是"学",这是常理。而这样的"学"应该是在教师的有效指引之下,是在教师的精心组织与安排之下有序进行,这就涉及"学的活动"的质量问题。没有"学的活动"的质量,也就谈不上课堂教学的质量。"学的活动"必然牵涉到学习目标、学习过程、学习方式等,它们共同作用于领会文本的各种含义,为充分阐释文本、深入解读文本服务。以这样的视角来看田桂娟老师的《骑桶者》的教学设计,可以发现她作了一些很有益的尝试。

　　一是着力构建以"学"为中心的课堂。她在课前让学生自读课文,并布置预习作业,以对学生进行学情调查;在课上反馈学生预习情况,并充分展示学生的预习成果,交流初步阅读的体会。除了自学,课堂上的主要活动就是学生的质疑、讨论,而所质疑和讨论的话题又主要是围绕学生所提出的,当然也有针对教师所启发、引导学生思考的。这样的教学设想,可谓"目中有人""有的放矢",充分体现了以"学"为中心,以"学"为教学基点与归宿的理念。

　　二是用心策划以"学"为中心的教学过程。田老师所设计的教学过程共有七个环节,其中第一个环节是课堂学习的准备,第二个环节是课堂的导入,第三至第六个环节是课堂学习的展开,第七个环节是课堂的收束。就环节的具体关系来看,一、二两个环节是课堂学习的基础与前提,三、四、五三个环节是课堂学习的重心,第六个环节是课堂学习的拓展与延伸。除了第七个环节不能直接看出"学的活动"之外,其他六个环节都是紧紧围绕"学"来展开的。这样的组织安排,说明田老师对课堂学习过程中充分体现"学的活动"是有较多考虑的。

　　三是适时传授以"学"为中心的阅读方法。学生自读课文质量不高,主要源于阅读要求的笼统和阅读方法的缺乏。田老师对此的策略是,让学生"带着问题读书",读出自己的理解,读出自己的困惑。当学生对小说的题旨理解有一定偏差时,她调动学生已有的知识储备,用比较的方式,发散学生的思维。当学生对小说的题旨和艺术特色的把握还较为浅表化时,她又适时地进行相关的"知识链接","观文识人",以帮助学生进一步认识和了解卡夫卡,并进而对卡夫卡的创作成就有感性的认识,以达到深入理解文本的目的。

影响课堂教学效率的因素有很多,但其中最为关键的是"学的活动"的质量,而它又往往取决于教师对学习过程的整体与细节设计的质量,这其中,教师引导学生对文本进行丰富理解又成为一个基础性条件。缘于此,田老师的这份教学设计还需要在下列几个方面作更为全面而深入的思考。

一、目标定位

作为选修教材,《外国小说欣赏》的教学目标至少应该包括这样几点:(1)培养学生阅读外国小说的兴趣,从外国优秀的小说作品中"汲取思想、感情和艺术的营养,丰富、深化对历史、社会和人生的认识,提高文学修养"。(2)"学会尊重、理解作品所体现的不同时代、不同民族、不同流派风格的文化,理解作品所表现出来的价值判断和审美取向,作出恰当的评价。"(3)学习鉴赏外国小说的基本方法,初步掌握外国小说的艺术特性。注意从不同的角度和层面解读小说,提高阅读能力和鉴赏水平。学写小说评论,力求表达出自己的独特感受和新颖见解。(4)朗诵小说的精彩片段,"品味语言,深入领会作品内涵,体验人物的命运遭遇和内心世界,把握人物的性格特征"。(《普通高中语文课程标准(实验)》)简单作个比较,就不难发现田老师所设计的"教学目标"与之还有一些距离。

她所设计的第一个目标中,"带着疑问走进文本"是教学或阅读的一种方法,而不是"目标";"深入文本"的内容还是形式,也没有能够明确;"通过对有疑之处的讨论深入文本"应该表述为"通过对有疑之处的讨论深入理解文本"。她的第二个目标是"感受文本'虚构'的魅力,探讨文本'虚构'的价值",这是把《骑桶者》的审美价值简单归结为"虚构",这虽然与教材中的专题名称"虚构"对应,但却与教材及其配套的教师教学用书中的具体论述不完全吻合。"卡夫卡在小说发展史上最大的贡献可以说是重新处理了'虚构'与'现实'的关系。"米兰·昆德拉说:"卡夫卡取得了后来超现实主义者提倡但他们自己从未真正取得过的成就:梦幻与真实的融合。"(《普通高中课程标准实验教科书语文（选修）外国小说欣赏教师教学用书》）《骑桶者》正是这样的经典之作。田老师也许意识到了这一点，于是她在第四个环节"质疑与释疑：虚构的困扰"中又出示了这样的问题："思考作家虚构的这个骑着桶飞翔的形象如何嵌入现实，让人倍感真实。"并明确为："很多生活细节、环境、寒冷的心理感觉、人物的语言等让人倍感真实，所以相当一部分读者都读出了对现实的批判意味。"这使得目标与环节之间出现了明显的裂痕。从后面的师生讨论看，她对"虚构"的理解还是传统意义上的。其实，"卡夫卡的作品之所以有这样持久的生命力，最根本的原因在于它的真实性。真实性这里不仅指作者观察生活的精确、角度的独特和研究的认真，还在于作者体验和感受生活的真实"（叶廷芳《卡夫卡全集·总序》）。至于"享受逐步深入文本的乐趣"，根本就不是目标，而是某种状态，既无法体现在学习过程中，也不能对其加以测控。

《骑桶者》的教学目标应该充分体现出这样几点：

1. 通过对语言的品味，深入理解作品丰富的内涵；
2. 通过对核心情节（骑桶飞翔）的细读，把握作品独特的叙述艺术；
3. 通过一定的拓展阅读，能够更深层次地理解卡夫卡的"虚构"（不是一般意义上的"虚构"）艺术。

教学目标的笼统与模糊，必然会使教学定位发生偏差，课堂学习的指向就不能明确，师生的学习活动就无法集中，阅读思维就不能聚焦，势必影响学习的质量。

二、课堂展开

课堂展开是一步步将对文本阅读与鉴赏活动引向深入，最后实现教学目标的整个过程。这个过程中有许多具体的环节，教师的任务就是合理而巧妙地安排这些环节，使其环环相扣，步步深入，高潮迭起，水到渠成。从整体看田老师安排的七个环节似乎很合理，但细加推敲，却有明显的不足。如第三个环节是"整体感知"，这是解读《骑桶者》的内容与主旨，按理说在这个环节之后，就应该顺理成章、趁热打铁地进入到理解其多义性的内涵中，而不应该接着来个"质疑与释疑：虚构的困扰"环节，它会使学生的思维从对内容的理解陡然向对"虚构"的把握与分析转换；同样的道理，既然有了对"虚构"艺术的阐释，就应该对其所形成的艺术魅力进行深入的研讨，并有一定程度的拓展，而不应该再穿插对小说题旨的解读。因此，教学主要环节应该调整为"三→五→四→六"。学习环节安排的错位，必然会使学习活动磕磕碰碰，没有条理，带来的是思维的不断跳跃与断裂，它干扰了学生的正常思维，致使学生所获得的认识是片段的、零散的、不成体系的，无法形成较为完整乃至系统的认识，消解了"学的活动"的意义。

田老师的设计还有一个明显的"硬伤"，她的初衷是引导学生进行所谓的"素读"（其科学性值得探讨），设想"在不知人论世的情形下有时能解读出更丰富的意蕴"，但在第六个环节"再品虚构的魅力"时，却又"链接"了卡夫卡的其他作品，并呈现了卡夫卡的相关介绍，让学生在课上读一读卡夫卡的《城堡》《变形记》《审判》《饥饿艺术家》（课上读得了吗？），在课后读《致父亲》以及《"地狱"里的温柔：卡夫卡》等，甚至还要学生去读布鲁诺·舒尔茨的作品（学生真会去读吗？），认为这样做"可以更好地理解虚构与变形"。这使她的设计意图与环节安排在事实上形成了某种对立，说明她没有能够协调好课堂教学顶层设计与细节设计的关系，对课堂教学的架构与布局还缺乏整体的考虑。外国小说特别是外国现代小说教学的难度可以想见，对与作品相关的作家经历、时代背景、创作动机以及作品的社会影响等知识的适当了解，不仅有助于学生具体而深入地理解作品，甚至能够使得教材单元中的话题得到进一步的展开，为此不需纠结，更大可不必"标新立异"来个什么"素读"。

三、文本解读

就外国小说而言，文本解读的主要任务是引导学生学会欣赏并能初步感知其基本特征。既然如此，那我们的解读就只能是"一种尝试，一种探究，一种引导"（《普通高中课程标准实验教科书语文（选修）外国小说欣赏教师教学用书·前言》），而不是一种模式，一种定论，一种灌输。田老师引导学生对文本题旨的"初步、浅层的解读"，还停留在"批判与赞扬""揭露与控诉"的二元对立观念之上，即使是她的深入引导，也离不开"控诉批判社会黑暗、人性冷漠""表达出对社会的批判与控诉"等较为传统的泛政治化话语，这使《骑桶者》的多义性主题没有能够得到较为开放的揭示，尽管她后来作了一些补救性的解读，但比较笼统、含混、抽象。一般认为，卡夫卡通过这样的故事所表现的是人与世界的某种客观关系：世界不接受人（无所不能的上天挡住了向它求助的人，煤店老板已变得麻木不仁；老板娘看不到"我"，听不到"我"说话；"我"不但没有赊到煤，而且被煤店老板娘的围裙扇到了冰山区域），人也不接受世界（对赊煤的结果，"我"沉湎于自我安慰式的幻想之中；"我"骑桶飞翔去赊煤；"我"在空中而非地上与煤店老板对话；"我"到了冰山区域与世界"不复再见"）。这是一个令人沮丧的世界，"我"对这样的世界充满了陌生感、孤独感、放逐感、绝望感。对严酷现实的如此艺术表现，凸显出了人类无处不在的困境，是卡夫卡"为世人发出的紧急报告"（叶廷芳《卡夫卡全集·总序》），"卡夫卡对我们至关重要，因为他的困境就是现代人的困境"（旅美英籍作家奥登）。田老师运用了许多概念对文本进行解读，但多为从概念到概念，对文本丰富内涵的把握并无多大益处，对多角度、多元化、个性化解读缺乏应有的关注。

对文本的解读不能离开对语言的品味，对关键语汇、语段的精细化解读，否则就很难深入到语言的"骨髓"之中。学生问："为什么标题不是'可怜的讨煤人''骑桶人'？"这是一个无厘头问题，因为用怎样的语言做标题，作家自有考虑，一般而言，小说的标题具有内涵上的丰富性和理解上的多义性，如果用"可怜的讨煤人"这样一个扁平化的语句做标题，虽说可以凸显作家的情感，但也就会使小说的内涵和指向变得非常单一，没有多少深究的东西。有学生问："结尾最后一段写老板娘把'我'扇走之后为什么不增加一段文字交代'我'的处境引发人们对底层人民的同情呢？"这个问题也是思维扁平化的反映。至于是用"骑桶者"还是用"骑桶人"做标题哪一个好，只是翻译的问题，比如《卡夫卡全集》（叶庭芳主编）中翻译为"铁桶骑士"，但《卡夫卡短篇小说选》（孙坤荣、李文俊等译）和《微型小说百年经典》（陈永林、方圆主编，陆增荣、周新建等译）中则译为"煤桶骑士"，标题虽有不同，但并无什么深文大义。再如学生问："为什么结尾写

'我''不复再见'?'我'去哪了?未来'我'能否抵抗住寒冷?"小说中已经明确说"我"最后浮升到"冰山区域"了,为什么还要问"'我'去哪了"呢?既然"我"到了"冰山区域",那毫无疑问,"我"已经到了最为困窘的境地,会被"寒冷"完全覆盖,乃至淹没,"我"的未来只会更坏,没有变好的可能。还有学生问:"为什么骑桶者不进入地窖中直接与老板谈?"只要联系相关叙述就会清楚,"我"既然骑着煤桶,飘浮在空中,那又怎么"进入地窖"呢?这些问题提出的本身,反映了学生阅读的粗疏,认识的肤浅,思考的幼稚。如此阅读与认识水平,又怎么能如田老师所预想的"读出深刻的题旨","甚至超越常见的权威解读"呢?

这种情况不仅出现在学生的质疑中,也出现在田老师对学生意见的集中上。如她设想的"取得一致认识"之一是"我"骑着桶去借煤说明"'我'一开始就畏惧借煤失败",这是沿用的某种陈说,但并不符合文本的意思。小说中交代得很清楚,"我"之所以骑桶飞翔去赊煤("赊煤"比"借煤"更准确),是因为煤对"我"来说太重要了,"我可不能活活冻死;我的背后是冷酷的火炉,我的面前是同样冷酷的天空,因此我必须快马加鞭,在它们之间奔驰,在它们之间向煤铺老板要求帮助"。骑桶的目的首先是为了迅速去,而且是信心满满地去,因为"煤店老板虽说非常生气,但在十诫之一'不可杀人'的光辉照耀下,也将不得不把一铲煤投进我的煤桶"。把空的煤桶骑过去而不是提过去或拎过去,呈现的是"我可以骑着它来到这里"的状态,这是为了更好地证明"我的煤桶已经空了",是向煤店老板说明"我"确实"一星半点煤屑都没有了"的窘况。正因为"煤店老板对于我的通常的请求已经麻木不仁",所以"我"必须用这样一种奇特的方式向他请求,以换取他对"我"的哪怕一点点同情,这就使"我"骑桶飞翔的情节安排荒诞中又显得非常自然真实。这其中并没有什么"畏惧"的情绪。之所以造成对文本中这一最能反映人物性格、最具有表现力的精彩片段的误读,主要是缺乏对文本的精细阅读与分析体味,缺乏对语言的品味、咀嚼,对语义的揣摩、感悟。这牵涉到教学的一些本原性问题:文本解读是从概念出发,还是应该以文本为"本"?如果对文本解读不具体不深入,那即使有再多的"学的活动",又与文本何干?

由此我们得到的启示是：要有"学的活动"的质量，离不开对学习目标的准确定位，对学习过程的精心安排，对文本进行精细阅读与分析体味，离不开对语言的品味、咀嚼，对语义的揣摩、感悟。而所有这些都共同作用于对文本的全面、具体而深入的解读，唯此，"学的活动"才会有真正的质量。

跋 教学，就是不断地成为

> 教亦多术矣，运用在乎人，
> 孰善孰寡效，贵能验诸身。
> 为教纵详密，亦仅一隅陈，
> 贵能令三反，触处自引伸。
> ——叶圣陶

要上出一节成功的语文课，其实并不容易。难的不在于语文教学本身，而在于通过我们的教学，要让学生相信语文学习是"有用处"的，"有好处"的，"有意思"的，最终使学生能够成为他们所期望的人。所以，我们经常思考与研讨的问题是：究竟一位成功的老师是如何让所有的学生都相信了他所教的一切？他是如何使学生成为了他想造就的人？他又是如何使自己成为了学生心目中的崇拜偶像？答案应该是很明确的：只要我们把语文课上成功了，就会让学生拥有非凡的力量，他们就会为了掌握知识、形成能力而努力，教师也就会成为成功者。

这并非一种理想。因为一个成熟的语文教师，会努力追求并形成自己的教学个性乃至风格，能够出神入化地运用各种教学手段与方法，他往往拥有自己的制胜法宝。在他的课堂上，会使每一个学生都相信，只要"把语文学好"这一共同的信念仍然存在，力量就足以影响学习中的一切，使他们的现实生活发生改变，甚至关乎他们的未来。在我们的语文教学中，不乏这样的课堂，也总有这样的教师。

语文教学乃至语文教育是怎样发生的？退回到原点去看，这是因为我们在不断地追求或向往着某种生活景象,并通过语言文字创造出想象的现实,她是美丽、神奇而酷炫的,她是理性的沉思,也是诗性的翻飞。她会使人飞翔起来,还能使人云中漫步,甚至轻歌曼舞。一旦接触到那样的生活景象,就令人无比激动,向往不已。把那些想象的现实告诉学生,点燃他们对现实与未来想象的梦想,引领他们也拥有这样的想象,进而使他们成为想象的现实中的人,语文课的价值在兹,语文教师的职责在兹。

正因为我们有了一些主张,有了某种信念,有了许多愿景,我们就能让一批又一批、一个又一个的学生,紧紧地聚合在"语文"这面旗帜之下,享受语文所带来的美妙的一切。也正因为语文教学是以虚构的现实为基础的,所以,只要更易虚构的内容,只要变换想象的形式,就能改变教学的面貌,就能激发学生学习的兴趣、欲望和激情。在追求成功教学的情境之下,那些想象的现实就能迅速成为学生思维形成与发展的"孵化器",而教师为之所做出的努力,也就成了学生语文素养形成与发展的"助推器"。这样一来,依据学生不断变化的学习需求迅速调整我们的行为,就等于开启了一条教学的快速道路,而不再停留在"少慢差费"这条总是堵车的道路上。走上这条快速道路之后,教师的教学技艺,学生的学习能力就会一日千里,日新月异。

教学中的每一个内容与环节、步骤与方法,都像是一个十字路口。虽然我们想走的是一条正道,但老是误入歧路。难怪教师常自我解嘲,课堂教学是"遗憾的艺术",因为课后看来无可避免的情况,在备课和施教时却总是毫不明显。我们似乎不应对其苛求,但这不能成为步入岔道的盾牌。在当代教育语境之下,语文教学呈现出了某种异化状态,排除了更多的可能性与丰富性,逼迫语文教师在"螺蛳壳里做道场","带着镣铐跳舞",而使其失去了正确的方向。既违背了语文学习的规律,也使语文教学的初衷渐行渐远。正如我们总无法解决现实功利与教育理想的矛盾,语文教师同样也无法解决自身教学行为上的冲突。而有些紧张、有点冲突、有无法解决的两难,就会逼着我们思考、批评、重新评价与建构。一旦我们认识、寻找到了新的行走方式,并能够按照正确的路径走下去,我们就能把握语文教学的真谛,让教学更加精彩。

由此可见,那些无法避免的矛盾,何尝不是语文教学的引擎,不断为我们带来新的创意，提供新的动力？因为"一切要求一致，反而让心灵呆滞"（尤瓦尔·赫拉利《人类简史》）。安于现状、墨守成规实不可取，怨天尤人、敷衍塞责没有意义，吹毛求疵、求全责备不能指引教学的航向。正视教学的现实，冷静客观地分析，坚定改变的决心，严密科学地假设，认真冷静地反思，坚持"遵路"而识得其"真"，力求"入境"而能与之"亲"，是努力避免教学"遗憾"发生的不二法门。

常识告诉我们，一个人语文能力的发展有太多的可能性，而许多的可能性最后都未必能够成真。语文教学急躁与功利的突出表现，就是太急于想使一切可能性都成为现实，甚至把一些不可能都当作了可能，总是企图让学生"成为"我们所希望的什么，而忘了语文学习只不过是为了增加阅历，拓宽视野，丰富精神，发展思维，这才是应该也是可以"成为"的。而这样的"成为"，需要有不变的初心与燃烧的激情，需要有漫长的过程与有效的方法，需要有不断的尝试与科学的研究。

语文教学之路上，我们难免会一次又一次地遭遇尴尬与遗憾，但这不能消减我们对"成为"的追寻。"成为"是教学意义之所在，是语文学习和生命发展之锁钥。让学生在我们的教学中，不断地享受，不断地改变，不断地进步，不断地成长吧。

近几年，我有机会观察到了各种类型和层次的课堂，从几百篇"听课手记"中选择了少部分内容辑成本书。本书的写作和出版需要致谢的人很多，首先是由于联系信息不太全面，个别老师的教学案例收集时没有事先征求意见，敬请相关老师见谅，如有需要请与本人联系（邮箱：xhcszzy@126.com），本人定当回复并致相应稿酬。还要感谢江苏省著名特级教师、年逾八旬的柳印生先生，多少年如一日地关心、支持、勖勉我不断学习、思考、进步，他的人格魅力与教育情怀是我不断前行的力量源泉！

是为跋。

张正耀

二〇一六年七月至二〇一七年元月初稿

二〇一八年元月至五月修订

二〇一九年五月改定